LaJouanie

Direction artistique : Caroline Lainé
Relecture : Facompo/Belle Page
Photos de couverture :
AdobeStock : Kyrtap_Studio ; Александр Довянский ;
Oleksiy ; jozefklopacka ; justoomm ; Loc ; Wuttichai /
Cosmo/D.R.

Dépôt légal : mai 2024
N° Éditeur : 978-2-37047
N° Imprimeur : 24040459
Imprimé en France par Corlet Imprimeur

www.editionslajouanie.com

MAUDITS FRANÇAIS !

Carl Pineau

MAUDITS FRANÇAIS !

LaJouanie

À Jean-Luc Carmelli.
1967-2020.

I

QUÉBEC

Certains pas, certains gestes, certaines paroles même anodines bouleversent nos vies.

On se lève le matin avec la sensation que quelque chose va se produire, sans que l'on puisse prédire si ce sera bénéfique ou abominable, si le destin va frapper, si les pires horreurs vont découler des choix que nous allons faire…

La seule chose certaine, c'est qu'il suffit d'un grain de sable pour que le paradis se transforme en enfer…

1

Sûreté du Québec – Police de la ville du Québec, 1er juillet 2019, fête nationale du Canada.

La porte était entrebâillée. Envahi d'une sensation étrange, j'ai relu l'inscription : *Lieutenant Fernand Lapointe.* Ma montre indiquait 15 heures, j'étais pile à l'heure.

– Entrez, monsieur Kermarec, je vous attendais.

Une sorte de méfiance s'est insinuée en moi, il m'est venu l'idée de battre en retraite, comme si mon esprit m'ordonnait de m'éloigner, pour ma sauvegarde, celle de ma femme et de ma fille.

– Entrez, a répété la voix, cette fois moqueuse, il n'y a pas de scorpion *icitte.* [1] N'ayez pas peur.

J'ai poussé la porte avec la sensation que c'était trop tard.

– Pardonnez-moi, je craignais de vous déranger.

Je me suis avancé dans le bureau. Une fenêtre donnait sur un mât en haut duquel claquait un drapeau bleu avec une croix blanche encadrée de fleurs de lys. Les meubles étaient d'un métallique aseptisé. À l'approche de la cinquantaine, les cheveux châtains, coupés ras, sans doute pour atténuer sa

---

[1] *Ici.*

calvitie, le lieutenant portait les barrettes de son grade sur ses épaulettes et une cravate kaki au nœud serré. Il m'a fait signe d'approcher.

– Bienvenue, monsieur Kermarec, merci d'avoir accepté ma demande qui n'avait rien de coercitif. Je vous en prie, asseyez-vous.

Les inflexions québécoises étaient à peine détectables. Il a remarqué mon étonnement.

– J'ai étudié à Paris, j'y ai conservé des attaches.

– Jérôme…

– Jérôme entre autres… C'est lui qui m'a parlé de vous.

– J'ai cru le comprendre.

Sur la défensive, je n'ai pas évoqué le mail de mon ancien patron au quai des Orfèvres : *Le lieutenant Lapointe va te contacter. C'est un copain de fac. Donne-lui une bonne image des flics français.*

Comme s'il percevait ma méfiance, Lapointe a laissé passer un silence et choisi de remettre à plus tard le moment d'entrer dans le vif du sujet.

– J'aime beaucoup votre prénom, Roman. Savez-vous d'où il vient ?

Je n'ai pas caché ma surprise.

– D'Italie, je crois…

Il a claqué des doigts et confirmé.

– Exact, ça vient du latin *Romanus*, qui signifie *en provenance de Rome*… Y êtes-vous déjà allé ?

– Jamais.

– Regrettable. Il faudra combler cette lacune.

Il a semblé se raviser.

– Mais j'y songe, Roman, c'est aussi le prénom de Polanski… J'espère que vous n'êtes pas un pervers venu du vieux continent pour abuser de nos jeunes filles ?

Il n'a pas ri à sa blague, si c'en était une. J'ai passé les doigts dans mes cheveux, durci mon regard bleu docile qui me devait, selon Daphné, d'attirer les fanfarons en mal de faire-valoir.

– Je suis ici en famille, nous sommes arrivés il y a six mois.

– Je sais, je me suis renseigné.

Il a affiché un sourire qui signifiait : *Allez-y, je vous en prie, balancez-moi votre histoire.*

J'ai raconté que Daphné et moi avions pris la décision de quitter Paris, sur un coup de tête, abandonnant derrière nous nos amis et nos familles pour nous installer dans ce bout du monde, avec notre fille adoptée. J'argumentais sur notre amour des grands espaces et la gentillesse des Québécois, il m'écoutait, m'engageant à poursuivre par de discrets hochements de tête. Au fur et à mesure, j'ai remarqué qu'il n'y avait chez lui aucun étonnement, il avait entendu notre histoire d'immigrants tant de fois qu'elle ne lui procurait qu'un léger ennui. Il me laissait parler, comme on échange sur la météo, avant d'entamer une véritable discussion.

Malgré cette précaution dont je me figurais naïvement qu'il s'agissait de politesse, j'avais l'impression d'être devant un juge.

– Elle vient d'où, votre fille ? m'a-t-il coupé.

Soucieux de rester courtois, j'ai répondu brièvement :

– D'Haïti. Linoa est une rescapée du séisme de 2010. Elle a été retrouvée dans les décombres de sa maison de Port-au-Prince. Elle a 14 ans.

Il a hoché la tête.

– Après la catastrophe, le Québec a accueilli beaucoup d'orphelins. Votre fille pourra un jour bénéficier des programmes destinés aux minorités visibles, de la même façon que les Arabes, les Latinos, les personnes en provenance d'Asie et les autres Noirs comme elle…

Il avait conscience que cette distinction entre races pouvait me choquer, il me l'a signifié d'un regard derrière lequel j'ai lu : *Toi et moi, parlons la même langue, mais nous ne sommes pas pareils.* J'ai mesuré le gouffre qui nous séparait, cette incompréhension culturelle à laquelle je serai si souvent confronté. Estimant que c'était le moment, il a retourné les photos de deux garçons sur lesquelles j'ai pu lire : *Malo, 13 ans* et *Gillian 14 ans.*

Leur disparition était datée. *La première avait eu lieu quatre mois jour pour jour après notre arrivée*, a-t-il souligné pendant que je scrutais les visages.

J'ai relevé les yeux et coupé court à sa demande implicite.

– J'ai quitté la police, Jérôme vous a certainement prévenu.

– Il m'a effectivement averti que vous aviez démissionné. Sans me préciser les motifs…

– Raisons personnelles.

Je voulais éviter de parler du malaise dans la police, de l'usure morale qui m'avait lentement gagné, du déménagement de la Crim' du mythique *36*… Mais surtout, je refusais d'évoquer l'événement qui avait précipité mon départ. *Raisons personnelles*, je trouvais que ça sonnait un peu comme *Raison d'État.*

Un instant, j'ai revécu les reproches de Daphné ne supportant plus mes horaires, mes enquêtes et les départs en pleine nuit pour l'institut médico-légal. Cette vie avait fait de moi un fantôme, jusque dans notre lit.

J'aurais pu en dire davantage à ce lieutenant qui partageait certainement les mêmes difficultés. Mais pourquoi l'aurais-je fait ? Pourquoi en ai-je eu la tentation ? Peut-être parce que la colère retenue voulait sortir, d'une façon ou d'une autre.

Il a soupiré :

– Nous avons aussi nos soucis. Les restructurations n'épargnent personne. Des postes ont été supprimés, certains inspecteurs chefs de Montréal dégradés… Moi-même, j'ignore si j'occuperai ce bureau dans quelques semaines…

Il a poussé les photos vers moi.

– Jérôme assure que vous avez été décisif pour élucider certaines disparitions. Il m'a demandé de vous répéter que vous auriez votre place au 36, rue du Bastion…

En un éclair, je me suis revu serrant la main de mon ex-patron, buvant ses paroles bienveillantes, étant donné les circonstances, puis descendant les cent quarante-huit marches du 36 en jetant un dernier regard à la verrière et au filet antisuicide.

Lapointe a continué.

– Rien ne démontre que ces disparitions soient liées. La probabilité est même faible. Aucun cadavre découvert à ce jour, il m'est impossible de faire appel à un *profiler* pour analyser une scène de crime, tenter de décoder les motivations et le profil d'un suspect… Bref, vous connaissez ça par cœur… À l'heure actuelle, on est sur des cas isolés de fugues…

J'ai observé mes ongles rongés, évitant de poser à nouveau mon regard sur les visages juvéniles qui lui servaient d'appât dans lequel je ne devais pas mordre.

– Je suis navré… J'ai promis.

Il a tiqué du coin de la bouche.

– Je ne vous demande pas de mener une enquête qui n'a pas lieu d'être. Je voudrais juste que vous me donniez un avis, avec votre expérience. Je reçois le père de Malo demain, les fugues représentent 80 % des signalements de disparitions, nous pouvons donc nous attendre à un dénouement heureux. Mais j'aimerais me montrer encore plus rassurant.

J'ai senti monter en moi un pressentiment douloureux que je ne connaissais que trop bien.

– Rien ne semble relier ces disparitions. Pourtant, vous pensez à des enlèvements, n'est-ce pas ?

Il a observé les clichés avant de relever la tête.

– Qu'est-ce qui vous fait dire ça ?

– Ces deux jeunes sont français…

– Comment pouvez-vous l'affirmer ? Vous ne les avez regardés que quelques secondes…

– Les prénoms. Gillian et Malo ne sonnent pas québécois… Des détails physiques, leurs attitudes… Mais principalement parce que vous avez contacté Jérôme, pourquoi l'auriez-vous fait s'il s'était agi de Québécois. Pour quel motif m'auriez-vous demandé de venir ?

Il s'est gratté le menton.

– Je vois… Jérôme avait décidément raison, vous deviez être un de ses meilleurs *profilers* criminels.

J'ai tenu à rectifier.

– En France, le *profiler* des séries américaines n'existe pas. Après mon master de droit pénal, j'ai suivi une formation de psychologie et de victimologie. Je faisais le même boulot d'enquête que mes collègues de la Crim'.

– Bien sûr. Mais vous aviez du talent pour déceler ce que ne divulguaient pas les analyses scientifiques. Une faculté instinctuelle hors norme…

J'ai compris que leur discussion à mon propos avait été plus poussée que Jérôme ne me l'avait laissé entendre. Jusqu'où avait-il été ? Une part de moi ne voulait pas le savoir. Ses derniers mots au « 36 » ont résonné : *Ta sensibilité faisait de toi un flic brillant. Mais elle te rendait vulnérable. Les types dans ton genre épongent le malheur des victimes, ils plient sous le poids de crimes qu'ils n'ont pas commis. Ils sont trop fragiles pour ce job. J'ai toujours pensé qu'il fallait que tu te cuirasses la couenne. Désolé qu'on en soit arrivé là…*

La sueur m'est montée au visage, je sentais le poids des questions que se posait Lapointe. Je me suis massé les tempes, me répétant : *Ne baisse pas ta garde ou ça recommencera.*

– Vous allez bien, monsieur Kermarec ?

J'ai hoché la tête.

– Je n'ai rien mangé avant de venir.

Il continuait à me jauger.

– Cette expatriation, c'était votre idée ?

– Mon épouse a eu une opportunité dans son entreprise cosmétique. Je vous l'ai dit, nous adorons le Québec. C'est aussi plus proche d'Haïti, nous voulons que Linoa conserve un lien avec ses racines.

J'ai inspiré et soufflé profondément.

– Pour ne rien vous cacher, nous sommes venus pour mettre de l'ordre dans notre vie.

Il a grimacé, compris entre les lignes une réalité vécue par tant de flics : burn-out, divorce… suicide.

Le mot a tourné dans mon cerveau.

– Et en ce qui vous concerne ? a-t-il poursuivi. Comment se passe l'intégration ?

– Je n'ai pas encore cherché de boulot, j'ai besoin de prendre mon temps avant de choisir une orientation… J'ai en tête un roman depuis des années, une histoire policière…

Il a lâché un rire sec.

– Un roman, tiens donc… Remarquez, le choix de vos parents vous y prédestinait…

Je m'apprêtais à lui répondre que l'analogie entre mon prénom et mon envie d'écrire n'était pas originale, qu'on m'avait déjà servi cette soupe pseudo-spiritualiste plusieurs fois, mais mon téléphone a vibré. J'ai consulté le message. Daphné venait d'arriver à notre café habituel sur Grande Allée, avec Linoa. J'ai relevé la tête.

– Ma femme…

– Elle vous attend, bien sûr, je comprends. Avant de vous libérer, je voudrais pouvoir me dire que je peux compter sur vous si cela s'avère nécessaire.

Son regard diffusait ce message : *Refuseriez-vous d'aider la police d'un pays qui vous accueille à retrouver deux compatriotes ?*

J'aurais dû affirmer qu'il se trompait, que Jérôme avait exagéré mon talent, que j'en étais le premier désolé. J'aurais dû lui serrer la main, quitter le bureau et déguerpir.

J'ai adressé un SMS à Daphné :

J'ARRIVE.

– Je ne vous promets rien.

– Ça me suffira, pour aujourd'hui.

Il a rangé les photos de Gillian et de Malo dans une enveloppe.

– De toute façon, il y a toutes les raisons de penser que ces garçons vont rentrer à la maison et que vous n'entendrez plus jamais parler de moi. Mais au cas où, je veux que vous rencontriez le sergent détective Beausoleil, la policière de la ville de Lévis qui a reçu la déposition du père de Malo. Bien que la disparition n'ait pas eu lieu à Québec, elle a jugé nécessaire de nous en référer, en raison de la similitude avec celle de Gillian. Au besoin, elle nous servira de liaison…

Contrarié par cette façon d'entériner mon accord, j'ai été surpris par l'insistance qu'il mettait à me présenter cette policière. J'ai laissé cette question de côté, espérant ne jamais devoir y répondre. Lapointe s'est levé pour sortir, il était un peu plus petit que moi, un mètre soixante-quinze au jugé, un corps noueux, sans une once de graisse.

Il m'a précédé dans le couloir, où Wyome Beausoleil attendait. Elle a jeté un coup d'œil à Lapointe pour s'informer du résultat de l'entretien. Il lui a adressé un discret signe affirmatif. Elle m'a tendu la main.

– Monsieur Kermarec, bienvenue, je suis heureuse de vous rencontrer.

C'était une femme svelte d'une trentaine d'années, un joli visage arrondi, un nez qui ressemblait à celui des Esquimaux, une longue chevelure noire qu'elle avait ramenée en tresse épaisse sur le côté. Un chemisier sur une robe droite plutôt courte, des collants et des bottes en cuir lacées devant. J'ai caché mon étonnement qu'elle ne soit pas en tenue.

– Merci, le plaisir est réciproque.

Sa poignée était solide, il se dégageait d'elle une énergie impressionnante. Mon regard s'est perdu un instant dans la profondeur de ses yeux noirs.

– Comment êtes-vous venu ? m'a demandé Lapointe.

– En taxi… ai-je répondu évasif, je vais en attraper un autre.

– Inutile, a-t-il dit, Wyome va vous raccompagner. Elle habite de votre côté du Saint-Laurent. Sur la rive sud… Pas loin de chez vous. C'est aussi là que vit le père de Malo. Ils se connaissent, c'est pour cette raison qu'il a demandé à lui parler lorsqu'il est venu déclarer la disparition.

La policière a approuvé d'un signe. Le fait que Lapointe sache où j'habitais m'a agacé. Wyome l'a perçu et m'a souri pour m'inciter à passer outre.

– Vous devriez échanger vos numéros de cellulaire, a proposé Lapointe. Au cas où vous seriez amenés à communiquer, en toute discrétion.

Pour la première fois, il a paru prendre conscience que sa démarche était hors du cadre d'une procédure policière.

– Allez-y, maintenant. Avec la fête nationale et le Grand chambardement, le pont Pierre-Laporte sera *full*. Vous discuterez durant le trajet.

J'ai objecté :

– Je dois retrouver Daphné sur Grande Allée.

Il a repris son accent québécois.

– Wyome acceptera peut-être de faire le détour ?

– Ma sœur et son *chum*[2] m'attendent sur les plaines d'Abraham, a-t-elle dit, on a prévu de souper avant le concert de King Melrose et le feu d'artifice. Je peux vous déposer en passant.

– C'est parfait, a conclu Lapointe, sans me laisser aucune chance de me dérober.

Je lui ai serré la main. Les photos de Malo et Gillian me tournaient dans la tête.

Un pick-up Ford F-150 à l'aile arrière cabossée trônait au milieu du parking.

– C'est le *char*[3] du *chum* de ma sœur, a dit Wyome, il travaille dans la construction.

Nous nous sommes installés sur les sièges en cuir, parmi un amoncellement d'emballages McDo et de gobelets.

– Un gars de la construction, a-t-elle plaisanté.

J'ai souri, conciliant.

– Mon vieux Saturn est parfois pire…

Elle a apprécié ma sincérité et démarré. Nous n'avons pas échangé un mot pendant plusieurs minutes. Elle conduisait le corps vers l'avant, les genoux écartés, les mains sur le haut du volant. La chaleur était suffocante, elle a poussé la

---

2 *Copain, amoureux ou conjoint.*

3 *Voiture, véhicule.*

clim, défait le bouton du haut de son chemisier. L'échancrure permettait d'entrevoir le haut d'un tatouage, un aigle dont les ailes partaient vers sa poitrine. Elle a passé la paume sur sa nuque d'où émergeait l'extrémité d'un autre dessin qui devait couvrir son dos. Je n'ai pas réussi à deviner ce qu'il représentait. Elle a freiné derrière un camion et tourné la tête vers moi, son regard me montrait qu'elle avait remarqué que je la fixais.

– De quoi parlait Lapointe à propos de chambardement ? ai-je dit pour donner le change.

– Au Québec, tout le monde déménage le 1er juillet. C'est la lutte pour trouver un camion, les loueurs surchargent les prix.

– Drôle de coutume…

– Ça évite de bouger les enfants d'école en cours d'année.

– Vous avez des enfants ?

– Non, a-t-elle coupé court avant de revenir à l'autre sujet. On fête la crémaillère avec ceux qui ont donné un coup de main. En déménageant l'été, on évite aussi la neige.

– Nous n'avons pas encore vécu un hiver québécois.

– Ça vous promet toute une expérience…

Le feu est passé au vert, la circulation est restée bloquée par un conducteur trop avancé au croisement. Elle a frappé le volant.

– *Mangeux de marde !* Il pouvait pas attendre !

Elle a bifurqué dans le parking d'une ressourcerie, stoppé le pick-up si brusquement que j'ai été retenu par la ceinture. Elle a coupé le moteur.

– Lapointe vous a montré les photos de Malo et Gillian !

– Succinctement… Il considère qu'il s'agit de fugues. Des ados déstabilisés par un changement de vie peuvent décider de fuir pour punir leurs parents. Ça arrive aussi dans les divorces, des réactions impulsives qu'ils regrettent vite. Ils rentrent chez eux dès qu'ils se retrouvent à court de moyens.

Son regard était plein de défi.

– Dans un pays où ils ne connaissent personne. Vous croyez que ça prendra combien de temps avant qu'ils manquent de moyens ?

– Tout dépend de l'argent dont ils disposaient. Il fait encore chaud, les nuits dehors sont supportables.

– Donc vous êtes de leur côté !

– Du côté de qui ? lui ai-je demandé, étonné par son agressivité.

– De tous ! Lapointe et les autres ! Ils s'accrochent à la thèse de fugues parce qu'ils craignent que l'information se propage. Si ça se produit, les journalistes se régaleront. Des petits Français qui disparaissent au Québec… De quoi donner à l'affaire une dimension internationale. Tant qu'ils pourront éviter que ça s'ébruite, ils prétendront qu'il s'agit de cas isolés…

Elle a soupiré, encore en ébullition.

– Et vous, vous jouez leur jeu…

Des questions se sont bousculées dans ma tête : Malo et Gillian venaient-ils de la même région de France ? Depuis combien de temps étaient-ils au Québec ? Pouvait-on les relier par autre chose que leur origine et leur jeune âge ?

Des interrogations que Jérôme avait certainement posées, avant de me refiler le bébé pour se débarrasser de son pote de fac, lieutenant de la Sûreté du Québec.

La policière bouillait d'indignation, j'ai songé que Lapointe me l'avait collée dans les pattes pour qu'elle arrête de l'emmerder.

– Qu'espérez-vous de moi ? Je n'ai aucune habilitation pour participer à des recherches ici. Je ne suis même plus flic là-bas !

Elle a juré entre ses dents, redémarré et allumé la radio. L'animateur, un certain Bouchard, profitait de la fête nationale pour interroger les auditeurs sur la souveraineté du Québec. Il a rappelé le *Vive le Québec libre !* du général de Gaulle, le 24 juillet 1967. Les interventions montraient que le sujet restait brûlant. Extérieure au débat, Wyome slalomait entre les voitures, le visage résolu à me débarquer. Bien qu'à peu près sûr que je ne serais jamais amené à la revoir, je voulais éviter de lui laisser une mauvaise impression.

– Lapointe m'a dit qu'il craignait pour son job, vous savez pourquoi ?

Elle a posé les yeux sur moi.

– Plusieurs scandales ont secoué la Sûreté du Québec... Les bruits de couloir disent que la ministre va nommer un civil au poste de directeur. Il pourrait y avoir une diminution des cadres policiers pour mettre des civils. Lapointe a braillé trop fort. Ça s'pourrait bien qu'ça lui coûte son *ostie*[4] de grade...

---

[4] *Juron, qui signifie en l'occurrence « son foutu grade ».*

– Vous trouvez que c'est mérité ?

Elle a répondu avec réticence.

– Je n'en sais rien.

– Il est marié ?

– Divorcé, une nouvelle *blonde*[5] plus jeune que lui, avec un enfant.

– C'est un bon chef ?

Elle a hésité.

– Pas si pire…

– Qu'est-ce que ça veut dire ?

Bien que commençant à m'habituer à ses sautes d'humeur, sa réaction m'a surpris.

– Je m'en *câlice*[6] de Lapointe ! Je veux retrouver Malo, j'l'ai promis à son père !

La première chose qu'on enseignait à l'école de police était de ne jamais prendre ce type d'engagements. Pour un enquêteur, l'émotion devant les larmes de proches constituait le pire obstacle à la lucidité. À n'en pas douter, la jeune policière subissait la pression du père de Malo et se reprochait de ne pas parvenir à bouger sa hiérarchie. Et maintenant elle m'en voulait de mon inertie. D'une certaine façon je la comprenais, j'étais un ancien de la Crim' qui n'avait rien à foutre de ses journées à part s'occuper de sa fille et prendre des notes pour un hypothétique roman.

Rien ne m'empêchait de me pencher sur les disparitions de Malo et Gillian.

---

[5] *Copine, amoureuse ou conjointe.*

[6] *Je m'en fous.*

C'était sans doute ce qu'escomptait Lapointe, je le soupçonnais d'avoir organisé ma rencontre avec Wyome dans le but de m'y convaincre. De cette façon, si les jeunes rentraient d'eux-mêmes il pourrait se prévaloir d'avoir prédit le dénouement. Et si nous les retrouvions, il s'accaparerait le succès et sauverait son poste. Mais il y avait aussi la possibilité que des corps soient découverts ou que d'autres jeunes disparaissent.

Wyome a paru suivre mon raisonnement :

– Les disparitions ont eu lieu à un mois d'intervalle, le 15...

Elle a laissé sa phrase en suspens et j'ai temporisé.

– Si un nouveau gamin français s'évapore dans quinze jours, les choses se compliqueront... et Lapointe me rappellera.

– Vous nous aiderez ?

Je me suis frotté les joues, l'esprit en surchauffe devant le scénario en train de prendre corps. Accepter reviendrait à mettre l'enquête au centre de mon existence, au risque de perdre Daphné.

J'ai répondu du bout des lèvres.

– Oui... Mais j'espère que ça n'arrivera pas.

La jeune femme a paru satisfaite.

– On y est. Vous allez être débarrassés de moi. C'est bien ce que vous avez prévu avec Lapointe ?

Je lui ai rendu son sourire.

– Nous n'avions rien convenu, vous concernant.

– Parfait !

J'ai gardé le silence, puis demandé avec délicatesse.

– Je peux vous poser deux questions ?

– Allez-y...

– Vous connaissiez bien Malo ?

– Je le croisais en promenant mon chien. Nous nous disions bonjour, c'était un garçon poli. Je ne me suis jamais arrêtée, mais on se parlait du regard… Il avait l'air tellement vulnérable.

La réflexion à elle seule démontrait que la policière fonctionnait à l'affect et qu'elle se sentait touchée par le destin du garçon. Les voitures roulaient au ralenti, j'ai aperçu Daphné et Linoa, assises sous un parasol.

– Je suis arrivé, ai-je dit sans rebondir.

Elle a stoppé le Ford, avec le warning. Daphné m'a repéré, sa surprise de me voir avec Wyome Beausoleil s'est lue sur son visage. Elle a secoué l'épaule de Linoa et m'a désigné.

Le *Papa !* sur les lèvres de ma fille m'a ému.

– Votre femme est très belle.

Sa façon de le constater a eu quelque chose d'ambivalent, j'ai eu la sensation qu'elle m'incitait à la comparaison. Était-elle consciente du magnétisme qu'elle dégageait.

– Merci pour le *lift*, ai-je dit poliment.

Elle a souri à ma tentative de québécisme et m'a tendu la main. Une cicatrice barrait son poignet.

– Votre deuxième question… a-t-elle dit d'un ton provocant. Vous ne m'avez pas posé votre deuxième question…

– Très bien… Wyome, c'est d'origine amérindienne ?

Ses pupilles se sont resserrées.

– Ma mère est autochtone.

Elle s'est penchée pour m'ouvrir, le regard planté dans le mien.

Des passants circulaient, téléphone à l'oreille. Linoa les a bousculés pour se jeter dans mes bras.

– Papa !

Je l'ai attrapée de justesse, l'ai fait tourner, puis je l'ai assise à sa place.

– Regarde ! C'est un livre en espagnol.

Sur la couverture, une jeune fille blonde jouait sur une plage avec ses parents. Linoa a surligné le titre en prononçant : *Mi Papa es el mejor !*

– Bravo, mon amour, je suis fier de toi… Continue à lire pendant que je discute avec ta maman.

Désappointée par mon manque d'enthousiasme, ma fille s'est replongée dans sa lecture.

– Ça va ? ai-je demandé à Daphné, qui ne m'avait pas quitté des yeux.

Elle a passé la main dans ses courts cheveux blonds.

– C'était quoi, cette arrivée en camion ?

J'ai préféré m'approcher de la vérité au plus près de ce que je savais possible.

– Le policier qui m'a téléphoné enquête sur des disparitions.

– En quoi ça te concernerait ?

– En rien, c'est un ami de Jérôme.

– Et alors…

– Il voulait que je lui donne un avis.

– Tu as accepté ?

La sévérité de son visage me remémorait ma promesse.

– J'ai été cordial, c'est tout. Il n'est pas question que je bosse avec eux.

– Et cette fille, qu'est-ce qu'elle a à voir là-dedans ?

– Elle était de passage dans les bureaux.

– C'est une policière ?

– Oui.

– Elle n'en a pas l'allure.

– Si tu la croises en uniforme, tu la verras sans doute autrement.

– Tu as sûrement raison, a-t-elle concédé.

Elle a cligné des paupières, la luminosité la gênait. J'ai vu à ses cernes qu'elle subissait une sinusite. Ça se produisait lorsqu'elle était fatiguée, les comprimés ne lui faisaient généralement aucun effet. Depuis toujours, quand je la voyais avec cette expression de lassitude, j'éprouvais de la culpabilité. Amer, j'ai songé aux années durant lesquelles nous avions été aux yeux de nos amis un couple fusionnel, sans turbulence.

– Ça va, toi ? ai-je répété.

– Un peu dur au boulot. Je suis passée avec Linoa pour rattraper du retard, le gardien m'a regardée comme si j'étais folle. Ici, c'est inenvisageable de bosser un jour férié.

– Ils ont peut-être raison. L'univers tourne sans nous.

– Je ne suis pas certaine que tu sois le mieux placé pour dire ça…

L'allusion à mon existence de flic m'a contraint au silence.

– La semaine dernière, a-t-elle continué, la sous-directrice m'a proposé de faire un point. J'ai vite réalisé qu'elle voulait me passer le message : *Ne pas mettre trop de pression à l'équipe*, pour reprendre les termes qu'elle a employés. Par moments, j'ai du mal à comprendre leur manque d'implication… Mais ça va, je vais m'en sortir.

– Tu es la meilleure.

Elle a baissé les yeux sur son thé et entouré la tasse de ses mains. J'ai compris que je n'aurais pas dû dire ça. Elle a relevé les yeux.

– T'as envie de boire quelque chose ?

J'ai observé Linoa dont les lèvres formaient des mots espagnols.

– Pas maintenant. Peut-être une bière plus tard. Tu veux qu'on dîne en ville ? Il va y avoir un feu d'artifice.

– Je préfère rentrer. J'ai lu dans *Le Soleil* qu'il n'avait pas lieu avant 23 heures, on le regardera depuis la terrasse. Si j'arrive à tenir jusque-là…

– Très bien… ai-je accepté, pensif.

Malgré moi, mon cerveau était stimulé par les disparitions de Malo et Gillian.

Daphné a claqué des mains.

– Hé ! T'es avec nous ?

Une ombre dont je connaissais la signification est passée dans son regard.

– Oui, l'ai-je rassurée. Où es-tu garée ?

– Au parking place Laurier. J'ai pensé que ce serait plus pratique.

– Tu as bien fait.

– On va devoir marcher un peu.

– Profitons de la chaleur tant qu'elle est encore là.

– Tu as peur de l'hiver ?

– Non. Et toi ?

– Moi, ce qui m'inquiète, c'est Noël dans six mois. On fait 30 % du chiffre pendant les fêtes, je n'ai pas intérêt à louper le publipostage. Quand j'ai évoqué un sac cadeau imprimé *Sweet winter* à l'équipe créative, ils me sont tombés dessus parce qu'on n'écrit pas en anglais à Québec... Ils ont proposé *L'hiver cute*... Je leur ai fait remarquer que *cute,*[7] c'est anglais. Ça les a contrariés. Je crois qu'ils se méfient de moi...

Daphné a poursuivi, je me suis malgré moi plongé dans mes gammes opératoires : il aurait fallu commencer par chercher dans l'entourage des deux jeunes, les parents, les amis, les professeurs, les lieux fréquentés régulièrement. Dans ce genre d'affaires, chaque jour perdu éloignait les chances de retrouver les victimes saines et sauves.

Mais était-ce des enlèvements ?

– Je peux avoir un autre jus d'orange ? a demandé Linoa.

Daphné s'était tue et me foudroyait du regard. Nous avons observé notre fille, qui venait délibérément de me sauver la mise. J'ai adopté le ton de la plaisanterie.

– Je ne sais pas ce qu'en pense ta maman, mais nous ferions mieux d'y aller si nous ne voulons pas passer une heure sur le pont.

– Absolument. Un verre de jus d'orange, ça suffit, sinon tu risques de mal dormir. Et puis, ton père a raison, on a intérêt à ne pas traîner. J'ai la tête dans un étau, je veux me coucher tôt.

Linoa a projeté ses longs cheveux noirs par-dessus ses épaules et commenté avec son aplomb d'ado bravache.

– Ben alors, finis ton thé au lieu de parler tout le temps de tes problèmes !

---

[7] *Mignon, beau.*

Daphné a rougi de colère. Elle a ouvert la bouche… mais rien n'est sorti.

Selon le GPS que nous utilisions toujours, le vieux pont nous aurait permis de gagner un quart d'heure sur le nouveau, saturé.

– Pas question que je risque ma vie sur ce danger public ! a décrété Daphné. Mes collègues disent qu'il est tellement rouillé qu'il peut s'écrouler n'importe quand !

Un bruit de chewing-gum qui éclate m'a arrêté dans l'élan de ma réponse. J'ai jeté un œil dans le rétroviseur, Linoa mastiquait, ses yeux rieurs déclaraient : *Ne perds pas de temps à argumenter, fais comme elle veut…* Enfoncée dans son siège, Daphné s'est massé les sinus. J'ai coupé la voix féminine du GPS qui m'incitait à continuer tout droit, et bifurqué dans la file encombrée. Satisfaite, Daphné a fermé les paupières.

– Ça va, à l'école ?

Ma fille a pris un ton d'adulte pour me répondre.

– Papaaaaaa… Je te rappelle que je suis en vacances !

– Je sais, ma chérie. Mais je voulais dire… Il ne s'est rien passé de spécial ces dernières semaines ? Un truc dont on n'aurait pas parlé ?

Après avoir subi les préjugés de gamins confrontés pour la première fois à une élève de couleur, l'intervention du directeur avait offert à Linoa une intégration que nous pensions réussie.

– Tu veux savoir si j'ai un *chum* ?

Sa spontanéité dans l'utilisation d'un terme québécois m'a fait rire.

– Je ne me permettrais pas de m'immiscer dans tes affaires de cœur. Sauf si tu tiens à m'en parler ?

Ses pupilles ont brillé d'un orgueil malicieux.

– Rien de sérieux, à date… Rassure-toi.

Daphné feignait de somnoler, mais je la sentais à l'affût. J'ai conservé l'air nonchalant d'un père qui s'amuse avec sa fille.

– Rien de sérieux ! Tu m'en diras tant… Je parie qu'il n'y en a pas un qui trouve grâce à tes yeux.

– Absolument, a-t-elle imité sa mère. Ils ne savent parler que de leur satané hockey ! Ils n'ont aucune idée des attentes d'une femme.

J'ai pris ça sur le ton de la plaisanterie.

– Ça viendra bien assez vite. Tu as encore un peu de temps pour trouver chaussure à ton pied. Hormis cette déception, il ne s'est rien produit de particulier ?

Elle m'a scruté pour percer à jour ce que j'espérais.

– Le directeur m'a félicitée pour mes progrès en anglais. Il dit que si je continue, je rattraperai bientôt le niveau des autres.

– C'est formidable.

– Je pourrais même les dépasser !

Les parechocs étaient à touche-touche, les conducteurs patientaient calmement. J'ai observé l'armature du vieux pont sur lequel les voitures circulaient aisément, une architecture qui rappelait la tour Eiffel. J'avais entendu à la radio que la mairie allait installer des barrières antisuicides. Je me suis demandé si cette option avait été considérée pour Malo et Gillian. L'image d'un gamin chutant dans le vide m'a traversé l'esprit. Linoa contemplait le coucher de soleil sur le Saint-Laurent. Ne sachant pas comment me satisfaire, elle avait renoncé à chercher.

J'ai emprunté la première route à gauche à la sortie du pont. Daphné avait toujours les paupières closes.

– Tu peux passer à l'école, j'ai oublié un livre ? m'a demandé Linoa.

– Elle sera fermée, non ?

– Arrête-toi quand même, il y aura peut-être le gardien.

Nous avons roulé dix minutes, je me suis garé devant l'édifice scolaire arborant l'enseigne d'un apprentissage en trois langues : anglais, français, espagnol. Un chien dormait sur le seuil de l'entrée, aucune lumière n'était allumée. Je me suis tourné vers Linoa.

– Tu vois, tout est fermé…

Elle a scruté les alentours.

– Je vais quand même aller voir…

Elle est sortie sans me laisser le temps d'objecter. Réveillée par le bruit de la portière, Daphné m'a questionné. J'ai haussé les épaules. Linoa a caressé le chien, tenté de pousser la porte, puis a disparu derrière le bâtiment après nous avoir fait un signe.

Après cinq minutes, Daphné s'est agacée.

– Mais qu'est-ce qu'elle fiche ? Elle se fout de nous…

Linoa est réapparue et est montée dans la voiture.

– T'avais raison, a-t-elle admis, sur un ton qui excluait toute question.

Daphné et moi étions si désarçonnés qu'aucun de nous deux n'a su quoi dire. J'ai démarré en silence. Après quelques kilomètres, Linoa a murmuré d'une voix sans timbre.

– Si c'est ce que tu veux savoir, Malo n'est pas revenu à l'école...

Son ton m'a donné la chair de poule. Elle observait les immeubles en briques, une expression hermétique sur le visage. Daphné fixait le GPS. Le nom de Malo qui flottait entre nous m'avertissait d'une discussion orageuse.

Devant la maison, l'ancien propriétaire avait garé son Ford contre le cabanon extérieur. Les cheveux mal peignés, le sexagénaire transportait une caisse sur son ventre gras. Il l'a chargée dans le coffre, puis il est venu à notre rencontre. J'étais presque soulagé de le voir, espérant que cet intermède nous permettrait de retrouver un peu de sérénité.

– Allô, a-t-il dit en levant la main devant les phares.

Il a regardé Daphné et Linoa se diriger vers la maison.

– Bonjour madame Kermarec, vous allez bien ?

La porte a claqué sans que Daphné fasse mine de lui répondre. J'ai pris l'initiative.

– Bonjour Auguste, il est tard pour transbahuter vos affaires.

– Ma femme voulait récupérer des casseroles, elle a des exigences parfois, a-t-il dit, sans cesser d'observer la porte. Elle est *en maudit,*[8] votre *blonde* ?

– Linoa était pressée...

Il a réfléchi, hoché la tête pour montrer qu'il comprenait.

– Votre petite devait aller aux toilettes, c'est ça ? Elle est bien mignonne... Votre femme aussi. Vous êtes chanceux, Roman.

---

[8] *Être énervé, en colère.*

L'éclairage extérieur s'est allumé. Derrière la fenêtre de la cuisine, Daphné a placé le pouce vers le bas. Je savais ce que le geste signifiait : pour permettre notre installation le jour de notre arrivée, nous avions autorisé les anciens propriétaires à stocker des cartons dans un cabanon, ce n'était pas la première fois qu'Auguste débarquait à l'improviste, et cette désinvolture énervait Daphné. J'ai poussé un premier pion.

– Vous pensez avoir besoin du cabanon combien de temps ?

Il a haussé des épaules, fataliste.

– Le promoteur a du retard dans la livraison du condo. On va être obligés de rester en location jusqu'à la fin de l'année. Va falloir vous montrer patients avec nous autres…

J'ai à nouveau choisi mes mots pour éviter de le froisser.

– Au moins, si vous pouviez téléphoner pour prévenir…

Ses yeux ont pétillé d'une étincelle qui signifiait qu'il comprenait que la demande ne venait pas de moi. Son sourire a dévoilé une denture clairsemée.

– Vous vous plaisez, *icitte* ?

– La vue sur le Saint-Laurent est splendide. Je me lève chaque matin en me disant que nous avons de la chance d'avoir acheté cette maison.

– Surtout à ce prix…

J'allais objecter, mais il s'est aussitôt repris avec de la tristesse dans sa voix.

– Trente années heureuses. C'est ma femme qui voulait partir, vous êtes arrivés au bon moment.

La phrase est sortie malgré moi.

– Ça ne s'est pas produit souvent dans ma vie…

Nous sommes restés à nous observer devant l'étendue de notre difficulté à communiquer. Je me suis demandé si ce couple avait eu des enfants.

– Je vais rentrer, a-t-il dit, sinon Gilberte va s'alarmer.

Il m'a semblé qu'il avait un peu bu, j'ai eu l'intuition que son inquiétude reposait sur un drame, mais je me suis retenu de l'interroger.

– Si vous voulez, je vous montrerai comment marche la déneigeuse, avant la première chute de neige.

Mon appréhension des tempêtes m'a poussé à accepter.

– C'est gentil, les moteurs et moi avons toujours été en mauvais termes.

– Ça me fait plaisir.

Il est resté sans rien dire. Puis il s'est dirigé vers le Ford. Avant qu'il claque le coffre, j'ai remarqué qu'une manche de chemise dépassait du carton mal fermé par du scotch adhésif.

– Bon, j'y vais, a-t-il dit, conscient que je venais de voir qu'il avait menti sur les objets récupérés.

Mon regard l'a interrogé, indiquant que je n'étais là ni pour l'accabler, ni pour le juger. Au lieu de s'expliquer, il a baissé les yeux sur ses pieds. Je lui ai tendu la main.

– Transmettez nos amitiés à votre épouse.

Il a souri à la formule, serré ma main d'une poigne rude.

– Ce sera fait.

Pendant que le Ford s'éloignait, je me suis reproché de ne pas lui avoir proposé une bière.

La maison avait été conçue en tenant compte de la pente du terrain. Une entrée au niveau de la rue, un bureau à droite, des toilettes et une buanderie à gauche, une cuisine-salle à manger et un salon donnant sur une large terrasse extérieure montée sur des piliers. On accédait aux quatre chambres du bas par un escalier. J'ai fait le tour par la terrasse, observé notre jardin en bordure d'une pente abrupte arborée. Plus bas, on devinait la falaise qui tombait sur le plateau le long du fleuve. Je suis resté à observer les lumières des habitations de l'autre côté du Saint-Laurent, nos baies vitrées offraient une vue de la ligne de ponts jusqu'au Château Frontenac, en brique orange et toiture en cuivre.

Dans la cuisine, Daphné versait des nouilles dans un plat.

– Comment ça s'est passé ?

Linoa finissait d'installer les couverts.

– Va te laver les mains, ma chérie, lui ai-je demandé.

– Je pourrai avoir une glace au dessert ?

– C'est quoi les mots magiques ?

– S'il te plaît, merci !

– Merci qui ?

– Merci Papa d'amour.

J'ai rigolé pendant qu'elle s'éclipsait vers la salle d'eau.

– Je viens juste de la lui refuser, a dit Daphné.

– Désolé…

Elle a haussé les épaules pour marquer sa lassitude face à l'habitude qu'avait prise Linoa d'obtenir de moi ce que lui refusait sa mère. Je savais que Daphné avait raison. Sans attendre, elle a basculé sur le sujet qu'elle avait en tête.

– Tu as réussi à te mettre d'accord avec Auguste ?

– Je lui ai passé le message d'arrêter de débarquer comme ça. Il leur reste pas mal de caisses, mais il m'a promis de tout vider avant la fin de l'année.

– Eh bien, on devrait t'envoyer renégocier l'accord nucléaire avec les Iraniens.

– Pour l'instant, ça ne nous gêne pas.

– Je n'aime pas la façon dont il regarde Linoa.

Sa réflexion m'a agité l'esprit. Les signes de puberté étaient apparus de façon précoce chez notre fille et j'avais déjà eu l'occasion de repérer les regards qu'elle suscitait chez certains hommes. Je me suis montré rassurant.

– À mon avis, il n'a pas vu beaucoup de Noires dans sa vie. Il m'a avoué n'être jamais sorti du Québec, ça fait même dix ans qu'il n'est pas allé à Montréal !

Elle a posé le plat sur la table, ouvert le frigidaire et sorti une plaquette de beurre salé.

– Maintenant que t'as fait ton tour de force de la journée, pourrais-tu m'expliquer qui est Malo ? Ne me dis pas qu'il s'agit d'un des fugueurs à propos desquels la police voulait te parler.

– J'ignorais qu'il était dans l'école de Linoa.

– Mais tu voulais vérifier !

– Tu te trompes, ce n'était pas mon intention.

Nous avons entendu la porte de la salle d'eau se fermer.

– T'as intérêt à mettre ça au clair avec elle, parce qu'elle avait l'air remuée, a sifflé Daphné, avant que Linoa apparaisse, tout sourire.

– Tu peux m'apprendre à jouer aux échecs ?

– Pas ce soir. Mais c'est promis, bientôt.

– Génial ! Comme ça, je te battrai d'ici la rentrée !

– En attendant, on dîne, a ordonné Daphné, les pâtes vont refroidir.

Nous nous sommes assis autour de la table, Daphné avait ouvert une bouteille de bordeaux. Je lui ai déposé un baiser au coin des lèvres et j'ai voulu la servir. Elle a refusé d'un geste de la main.

– Trop mal à la tête. Mais vas-y, je l'ai sortie pour toi.

J'ai porté un toast pendant qu'elle remplissait les verres d'eau.

– À notre première fête nationale au Canada ! Espérons que nous en vivrons plein d'autres.

– Oui, espérons, a confirmé Daphné, avant d'avaler un cachet de somnifère.

Le vin était légèrement bouchonné, j'ai évité de le dire pour ne pas vexer Daphné, qui me regardait boire. Linoa semblait avoir oublié l'épisode devant son école, elle a enfourné une grosse bouchée.

– Pâtes au jambon, mon plat préféré, a-t-elle dit, les joues gonflées.

Les échos du concert porté par le vent nous parvenaient depuis les plaines d'Abraham.

– C'est King Melrose, il est vraiment bon. Mais je préfère Justin Bieber. Lui, il est carrément *cute*, comme toi Papa.

Daphné et moi nous sommes observés, surpris et un peu amusés. Entre deux bouchées, Linoa nous a interpellés.

– Vous croyez que Dieu punit les gens ?

– Pourquoi demandes-tu ça ?

– À l'école, mes copines disent que Dieu n'existe pas.

Daphné est intervenue d'une voix chargée de réprimande.

– Ton père et moi croyons en un Dieu qui aime les hommes.

– S'il les aime autant que ça, pourquoi il déclenche les tremblements de terre ?

La question m'était destinée. J'ai pris sur moi pour répondre sans heurter les convictions de Daphné, plus ferventes que les miennes.

– Nous pensons que Dieu n'intervient pas dans les soubresauts du monde. Dieu ne punit pas non plus…

– S'il ne punit pas, c'est pas grave quand on fait du mal aux autres ?

L'intonation de sa voix était froide, j'ai réagi au quart de tour.

– Mais si, c'est grave ! Et c'est interdit par la loi. Tu te souviens que mon métier était de mettre hors d'état de nuire ceux qui commettent des actes répréhensibles.

Ses yeux grands ouverts me fixaient. Il y a eu un lourd silence. Daphné restait concentrée, prête à intervenir.

– Mais toi, mon amour, ai-je dit à Linoa pour détendre l'ambiance, tu n'as rien à craindre, je serai toujours là pour toi.

Elle a dévoilé ses dents du bonheur.

– Quoi qu'il arrive ?

– Quoi qu'il arrive ! Promis, craché, juré.

J'ai accompagné mes mots d'un mouvement de lèvres et elle a ri de bon cœur.

– Je leur dirai à l'école qu'ils ont intérêt à faire gaffe !

Daphné a doucement posé la main sur la sienne.

– Tu peux être tranquille, ton père t'aime plus que tout au monde.

Après quarante-huit heures de fouilles dans la ville de Port-au-Prince, Linoa avait été retrouvée avec sa petite sœur et sa mère, mortes toutes les deux, sous les décombres de leur maison. Notre fille était une miraculée. Des sauveteurs avaient raconté qu'elle avait écarté le bébé pour téter le sein de sa mère afin de survivre. Cette affirmation l'avait ostracisée, aucun membre de sa famille ne l'avait réclamée, les candidats à l'adoption avaient été peu nombreux, nous facilitant la démarche.

Des parents blancs et une petite fille noire, ses premières questions étaient apparues très tôt. Je lui avais parlé du décès de sa mère et de sa sœur, de l'absence de père déclaré et des papiers qui faisaient d'elle notre fille pour toujours. Rassurée sur le fait qu'elle resterait avec nous, ses interrogations s'étaient taries.

Une seule fois, elle avait affirmé qu'elle retournerait un jour en Haïti. Ce devait être vers l'âge de 8 ans. Et maintenant, la jeune fille, assise en tailleur sur le lit, en aurait bientôt 15. Ému par les années passées, je l'ai embrassée sur le front et je me suis calé au bord du matelas.

– Tu veux bien qu'on discute un peu ?

Je l'ai sentie sur la défensive :

– Ils ont dit que Malo était retourné en France pour les vacances, mais tout le monde sait que c'est un mensonge. Rien qu'à voir la tête de son paternel…

– Qui est son père ?

– Un prof de l'école…

Elle a étreint la peluche d'ours que nous lui avions offerte à notre première rencontre, puis elle s'est prêtée à mes questions avec un calme distant.

Malo était arrivé en début d'année avec son père, prof de gym. Étant les seuls Français, Linoa et lui avaient d'autant plus sympathisé que Malo n'avait aucun intérêt pour le hockey pratiqué par la plupart des garçons, pendant les récréations. L'adolescent s'entraînait à un style de karaté, le kempo, et s'était improvisé protecteur de Linoa.

L'évocation de cet art martial a remué en moi un flot de souvenirs.

– Vous étiez très liés. Comment se fait-il que tu ne m'aies jamais parlé de lui ?

– C'était au début, après je me suis fait des copines. On se parlait presque plus, lui et moi.

Elle a marqué un silence. J'ai fait une tentative prudente.

– Est-ce que tu connais un certain Gillian ?

Sa moue m'a signifié que le prénom ne lui évoquait rien.

– Le père de Malo, il est sympa ?

Elle m'a fait couci-couça de la main, puis a réprimé un bâillement. Ma montre affichait 21 heures.

– Je te remercie, tu m'as été très utile. Maintenant, c'est l'heure de faire dodo.

La grande fille qu'elle était a souri à ce mot d'enfant. Je l'ai embrassée sur les joues.

– Maman va venir te dire bonsoir.

– Pas la peine, elle a sûrement un tas de choses plus importantes à faire.

J'ai éteint la lumière sans relever. Sa voix a résonné :

– Papa…

– Oui, ma chérie ?

– Je t'aime, je ferai tout ce que tu voudras.

J'ai pris cette déclaration enfantine avec humour et simulé une réprimande.

– T'as plutôt intérêt, dors bien maintenant.

Daphné prenait une douche, je suis monté allumer l'ordinateur. Ma boîte mail était vide. Depuis notre déménagement, mes liens d'amitié fondaient comme neige au soleil, quant aux relations avec mes *alter ego* du 36, que pouvais-je espérer de flics accaparés par leurs enquêtes. De toute façon, leur avais-je laissé un souvenir favorable ?

Dès ma mutation de la direction de la police judiciaire de Rennes, j'avais évité les sauteries d'anniversaire ou d'arrestations difficiles, au point que certains collègues m'avaient surnommé *Bande à part*. D'autres avaient choisi *Je rentre*, leur blague consistant à poser la question : *il est où Je rentre ?* Le *Chez maman !* hilare soulignait ma supposée soumission à Daphné.

Un matin, j'avais pénétré dans les bureaux en annonçant : *Attention : Je rentre, rentre !* Les rires m'avaient montré que l'autodérision était appréciée. La tape de Jérôme sur mon épaule avait en quelque sorte entériné mon adoubement à la Crim', mais j'étais toujours resté un électron libre, celui dont on suivait les improbables pistes parce qu'elles permettaient parfois de découvrir l'identité des assassins.

Presque malgré moi, j'ai revu les traits de Malo et Gillian, puis j'ai songé à la conviction de Wyome sur l'origine des disparitions. Avait-elle raison d'affirmer que ce n'était pas des fugues ?

Pour échapper à cette interrogation, je me suis mis à lire la presse : des protestataires contre une loi liberticide s'étaient introduits dans le parlement de Hong Kong ; l'opposant à Vladimir Poutine, Alexeï Navalny, avait été condamné à de la prison ; le groupe de presse *Brunswick News* venait de virer un collaborateur pour une caricature de Donald Trump jouant au golf devant des cadavres de migrants…

Le monde ne tournait pas rond, j'avais l'impression que nous allions vers un gouffre.

Sans lien apparent, j'ai réprimé une montée d'angoisse qu'il soit arrivé malheur aux deux disparus. Je suis retourné sur ma boîte mail. Par un des hasards qui me portaient parfois à penser que tout est écrit, Jérôme venait de m'adresser un message au titre éloquent : *Pas des fugues !*

Roman, j'ai reçu un appel de Lapointe. Il est déçu que tu ne te sois pas impliqué. De toi à moi, il ne croit pas à la thèse de fugues. Mais il n'est pas en position de s'éloigner du discours officiel. Tu pourrais leur être utile. On parle de jeunes Français, tu connais mieux qu'eux la façon dont ces gamins peuvent réagir. Tu es un flic bourré de talent ! Ne laisse pas l'échec te paralyser, il a déjà bousillé une partie de ta vie. Jérôme.

Des images ont afflué par flashs :

Moi, dans un bureau du 36, en train d'interroger le voisin d'une vieille dame assassinée, un mineur convoqué parce que son fichier présente deux ou trois menus larcins.

Lui, répondant aux questions : calme, distant, affirmant qu'il connaissait la dame, qu'il croisait dans l'ascenseur. *C'est une gentille grand-mère*, les mots qu'il utilise, délicats pour un ado en jean troué avec le caleçon qui dépasse. Une façon de parler pas très en phase avec ses cernes de fumeur de haschich.

Moi, me levant pour aller en discuter avec Jérôme. Le clignement des paupières du garçon, sans menottes, inoffensif sur sa chaise, à l'instant où je ferme la porte.

Cet infime doute que je chasse…

Jérôme, assis derrière son bureau, déclarant que c'est insuffisant pour obtenir le droit de perquisitionner chez des parents élus municipaux d'un bel arrondissement de Paris.

Ses phrases, gravées à jamais : *T'as pas affaire à un vulgaire banlieusard. Fais-moi le plaisir de marcher sur des œufs !*

Moi, dans le couloir, le cerveau titillé par les tiroirs ouverts d'une commode sur le lieu du crime : vol d'argent par un drogué de bonne famille…

Des pièces qui se mettent doucement en place…

Moi, accélérant le pas, pris d'un pressentiment.

Le bruit, caractéristique d'une vitre qui se brise.

Les quelques secondes de silence.

Le premier cri, aussitôt rejoint par d'autres.

Le bureau, vide, le verre de la fenêtre cassé.

Mon cœur battant à cent à l'heure au moment où je me penche par-dessus le rebord.

Le gamin, étendu dans la cour dans une posture désarticulée, le sang qui s'écoule de son crâne sur les pavés de pierre.

Moi, qui m'écroule au sol, la tête dans les mains.

Rentre chez toi, avait dit Jérôme, sans prêter attention à l'analogie calamiteuse avec le surnom dont la brigade m'avait affublé : *Rentre chez toi, il n'y a plus rien à faire. Reviens demain pour ta déposition. Je m'occupe de calmer les bœuf-carottes et les médias.*

J'avais pris ma voiture pour aller me réfugier près de Daphné, trouver le réconfort auprès de ma femme, dans la sécurité de notre couple parfait…

J'ai refoulé la suite et essuyé mes yeux.

Pendant une minute, je suis resté le regard perdu dans la profondeur de l'écran. Puis mes pupilles se sont à nouveau focalisées sur le message de Jérôme : *flic de talent.* Le compliment n'a fait que réveiller ma culpabilité d'avoir laissé ce jeune, seul.

Toute notre vie en aurait été transformée. Avec le recul, je me demandais s'il n'était pas préférable que certaines choses demeurent dans l'ombre, plutôt que d'abîmer des êtres à jamais. J'ai médité cette idée, puis d'autres pensées ont germé. J'ai pris des notes : *Malo et Gillian, deux jeunes Français. Quelle heure était-il au moment des disparitions ? Y avait-il des traces de lutte sur le dernier lieu où ils ont été aperçus ? Un enlèvement doit impliquer une voiture, plus certainement une fourgonnette. Y avait-il des témoins ? Pouvait-on remonter à un incident déclencheur d'une fugue ?*

À partir de là, j'ai listé des priorités en me mettant à la place des enquêteurs. Il fallait établir un profil comparatif socioprofessionnel des familles. Déterminer s'il pouvait y avoir eu un contact entre les garçons. Interroger les voisins, les élèves, comme je l'avais fait avec Linoa.

Peu à peu, il fallait affiner les portraits psychologiques.

J'ai repensé à ma fille. Peut-être ne m'avait-elle pas tout dit ? J'ai eu le sentiment qu'elle m'avait menti par omission. Mais ce qui m'inquiétait le plus, c'est qu'à aucun moment elle n'avait demandé si je savais ce qui était arrivé à Malo.

J'ai éteint l'ordinateur, la bouche pâteuse et la tête lourde. J'avais descendu les trois quarts de la bouteille. Je me sentais un peu saoul, j'ai versé le reste du vin bouchonné dans l'évier, puis je suis descendu dans la chambre. Daphné avait les yeux fermés. J'ai retiré mon tee-shirt et mon jean, et je me suis couché en la regardant. Au fil des ans, ses traits s'étaient un peu ridés sans jamais altérer sa beauté, cette luminosité qui faisait que les hommes se retournaient dans la rue, celle qui lui valait l'admiration et la jalousie des autres femmes. Même lorsqu'elle avait coupé sa longue chevelure, pour revendiquer : *Je suis une femme libre qui aspire à être appréciée pour autre chose que sa plastique*, le résultat avait été impressionnant, elle avait retrouvé la fraîcheur élégante et simple de la lycéenne rennaise qu'elle était lorsque nous nous étions connus.

Je m'étais toujours demandé ce qui avait pu la séduire chez moi, alors que tous les garçons la draguaient. Pourquoi préférer un gamin pas sûr de lui, bon élève sans être travailleur, grand lecteur pour meubler sa solitude, qui n'intervenait que quand un prof le sollicitait ? Pourquoi était-elle venue s'asseoir à côté de moi sur un banc du fond de la cour du lycée Jeanne-d'Arc ?

– Tu aimes Hemingway ?

J'avais fermé *Adieu aux armes*.

– Oui…

– Moi, j'adore Bukowski. Tu as lu *La plus jolie fille de la ville* ?

– Non…

Elle avait ri.

– C'est l'histoire d'une fille qui ne supporte plus d'être belle parce que les autres ne voient que ça chez elle. À la fin, elle se suicide en se tranchant la gorge…

Elle avait fait le geste avec le pouce, puis demandé :

– Ils passent *Conte de la folie ordinaire*, de Ferreri, samedi prochain. C'est tiré de Bukowski, ça te dit de venir ?

Pendant la projection, elle m'avait broyé la main devant les images d'Ornella Muti s'automutilant avec une épingle à nourrice. Lorsque les lumières s'étaient allumées, je m'étais levé pour sortir et elle avait remarqué le petit trou à l'arrière de mon oreille.

– Qu'est-ce que c'est ? avait-elle voulu savoir.

– Un sinus auriculaire. Selon le médecin, c'est héréditaire. Ça pourrait correspondre à un reste des branchies de poisson…

Elle l'avait effleuré des doigts.

– Alors… Tu n'es pas parfait ?

– Non, comme tu vois, je suis plein d'imperfections.

Elle avait ri et m'avait embrassé. Pourquoi moi et pas un autre ? Je ne l'ai jamais su.

Pendant qu'elle effectuait de brillantes études en marketing, je galérais en droit, redoutant le moment où elle partirait avec un gars à l'avenir plus prometteur. Les années suivantes, la crainte qu'elle réalise qu'elle ne pouvait pas gâcher son existence avec moi avait différé mon envie de la demander en mariage, c'est finalement elle qui m'avait proposé ce pas supplémentaire. Je me souviendrai du regard sans passion ni attentes qu'elle m'avait adressé lorsque je lui avais passé la bague au doigt, symbole de fidélité éternelle.

Puis, un jour, elle m'avait annoncé qu'elle ne pouvait pas tomber enceinte. Je lui avais répondu que j'avais toujours eu la certitude que je ferais un excellent père pour l'enfant d'un autre. Nous avions ri et convenu d'adopter.

Intérieurement, je m'étais demandé depuis combien de temps elle connaissait sa stérilité, si cela avait été déterminant dans sa décision de me choisir, flairant en moi un partenaire en mesure d'accepter de ne jamais transmettre ses gènes.

Par crainte de briser le miracle de notre couple, je ne l'avais jamais interrogée sur la cause médicale. Aujourd'hui, je sais que c'était une erreur, qu'entre deux personnes qui s'aiment, les questions qu'on n'ose pas poser deviennent un poison de suspicions qui ronge lentement…

Daphné a dégagé le drap et s'est tournée de mon côté. Ses paupières ont tressailli, elle a dégluti, s'est gratté la toison pubienne avec un sourire issu d'un rêve. Une envie de l'étreindre est montée, mais le même mur m'en a empêché, l'impossibilité à pardonner, à surmonter le dégoût de sa trahison.

J'ai serré les dents : il était 16 heures lorsque Jérôme m'avait demandé de rentrer du 36, quai des Orfèvres. Cent grammes de marijuana sur le garçon, mort sur le coup, aucune implication dans le meurtre de la vieille dame, j'avais su ensuite que Jérôme m'avait éloigné pour me soustraire à la réaction des parents. Nous n'habitions pas le centre de Paris, il me fallait en général plus d'une heure pour rejoindre notre maison. À cette heure de l'après-midi, j'avais roulé à fond sur un périph' fluide.

Mes pneus avaient crépité sur les gravillons. Je n'avais pas été surpris que la porte ne soit pas fermée à clé, je m'étais dit que par chance Daphné avait décidé de rentrer tôt. J'avais vérifié dans la cuisine et au salon, jeté un œil au jardin, puis j'avais gravi les marches. Sur le mur, une photo rappelait notre voyage en Haïti, lors de l'adoption de Linoa.

Du bruit en provenance de notre chambre m'avait averti d'une présence. Je m'étais avancé sur la moquette, une tension croissante dans les muscles, à mesure que les plaintes lascives s'affinaient. La porte était entrouverte.

Un homme s'activait sur Daphné avec une frénésie animale. Ce spectacle m'avait fait disjoncter. Je m'étais précipité, l'attrapant par les épaules et l'expédiant à l'autre bout de la pièce. Son crâne avait heurté le mur, je m'étais mis à le cogner des deux poings, insensible à ses jérémiades et aux cris de Daphné : *Arrête ! Arrête, Roman !*

J'avais observé ma femme, debout au bord de notre lit, les mains couvrant son sexe. Un éclat de culpabilité dans ses iris bleus, elle répétait, d'une voix écorchée par la mauvaise conscience : *Arrête, Roman… ne lui fais pas mal.*

J'avais toisé l'homme ratatiné, les bras en croix au-dessus de sa tête, pour se protéger. Incrédule, j'avais réalisé qu'il s'agissait d'un ado apeuré, geignant lamentablement. Des larmes dégoulinaient sur son nez plein de morve, sa verge était encore humide de la substance sécrétée par l'excitation de Daphné.

Ma stupéfaction avait fait place à une douleur paralysante. Je m'étais reculé de plusieurs pas. Le mioche en avait profité pour récupérer mon flingue, tombé au sol. Il m'avait tenu en joue, le bras tremblant, si nerveux qu'il aurait pu appuyer sur la détente. Les mots avaient sifflé entre mes dents : *dégage, avant que je te tue.* Il avait lâché l'arme, ramassé son pantalon et filé en oubliant ses baskets et le lot de calendriers qu'il était venu vendre pour l'école.

Daphné et moi étions restés silencieux, l'un face à l'autre, tels deux étrangers. Elle avait jeté sa robe, sa culotte et son soutien-gorge au milieu du lit, les chaussures et les calendriers, replié les draps pour former un sac qu'elle avait noué avec les extrémités. Sans me regarder, elle avait craché, pleine de ressentiments :

– Qu'est-ce qui t'a pris de rentrer sans prévenir ? T'avais dit que tu serais là tard… Pourquoi t'es pas à ton satané boulot, puisqu'il n'y a que ça qui t'intéresse !

La gorge aussi serrée que si on m'avait pendu, je n'avais pas été en mesure de répondre…

Le flash-back m'a provoqué une sensation de vertige nauséeux. Daphné a gémi et s'est tournée de l'autre côté, repliant les genoux contre son ventre dans une posture qui dévoilait son dos et la lisière de ses fesses.

La suite des événements a rejailli.

Le lendemain, Jérôme m'avait expliqué que les parents du garçon exigeaient ma démission en échange d'un retrait de leur plainte. Je la lui avais remise sur-le-champ, soulagé d'en finir avec ce métier.

À la maison, Daphné n'avait pas réagi à l'annonce, nous étions restés plusieurs semaines sans nous parler. Puis elle avait reçu cette offre de promotion au Québec. Une véritable chance pour sa carrière. Une décision à prendre pour notre couple en déroute : rompre ou tenter de reconstruire sur les décombres, dans un nouveau pays.

Pendant cette période, Linoa était perdue dans des événements qu'elle ne contrôlait pas. Ses cauchemars d'enfant étaient réapparus, partie immergée de l'iceberg de sa peur qu'un autre séisme dévaste l'univers sur lequel elle se rebâtissait. Alertée par nos échanges exclusivement domestiques, elle avait adopté une position instinctive en ma faveur. Elle répondait sèchement à sa mère, ne lui obéissait qu'avec une réticence querelleuse.

L'échéance des choix s'était approchée, Daphné et moi avions été contraints de discuter. C'est elle qui en avait pris l'initiative. Sans présenter d'excuses, elle m'avait expliqué que ce qu'elle qualifiait d'accident était en partie de ma faute, me reprochant d'être un amant absent à cause de mon boulot de flic. Elle m'avait juré que c'était la première fois, que ça ne se reproduirait pas, mais qu'elle comprendrait si je décidais de la quitter. Dans ce cas, elle tenait à me prévenir qu'elle ne me laisserait jamais la garde de Linoa. Pour finir, elle avait assuré que son souhait le plus profond était que nous parvenions à

« recoller les morceaux », en repartant sur une base saine : *Tu n'auras plus à m'idolâtrer ni à te sentir inférieur.*

Une sentence cynique, exprimée avec une terrible lucidité. J'avais répondu que je la suivrais au Québec, parce que je croyais en notre famille, que nous avions la chance d'avoir une fille formidable, que ni l'un ni l'autre n'avait le droit d'abandonner. J'avais ajouté qu'il faudrait me laisser du temps. Elle m'avait rassuré qu'elle serait patiente…

Je me suis frotté le visage avec les paumes, le cerveau brouillé par le vin. L'idée de liens irrationnels entre des événements distincts m'a taraudé : ce jour fatidique, deux ados avaient fait basculer ma vie. Depuis notre arrivée au Québec, Malo et Gillian, deux jeunes Français, avaient disparu. Comment trouver un sens à tout cela ?

Mon regard s'est perdu dans un tourbillon d'éventualités dont aucune vérité n'a émergé. J'ai refoulé des sentiments confus pour me raccrocher à l'essentiel : Linoa était en bonne santé, à l'abri dans sa chambre.

J'ai enfoui ma tête dans l'oreiller et je me suis endormi…

Wyome Beausoleil flottait sur moi, sa poitrine se soulevait dans une respiration tendue, son souffle s'exhalait sur mon torse. La policière paraissait jeune, grimaçait d'un plaisir qui la faisait un peu souffrir. Désorienté, j'avais l'impression qu'un autre agissait en moi, j'accompagnais le mouvement de ses reins avec l'indéfinissable sensation de faire l'amour pour la première fois. Nous ne prononcions pas un mot, mon regard était plongé dans ses yeux grands ouverts, aussi sombres qu'un univers de culpabilité, atterré par ce que nous étions en train de faire. Dans la pénombre, je ne parvenais pas à distinguer ses tatouages. Le corps de l'Amérindienne s'est légèrement raidi, comme si la jouissance la prenait par surprise. De petits soubresauts ont accueilli ma semence en elle. Elle s'est évanouie, telle une ombre, j'ai été précipité vers un autre espace, je voyais Malo, en train de m'observer, plein d'une haine rageuse… Puis tout s'est effacé.

Je me suis réveillé en sueur, perturbé par ce rêve. La porte a grincé, mon cœur a fait un bond. Linoa se tenait debout, pieds nus, sur le seuil de la chambre, sa chemise de nuit lui tombait aux mollets.

– Tout va bien, mon amour ?

Ses mots ont semblé provenir de très loin.

– Malo me regarde par la fenêtre…

Un sifflement a déchiré le silence, la pièce a été baignée d'un flash suivi de l'explosion des fusées du feu d'artifice. Daphné s'est redressée :

– Qu'est-ce qui se passe ?

J'ai allumé la lumière. Linoa paraissait ailleurs, une tache de sang imprégnait le devant de sa chemise de nuit, je l'ai discrètement signalée à Daphné, en répondant.

– Linoa a cru voir quelqu'un à l'extérieur.

Je me suis levé pour m'habiller, désorienté par ce rêve.

– Occupe-toi de Linoa… Montez m'attendre au salon, je vais dehors…

Ma fille a enfin eu l'air de se réveiller.

– Fais attention, Papa…

Je me suis cogné le genou sur une marche, j'avais du mal à coordonner mes mouvements. J'ai filé à la cuisine et récupéré une torche prévue en cas de coupure d'électricité. J'ai lacé mes chaussures, la vue encore brouillée, puis je suis sorti sur la terrasse. J'ai secoué la tête pour chasser un vertige.

L'air m'a revigoré. Des gerbes multicolores s'épanouissaient dans le ciel, éclairant les alentours. J'ai pointé le rayon de la torche sur les premiers bosquets de poivriers que je devais tailler avant l'arrivée de la neige. Le sillon d'un passage se devinait au milieu des feuillages. Plus bas, l'épaisseur de la forêt rendait la vision impossible. À la faveur d'un éclair, il m'a semblé détecter un mouvement dans le dénivelé.

J'ai jeté un œil à l'intérieur, Linoa avait enfilé un survêtement, Daphné un peignoir. Toutes les deux me guettaient. Je leur ai fait signe que j'allais descendre, articulant de façon qu'elles puissent lire sur mes lèvres : *Restez ici. Je reviens très vite.*

J'ai ouvert la barrière et emprunté l'escalier en éclairant mes pieds. J'ai rejoint le bord du jardin en dix grandes enjambées et me suis penché sur l'accotement. Le faisceau de la lampe s'estompait. Des détonations ont retenti, de puissants jets de lumière m'ont permis de voir plus loin. Une dizaine de mètres en contrebas, j'ai repéré une silhouette derrière un tronc d'arbre. Je me suis accroché à une tige de poivrier jusqu'à atteindre le premier arbre, puis j'ai laissé filer une branche pour continuer à descendre.

Les flashs m'éclairaient par intermittence, je me suis stabilisé et j'ai tendu l'oreille. Il m'a semblé entendre des chaussures s'enfoncer dans le terrain caillouteux. J'ai orienté la torche, le faisceau s'est heurté à des arbres et des ronces. J'ai glissé l'embout dans ma ceinture et je me suis élancé dans la pente sans savoir comment j'allais m'arrêter.

J'avais la certitude qu'un intrus courait pour m'échapper. Les éclairs me permettaient d'éviter les arbres, mais j'étais incapable de contrôler ma vitesse. Une ombre a bifurqué vers le terrain du voisin. J'ai bondi à sa suite. Je n'étais plus qu'à cinq mètres. J'ai trébuché sur une racine, perdu l'équilibre et roulé jusqu'à heurter un tronc couché. Le bois gonflé d'humidité a amorti le choc à l'arrière de mon crâne. Je suis resté couché, un peu K-O. J'ai palpé les écorchures dans mon cuir chevelu, aspiré de larges bouffées, dans le noir complet. Un nouvel éclair m'a permis de récupérer ma lampe que j'ai réussi à rallumer. J'ai balayé les alentours, j'avais atterri à deux mètres de la falaise. À deux mètres d'une chute qui se serait avérée mortelle.

Mon cerveau s'était à peine réjoui que mes sens m'ont alerté d'un mouvement. J'ai orienté le vaisseau. Une silhouette munie d'une lourde branche me dominait. La capuche du débardeur m'a empêché de voir le visage. Le cambrement m'a averti qu'elle prenait son élan. J'ai esquissé un geste du bras, pour parer le coup, la branche s'est abattue.

Tout est devenu noir.

Roman ! Papa ! hurlaient des voix venues d'en haut. Les explosions dans le ciel se poursuivaient, je n'étais resté inconscient que quelques minutes. J'ai tâté l'énorme bosse sur mon front. Un élancement martelait mon cerveau, du sang ruisselait dans mes yeux. Je l'ai essuyé d'un revers de main, puis j'ai récupéré la torche allumée et regardé autour de moi. Je me suis remis debout, étourdi, et j'ai commencé à remonter en me cramponnant aux racines. De nouveaux appels de Daphné et Linoa ont résonné, j'ai répondu d'un faible : *J'arrive.*

Elles m'attendaient dans le jardin.

– Mon Dieu, qu'est-ce qui t'est arrivé ? m'a interrogé Daphné, la main sur la bouche.

Je me suis redressé pour faire bonne figure.

– J'ai glissé… Rien de grave.

– Tu as vu quelqu'un ?

– Non, personne. Il n'y avait personne.

Les éclats du bouquet final ont illuminé le ciel, attirant notre attention sur le Château Frontenac, sous le feu d'éclairs multicolores. J'ai baissé les yeux sur Linoa. Elle se balançait d'un pied sur l'autre, le regard perdu vers la pente.

2

Le début des vacances a filé sans accroc. Le matin vers 6 heures, Daphné partait après avoir pris le petit déjeuner que je lui avais préparé. Le soir, tout était prêt pour le dîner, je me moulais dans le rôle de celui qui accomplit les tâches ménagères. Après tout, nous ne percevions que son salaire. Et ça paraissait lui convenir. Nous ne faisions pas l'amour. Mais cela aussi semblait lui convenir.

Je vivais bien cette situation, Linoa et moi profitions des journées pour faire des balades en forêt ou le long du fleuve. Un peu avant la mi-juillet, je lui ai enseigné les échecs, et comme elle l'avait prédit, elle est rapidement parvenue à égaler le modeste adversaire que j'étais. Lorsque je travaillais sur mon hypothétique roman, je la laissais s'amuser dans le jardin ou faire du vélo dans la rue, autour d'un large terre-plein gazonné. Je surveillais négligemment ses heures passées sur son ordinateur connecté, soucieux qu'elle ne devienne pas *accro* aux jeux vidéo.

Notre vie s'écoulait comme un radeau descend une paisible rivière, sans autre but que de suivre le lit navigable en évitant les obstacles.

Le 16 juillet, j'ai parcouru les journaux avec appréhension, mais aucune fugue de Français n'était rapportée. La thèse d'un kidnappeur paraissait s'infirmer. N'ayant pas revu Wyome Beausoleil ni réentendu parler du lieutenant Lapointe, j'ignorais si Malo et Gillian étaient rentrés chez eux. Leurs disparitions se sont enfoncées dans un passé qui ne viendrait plus perturber nos vies. Ne subsistait qu'une vigilance face à un danger imprécis, comme une odeur entêtante de renfermé que des fenêtres ouvertes ne parviennent pas à évaporer.

Et puis, le 16 août est arrivé, sans incident. Je me suis mis à croire que cette histoire ne pourrait pas nous atteindre.

L'école a repris le premier lundi de septembre. Malgré ses jérémiades, j'ai tenu à accompagner Linoa jusque dans la cour où les gamins se retrouvaient dans une effervescence bruyante. Notre arrivée a jeté un froid. Après un moment de silence, une élève en jupe plissée a quitté son groupe pour venir chercher Linoa.

– Belle journée, ma chérie, ai-je lancé, regrettant aussitôt le mot malhabile qui m'a valu d'être foudroyé par son regard noir.

Elle s'est jointe à ses amies. Je l'ai entendue rire très fort, plus fort qu'elle ne le faisait à la maison. J'ai balayé la cour dans l'espoir de repérer Malo. Près d'un panneau de basket, un homme en survêtement m'observait. J'ai immédiatement compris qu'il s'agissait du père, sans pour autant noter de ressemblance entre le gamin de la photo et ce grand gabarit au visage sculpté dans la pierre qui m'a rappelé Johnny Weissmuller.[9]

---

[9] *Le nageur aux cinq médailles olympiques, interprète de Tarzan au cinéma.*

Mâchoire serrée, il m'examinait avec hostilité. Je lui ai rendu son regard. Il a détourné la tête, puis a disparu. J'étais à deux doigts d'aller m'expliquer avec lui, mais un homme a toussé dans mon dos.

– Monsieur Kermarec, comment s'est passé votre été ?

Je me suis retourné, le directeur me faisait face. Ce rondouillard dans un costume bleu azur, cravate unie et au teint hâlé, me faisait penser à Oscar Wilde.

– Très bien, et vous ?

– Ma foi, bien aussi. Je rentre d'un séjour à Fort Lauderdale. Une belle année s'annonce, nous avons achevé l'agrandissement du gymnase, grâce à la générosité de donateurs… *Dont vous ne faites pas partie*, induisait la phrase en suspens.

J'ai fait mine d'être surpris.

– Les frais de scolarité ne sont pas là pour ça ?

Son sourire s'est effacé.

– Vous les Français, vous avez parfois de drôles d'idées.

– Pardon ?

– Vous semblez guetter l'occasion de critiquer ce qui ne fonctionne pas selon vos normes, sans chercher à savoir si c'est une autre habitude, tout aussi raisonnable. Dans ce cas précis, nous faisons appel à des donateurs qui en ont les moyens. S'ils le souhaitent, ils peuvent offrir plus de chance à leur enfant d'évoluer dans un environnement épanouissant.

– Je me demandais juste si ça ne risquait pas de faire des différences entre les élèves.

Il a hoché la tête.

– Bien sûr que ça en fait. Mais le monde est fait de différences. Nous sommes tous différents. Vous et moi, les professeurs, les élèves… Cela ne nous empêche pas de les traiter équitablement.

J'ai tenté de deviner les sous-entendus derrière une façon de s'exprimer moins directe que celle de mes ex-collègues du 36. Était-il en train de tester ma réaction face à son évidente homosexualité ? J'ai répondu sincèrement.

– C'est pour découvrir ces différences que nous sommes au Québec. Pour rencontrer l'autre sans porter de jugement.

Il a hoché la tête.

– Votre fille aussi est différente…

Il a regardé Linoa, seule noire parmi des filles qu'elle dépassait au point qu'on aurait pu croire qu'il s'agissait d'une surveillante. Il a fini sa phrase.

– Nous la soutiendrons de la même façon qu'une autre élève.

Une nouvelle fois, je me suis demandé ce qu'il voulait dire. Il a eu cet air que prennent les gens informés d'un secret qu'il ne souhaite pas évoquer davantage avec une personne qui en est également détentrice.

– Vous n'aviez pas mentionné que vous êtes policier, sur le profil des parents.

– Je ne le suis plus.

– Vous n'avez rien écrit. Ce vide nous a embarrassés, nous avons décidé de passer outre en raison de votre récente arrivée. Avez-vous rempli ce vide depuis ?

– Je travaille sur un roman, ai-je répondu évasif.

– C'est très intéressant… Proust, Gide, Mauriac, j'ai beaucoup d'admiration pour les écrivains français. Il fut une époque où Paris était la capitale de la culture…

– Ça fait un certain temps que nous n'avons plus d'auteurs de renommée internationale.

– Vous êtes sévère, Le Clézio, Modiano, Ernaux ont tout de même été nobélisés.

– Vous les connaissiez avant ?

– J'ai lu *Le Chercheur d'or*, durant mes études. Quant à Modiano, *Villa Triste* est un livre qui m'a beaucoup touché.

– Vous pourriez lire *Rue des Boutiques Obscures*, le Goncourt de 1978, c'est l'histoire d'un détective amnésique en quête de son passé…

Il a pris un air amusé d'une similitude possible avec mon parcours de flic.

– Ernaux et Houellebecq, par contre, je dois vous avouer que je suis moins amateur.

J'ai tenté de défendre l'auteur des *Particules élémentaires* :

– Vous devriez lire sa poésie. C'est d'une amère violence.

– Si vous le dites, je lui accorderai peut-être une nouvelle chance…

Nous nous sommes jaugés à la manière de deux personnes qui se découvrent une passion commune inattendue. Il a déboutonné un bouton de sa veste.

– Nous demandons à des parents de partager leur expérience professionnelle. J'avais pensé que vous pourriez raconter votre métier de policier. Il est entouré d'une aura mystérieuse pour les jeunes. Mais un écrivain, ce serait encore plus formateur. Accepteriez-vous d'intervenir auprès de nos élèves ?

– C'est que… Je n'ai jamais rien publié…

Il a remarqué ma réticence.

– Vous voyez, a-t-il argumenté, il existe d'autres moyens que financier pour s'investir dans l'éducation de nos enfants. De vous à moi, je crois que ce serait bon pour Linoa que les élèves vous connaissent. Compte tenu des circonstances, ce serait positif pour elle.

La rupture de ton montrait que nous arrivions au but qu'il s'était fixé. J'ai aussitôt tiqué.

– Que voulez-vous dire ?

– Linoa vous a-t-elle parlé de notre cher Malo ?

– Succinctement.

Il a réfléchi sur la façon dont il allait poursuivre un sujet délicat. La sonnerie a retenti. Dans un brouhaha semblable à celui de chiots qui se disputent un os, les élèves se sont placés sur une file. Avec un aplomb déconcertant, Linoa s'est imposée devant son jeune professeur d'espagnol. À quelques mètres, le père de Malo lui a adressé un regard noir auquel elle a répondu d'un sourire provocant. La sirène s'est tue, il y a eu un instant de flottement, je ne voyais que Linoa, souriante, fixant le père du disparu, sur le point d'exploser.

– Vous pourriez m'attendre quelques instants ? a demandé le directeur.

– Bien sûr…

Il est venu se placer entre eux pour s'adresser aux élèves. Je n'ai pas prêté attention à son discours tant j'étais happé par la tension entre ma fille et le père de Malo. En guise de conclusion, le directeur a rappelé la petite fête, organisée en fin de journée. Les élèves ont commencé à rentrer, Linoa m'a ignoré. L'échange de regards du père de Malo et du directeur m'a paru lourd de reproches réciproques. Il a salué plusieurs parents, sourire aux lèvres, s'attardant avec certains pour programmer des rendez-vous individuels.

Il m'a rejoint avec un flegme impressionnant.

– Vous serez présent à notre fête ?

J'ai menti pour me défiler.

– J'attends un appel de France.

– Il serait bien que vous puissiez vous libérer, nous serions heureux si votre épouse était là également.

– Elle termine en général tard…

Il n'a pas caché sa contrariété.

– Vous voyez, monsieur Kermarec, j'ai beaucoup apprécié ce que vous avez dit sur votre envie de rencontrer l'autre. Moi-même, je viens de la partie anglophone de Montréal. Personne ne me connaissait à Lévis. Pour certains natifs, j'étais même un étranger… Mais vous avez pu le constater, plus personne ne s'en souvient. Donc, concernant vos belles intentions, il me semble que pour découvrir les différences que nous évoquions, il faut prendre le risque de la confrontation. Je me ferai un plaisir de vous présenter d'autres parents. Serrer des mains et manger des hamburgers en bonne compagnie ne vous feront aucun mal. Et une nouvelle fois, ça participerait à l'intégration de Linoa.

J'ai opiné.

– Je vais essayer de convaincre Daphné.

– Vous me rendriez service.

– Je pensais que les petits soucis de Linoa étaient de l'histoire ancienne.

– Ils le sont. Votre fille a beaucoup d'amies. Elle est joviale et amusante. Mais elle veut parfois être le centre de l'attention, s'assurer de l'intérêt exclusif d'un élève ou d'un enseignant.

– C'est souvent le cas chez les jeunes ados…

– Bien sûr, mais disons que chez votre fille, c'est une tendance très prononcée.

– Tout à l'heure, vous m'avez demandé si Linoa m'avait parlé de Malo. Elle l'a fait, oui, elle m'a dit qu'ils s'entendaient bien, puis qu'ensuite elle s'était fait de nouvelles amies.

– Elle vous a parlé de la fugue ?

– Elle m'a dit que l'école ne l'avait pas dit, mais les élèves l'avaient compris.

– Nous avons dans un premier temps évité d'alarmer les enfants. Malheureusement le garçon n'est pas rentré. Personne ne l'a revu. Ce qui affecte son père.

Agacé par ce que je venais d'observer, j'ai décidé de mettre les pieds dans le plat.

– Que reproche-t-il à Linoa ?

– Selon lui, votre fille jouait avec les sentiments de Malo, il est persuadé que c'est elle qui l'a poussé à fuguer.

– Malo était amoureux de Linoa ?

– Eh bien, selon le père, elle lui avait tourné la tête et lui faisait faire tout ce qu'elle voulait. Ensuite elle s'est intéressée à son prof de gym. Il a bien sûr ignoré ses avances, mais en représailles, elle s'est mise à manipuler son fils contre lui.

– Il vous avait parlé des prétendues avances de Linoa avant la fugue ?

– Non. Sinon, nous vous aurions demandé un entretien.

– A-t-il du concret, des courriers, des mails, des coups de téléphone ?

– Il dit qu'il pensait pouvoir gérer le problème. Tout cela n'avait rien d'alarmant… Mais il y a eu cette fugue.

– Vous avez conscience que vous venez de parler de ma fille comme d'un prédateur ! C'est parfaitement arbitraire. S'accrocher au rêve d'une amourette avec un prof et repousser celle d'un élève sont courants chez des ados. Je ne le laisserai pas accuser ma fille !

Il est resté étonnamment calme.

– Nous avons décidé de ne pas entendre des accusations proférées sous le coup de l'émotion. Néanmoins, nous pouvons compatir à son désarroi. Dans le cas présent, je dirai que cela fait peser sur votre fille une certaine suspicion. Je suis certain que vous et votre femme pourriez l'aider en vous mélangeant à notre communauté. Montrez que vous êtes un couple uni, des parents aimants, une image rassurante pour les uns et les autres. Vous croyez que c'est possible ?

Mon rythme cardiaque a accéléré, j'ai réussi à garder la tête froide.

– OK, Daphné sera là.

– Je vous remercie.

J'ai profité de son relâchement.

– Que pouvez-vous me dire du père de Malo ?

Il a hésité, des tics agitaient ses paupières.

– Allons dans mon bureau.

Je suis sorti perturbé par les informations fournies par ce directeur dont je me demandais ce qui pouvait bien l'avoir poussé à me les confier, hormis mon statut d'ancien flic. Quelques voitures d'enseignants restaient sur le parking, mon petit 4×4 bleu nuit semblait perdu au milieu du terre-plein. J'avais acheté un Saturn Vue qui ne disposait ni de la fermeture centralisée, ni des vitres électriques. En approchant, j'ai remarqué le pneu à plat. J'ai pesté en ouvrant le coffre, et récupéré la roue de secours. J'ai installé le cric sur une pierre, concentré sur le père de Malo : divorcé, 38 ans, ancien joueur de golf de haut niveau, titulaire d'un CAPEPS,[10] il avait démissionné d'un lycée parisien avant d'être recruté en raison de son trilinguisme français-anglais-espagnol. Il louait une maison avec son fils à une encablure de l'école et de chez Wyome Beausoleil.

J'ai repensé au ton énigmatique du directeur lorsque nous nous étions quittés.

– Nous avons eu beaucoup de chance qu'il accepte de venir. Les salaires que nous offrons sont très inférieurs à ce qu'il aurait pu décrocher en Ontario.

Je me suis arrêté pour réfléchir. Pour quelle raison ce champion de golf avait-il mis fin à sa carrière ? Pourquoi s'enterrer à Lévis ? Comment avait-il obtenu la garde de Malo ? Une rivalité entre ce type et son fils, dans laquelle ma fille aurait joué un rôle, était-elle possible ? Si Malo avait fugué par jalousie, il n'y aurait aucun lien avec Gillian. Or un hasard sur la concordance des disparitions me semblait de plus en plus improbable. Perdu dans mes pensées, j'ai trop tourné la manivelle, le cric a ripé. La voiture est retombée. Je me suis jeté en arrière, puis me suis assis pour reprendre mes esprits, j'ai observé autour de moi pour vérifier si quelqu'un m'avait

---

[10] *Certificat d'aptitude au professorat de l'enseignement physique et sportif.*

vu. Sur un terrain de foot, le père de Malo entraînait ses élèves. Son sifflet a scintillé dans un rayon de soleil, il s'est accroupi devant une gamine et lui a posé les mains de chaque côté des épaules. Il lui a parlé, puis il lui a glissé la main dans les cheveux. Le geste m'a paru ambigu.

J'ai fini de changer ma roue et pris la direction de mon garage. Le gérant était un quadragénaire qui m'était reconnaissant de faire tourner sa pompe au détriment des stations de l'allée principale. Il a sorti le pneu du coffre : *Repassez dans la journée. Vous pouvez vous laver les mains dans l'atelier, on a du savon ultrapuissant.*

J'ai marché jusqu'à la maison. Installé à mon bureau. Je me suis mentalement repassé le geste du prof de gym, me demandant s'il visait à rassurer, à dominer, ou à initier une relation inappropriée avec la préadolescente. J'ai conclu que cette façon d'agir était dérangeante.

J'ai envoyé cette demande à Jérôme : *Pourrais-tu te renseigner sur le père d'un des gamins disparus, Malo…*

Je suis allé m'asseoir sur le canapé face au fleuve, le téléphone en main. J'ai composé le numéro de Daphné, sa voix enregistrée invitant à laisser un message a résonné dans l'écouteur. J'ai toussé pour expulser le nœud dans ma gorge : *C'est moi, pardon de te déranger au boulot, mais le dirlo aimerait que nous soyons ensemble à la fête de la rentrée, à 16 heures. Il dit que c'est mieux pour Linoa. Rappelle-moi, je suis à la maison.*

J'ai imaginé qu'elle devait être à une réunion *idéative* dans une : *ambiance conviviale et pédagogique, sans interférence…* Le reste de ses explications sur l'importance de son travail m'est revenu avec un goût amer : *Sans le marketing, les clients se tourneraient vers une marque concurrente, les profits chuteraient et la société finirait par faire faillite.*

C'était essentiel à la *Company* ! Et ma femme portait cette responsabilité sur les épaules. J'avais souvent eu envie de lui dire que l'humanité s'était dispensée de cette connerie de *marketing* pendant plus de six mille ans. Mais c'est elle qui faisait bouillir la marmite et après tant d'années passées la tête dans le sac à pourchasser des assassins, je savais que je n'avais aucune critique à formuler.

Les images du suicide du garçon, au 36, se sont imposées avec un mélange de tristesse et de quelque chose de plus fort que j'ai aussitôt chassé. Sans aucun lien, j'ai revu le visage de Malo. Pour la première fois, j'ai considéré la probabilité qu'il soit mort.

J'ai composé le numéro du bureau de Daphné.

– Service de communication, bonjour, en quoi puis-je vous être utile ?

La voix était celle de son jeune assistant ou assistante, j'étais incapable de le déceler, et quand j'en avais fait la remarque à Daphné, elle avait ri aux éclats : *Tu le devineras peut-être, si je décide de vous présenter…* La voix a répété la phrase d'accueil avec un peu d'impatience.

– Pourriez-vous me passer mon épouse ? ai-je demandé d'une façon autoritaire.

– Elle n'est pas là, en ce moment.

– Ah… Et où pourrais-je la joindre ?

– Je ne sais pas. Vous avez essayé son cellulaire ?

– Évidemment.

– Alors elle va certainement vous contacter. Je peux aussi prendre un message ?

– Dites-lui de me rappeler à la maison. C'est urgent.

La voix a articulé par syllabes sur le ton d'une personne qui note.

– Ra-ppe-lez, ur-gent… Il y a un numéro ?

– Vous me demandez si elle connaît le numéro de chez elle.

– Elle le connaît ?

– D'après vous ?

Il y a eu un silence.

– Pardonnez-moi, s'est excusée la voix, j'ai un autre appel.

– Transmettez-lui le message.

– Ce sera fait, monsieur Kermarec. Sauf si elle ne revient pas au bureau.

En rogne, j'ai claqué le combiné sur son socle. Puis j'ai observé la forêt dans la pente. J'ai revu l'image furtive de l'inconnu qui m'avait frappé. En bas de la falaise, le Saint-Laurent s'écoulait tranquillement. À l'opposé de mon bouillonnement intérieur.

Seize heures, sans nouvelles de Daphné, je me suis rendu au garage. Une femme corpulente m'a présenté la facture.

– Avec l'essence, y en a pour plus de mille piastres…

Pendant que je sortais ma carte, elle a appelé son mari. Il est arrivé en essuyant ses mains graisseuses sur un chiffon.

– Comme j'vous ai expliqué au téléphone, il a fallu changer vos deux pneus. Si l'un est mort, on est obligé d'équilibrer. J'ai mis du réchappé.

Il hochait la tête encore et encore.

– S'il était impossible de les sauver, vous avez bien fait, ai-je statué, conscient que notre vocabulaire était celui qu'on utilise pour des personnes décédées.

J'ai tendu ma carte à la femme. Le garagiste m'observait avec indulgence.

– C'est sûr, jamais vu un pneu dans un tel état…

– La voiture a glissé quand je changeais la roue. Il a dû se déchirer en percutant le sol.

Le bruit du rouleau de papier a confirmé l'acceptation de la transaction. La femme m'a rendu la carte et le ticket en adressant à son mari un regard gêné.

– Ça ressemblait plutôt à l'entaille d'une lame…

Il avait dit ça avec une pointe de regret, attristé qu'on puisse m'en vouloir au point de lacérer mon pneu. J'ai failli me mordre la langue.

– Sûrement une mauvaise blague.

– C'est la première fois que je vois ça chez nous.

Sans méchanceté, il venait de me ramener à ma condition d'étranger. J'ai songé que Malo et Gillian avaient certainement vécu des situations similaires. Mais était-ce suffisant pour les pousser à fuguer ? J'ai esquivé sa remarque par une vague boutade.

– Il faut une première à toute chose.

Il a acquiescé par politesse.

– Vous êtes chaussé pour l'hiver ?

– Comment ça ?

– Les pneus d'hiver sont obligatoires au premier décembre. J'vous conseille de pas attendre la première bordée de neige.

Je n'ai pas masqué mon étonnement. Il a souri.

– Si vous voulez, je vous cherche un bon prix et je vous *cédule*[11] première semaine de novembre. Vous ne devez pas avoir l'habitude de rouler sur la neige, mieux vaut éviter que vous vous fassiez surprendre. Votre engin n'est pas réputé pour sa tenue de route.

Les rires s'entendaient depuis le parking, j'ai jeté un regard autour de moi sans repérer la voiture de Daphné. J'en ai eu la confirmation dans la cour, où une longue table couverte de salades, de bouteilles de jus d'orange et de verres en plastique avait été installée. En face d'un barbecue, l'enseignant d'espagnol, en tablier, garnissait de saucisses les pains que lui tendaient les élèves.

Linoa a confié son assiette à une amie puis est sortie de la file.

– Maman n'est pas là ?

– Pas encore. J'espère qu'elle aura écouté ses messages.

Elle a haussé les épaules.

– Ça changera rien, de toute façon elle pense qu'à elle.

Elle est retournée prendre sa place sans me laisser la possibilité de démentir. J'ai avancé de quelques pas pour me donner une contenance au milieu de la foule de parents.

Arrivant d'une présentation de l'extension du gymnase, le directeur m'a adressé un signe avec dans les yeux une étincelle de contrariété : *Votre femme n'est pas là !*

J'ai regardé ma montre en prenant l'air d'un type qui attend quelqu'un. Je me suis faufilé entre des groupes dont

---

11 *Programme un rendez-vous.*

les conversations s'interrompaient à mon passage. J'ai atteint l'angle du bâtiment, sans avoir parlé à quiconque.

Et c'est à ce moment que j'ai vu le père de Malo. Au milieu d'un attroupement de gamines. Il a dit quelque chose qui les a fait rire.

Drôle ! Il était donc drôle. Un grand type musclé avec un visage hollywoodien qui en plus avait de l'humour ! De quoi tourner la tête de ces gamines. Deux d'entre elles l'ont tiré par le bras. Il s'est retrouvé dans la lumière, les lèvres élargies sur un sourire à la denture parfaite. Ses traits se sont figés en me voyant, il a lâché un : *Je reviens*, accueilli par des jérémiades.

Il s'est dirigé droit sur moi. Je l'ai devancé avant qu'il ouvre la bouche.

– Désolé de vous avoir interrompu, vous aviez l'air de beaucoup vous amuser…

Il s'est arrêté à moins de deux mètres, le sourcil gauche froncé :

– Qu'est-ce que vous voulez ?

Son grand gabarit ne correspondait pas à celui de l'agresseur qui m'avait frappé le soir du feu d'artifice. J'ai avancé d'un pas, décidé à le tester sous son air belliqueux.

– Vous possédez un couteau ?

– C'est quoi, cette question à la con ?

– Ça paraît assez clair, je vous demande si vous êtes en possession d'un outil capable de lacérer un pneu…

– Vous voulez mon poing dans la gueule ?

Son léger mouvement de recul ne collait pas avec la détermination affichée. J'ai haussé les épaules, fataliste.

– Ça fait longtemps qu'on ne m'a pas fait ce genre de proposition.

Il est resté interdit. J'ai repris l'initiative.

– La blague m'a coûté mille pièces, sans parler que j'ai failli être écrasé sous la bagnole.

– Allez vous faire foutre !

– Vous ne me croirez pas, mais j'ai assez d'expérience pour sentir quand un type regrette une connerie. Et dans votre cas, ici, maintenant, je sens que vous regrettez. Alors je suis prêt à passer l'éponge, de toute façon, selon le garagiste il aurait fallu que je change ce train de pneus, mais je veux que vous m'expliquiez pourquoi vous avez fait ça.

Garder son sang-froid quand on est entré dans la zone de confort d'un adversaire, la technique marchait presque toujours. Il s'est essuyé le front de l'avant-bras, pesant le pour et le contre.

– Ce travail… j'en ai besoin, sinon je perdrais mon visa.

– Ça restera entre nous.

Son ton se rapprochait d'une tentative de justification.

– Votre fille sait quelque chose à propos de Malo qu'elle ne veut pas avouer.

– Qu'est-ce qui vous permet d'affirmer ça ?

– Elle était la seule à laquelle il parlait. C'est impossible qu'il ne lui ait rien dit.

– Comment se fait-il qu'il ne se confiait pas à vous, c'est plus légitime, non ?

– Votre fille avait réussi à le monter contre moi. Elle jouait avec ses sentiments.

– Vous accusez ma fille d'exercer un chantage affectif.

– C'est la vérité ! Que vous l'acceptiez ou non, votre fille est une manipulatrice. Je croyais la situation gérable, j'ai réalisé trop tard à quel point j'aurais dû le signaler avant.

– Pourquoi avez-vous crevé mon pneu ?

– Je voulais qu'elle comprenne qu'elle n'est pas hors d'atteinte.

– Vous pensiez l'intimider ?

– Je ne sais pas… Peut-être oui, c'est ce que j'ai pensé. Malo a disparu depuis plus de deux mois. Personne ne sait rien. Je voulais que quelque chose bouge !

Le type devant moi semblait sincère, les yeux légèrement vitreux. J'ai étudié son visage, toujours intrigué de ne lui trouver aucun trait commun avec ce que j'avais vu de Malo.

– Quel rapport entretenez-vous avec vos élèves féminines ?

– Que voulez-vous dire ?

J'ai fait un nouveau pas vers lui.

– Elles vous aiment visiblement bien. Comment gérez-vous leur première ébauche de séduction, leur besoin d'être rassurées sur leur physique ? Leur appétit de vivre la « grande expérience » ?

J'avais sélectionné des mots pour qu'ils le percutent. L'effet a été immédiat.

– Vous pensez que j'ai enlevé mon fils parce que je draguais votre fille ?

– L'idée est intéressante. Donnez-moi un argument infaillible pour me convaincre du contraire.

Il a eu une vilaine grimace.

– Je n'ai aucun goût pour les filles comme votre fille. Si vous vous avisez de faire courir ce bruit, je vous jure que je vous arrangerai le portrait.

Non seulement ce type ressemblait à Tarzan, mais il paraissait affublé du raisonnement binaire d'un primate. Ses narines se sont légèrement écartées, il donnait l'impression de humer l'air pour sentir si mon odeur corporelle dégageait la moindre trace de peur. J'ai choisi de ne pas rebondir sur son racisme à peine voilé envers Linoa.

– Nous aurons peut-être un jour à vérifier la façon dont vous vous y prendrez. En attendant, on va poursuivre cette discussion. Vous m'avez dit que ma fille était sa seule amie. Selon Linoa, votre fils pratiquait un genre de karaté, il devait bien s'y être fait des copains, vous y avez pensé ?

– Malo était timide. J'aurais préféré qu'il fasse du golf. Là au moins, son goût pour la solitude lui aurait servi. Je suis sûr qu'il a choisi le kempo pour me faire chier. Il voulait aussi impressionner votre fille. La protéger, qu'il disait…

– La protéger de qui ?

Il a remué la main au niveau de sa tête.

– Une chimère… C'était juste une idée dans sa tête. Mon fils était parfois idiot.

J'ai noté l'utilisation du passé et l'ai fixé dans les yeux.

– Où est votre fils ?

– Comment pourrais-je le savoir ! Je ne dors plus depuis qu'il a disparu. La nuit, j'attends dans le canapé. La police ne sait rien. Personne ne sait rien. Sauf votre sale gosse détraquée !

J'ai réprimé mon envie de lui rentrer dedans.

– Vous connaissez Wyome Beausoleil ?

– Un peu, elle habite pas loin de la maison.

– Vous l'avez revue depuis.

Il a hésité.

– Oui. Mais elle ne sait rien non plus.

– Vous vous souvenez des vêtements que votre fils portait le jour de sa disparition ?

– Son uniforme.

– Vous voulez dire le pantalon bleu, la chemise blanche et un pull sans manches avec l'écusson.

– Oui, c'est ça.

– Il n'a pas emporté d'argent et des affaires de rechange.

– Je ne crois pas.

– Personne ne vous a posé cette question ?

– Les flics m'ont tellement soûlé de questions que j'avais la tête qui tournait.

– D'accord. Vous dites que vous communiquiez peu avec Malo, pourtant vous accusez ma fille d'être à l'origine de sa fugue, comment pouvez-vous en être certain ?

– Parce que ça crevait les yeux qu'il aurait fait n'importe quoi pour elle. Il n'ouvrait la bouche que pour parler de Linoa. *Linoa a dit* ; *Linoa m'a demandé…* Toute sa vie tournait autour d'elle. Il gardait sa photo à côté de son lit, je suis persuadé qu'il dormait avec ! Et puis vous me faites chier avec vos questions ! Commencez donc par tirer les vers du nez à votre satanée fille !

J'ai ostensiblement sorti les mains de mes poches.

– Je vais vous dire une chose que je ne répéterai pas, c'était la dernière fois que vous prononcez un adjectif méprisant en parlant de Linoa.

Il a fermé ses poings, les pouces à l'intérieur.

– J'aimerais vous y voir s'il arrivait la même chose… à votre sale petite vicelarde !

J'ai senti ma gorge se nouer.

– Roman ! a crié une voix féminine dans mon dos.

Daphné nous a rejoints, rayonnante dans une robe à fleurs. Son maquillage était impeccable, elle venait certainement de le retoucher, dans la voiture. Elle m'a embrassé sur les joues en prenant garde de ne pas me coller de rouge à lèvres.

– Je te cherche depuis une heure... Je me suis fait attraper par le directeur, je crois qu'il vient de me présenter à la moitié de la ville...

Elle a entouré mon épaule de son bras dénudé et fixé le père de Malo, scotché, le visage en extase. Je pouvais presque percevoir le fantasme qui se déroulait dans son cerveau de primate. Daphné lui a adressé son sourire dévastateur et lui a tendu la main.

– Daphné Kermarec, enchantée. Vous êtes un enseignant de notre Linoa ?

Il lui a doucement pris la main. Mon rythme cardiaque refusait de se calmer, j'étais à deux doigts de cogner cette enflure raciste. Un direct qui aurait explosé son nez hollywoodien m'aurait soulagé ! J'ignorais si Daphné avait perçu la tension entre nous, mais avec grâce, elle s'est excusée de devoir me kidnapper pour honorer sa promesse de me présenter quelqu'un. L'échappatoire qu'elle utilisait à merveille pour m'extraire de discussions ennuyeuses lors des cocktails de sa société. Lui et moi sommes restés un instant à nous défier, puis j'ai suivi Daphné.

Une demi-heure plus tard, elle a jugé que nous avions suffisamment joué au couple harmonieux, heureux de vivre dans ce : *magnifique pays si accueillant où tout le monde a été tellement gentil avec notre fille*. Elle a salué le directeur dont les félicitations : *Merci de votre présence, madame Kermarec, c'est toujours un régal de vous voir*, ont constitué l'exergue de ce *one-woman-show* dans lequel Linoa et moi nous étions contentés de rôles de figurants.

Dehors, ma fille ne disait pas un mot. J'ai joué l'apaisement entre elles.

– Rentrez ensemble, toutes les deux. On va se faire un bon repas.

– Je préfère rester avec toi, a décrété Linoa.

Il a fallu que je me fâche pour qu'elle accepte de grimper dans la voiture de Daphné.

Je conduisais en tentant de discerner si elles se parlaient. Les mains sur le volant, j'ai commencé à analyser ce qui ressortait de ma confrontation au père de Malo. Ma première idée était que ce prof entretenait des relations ambivalentes avec ses élèves. Pour cette raison, il avait pu décider d'évincer son fils, un concurrent sur son terrain de chasse. L'infanticide était fréquent chez les primates. N'était-il pas envisageable qu'un narcissique bas du front ait cédé à une pulsion héritée de gènes bestiaux ? N'avais-je pas été prêt à défendre ma fille avec ce même instinct ?

Autre aspect troublant, je n'avais senti en lui aucune tristesse. De l'anxiété, une certaine gêne à l'évocation de Wyome Beausoleil, mais pas le chagrin qu'il aurait dû exprimer. Son ressentiment envers Linoa ressemblait à celui d'un séducteur éconduit. Pourtant, ses calomnies ne faisaient qu'attiser le doute alimenté par la façon dont elle se comportait avec ses camarades, l'absence de réponse à certaines de mes questions, jusqu'à son attitude après mon agression le soir du feu d'artifice.

Nous avons garé nos voitures. J'entendais Daphné et Linoa chanter à pleins poumons le dernier succès de *Bleu Jeans Bleu* : *Heille ! Y a l'air de faire frette ! T'es-tu ben dans ton coton ouaté ?*[12] Une vague d'émotion m'a submergé de les voir réconciliées : une mère et sa fille, éclatant de rire, sous le regard attendri du mari et père qui les aime.

Nous possédions ce bonheur inestimable au bout des doigts. Si facilement saisissable. Mais fragile comme tous les moments qu'on voudrait préserver à jamais.

J'avais sous les yeux les deux personnes auxquelles je tenais le plus au monde. Et j'étais conscient que ce monde pouvait s'écrouler pour une sottise commise par Linoa. Un sentiment de crainte dont je ne pouvais affirmer s'il était justifié m'a vrillé l'estomac : les accusations du père de Malo finiraient-elles par s'avérer fondées ?

J'ai supplié un Dieu, auquel je croyais de moins en moins, qu'il épargne notre famille d'une telle catastrophe. Il y a eu une étincelle maligne dans le regard de Linoa. Elle est descendue de voiture. C'est une Daphné joyeuse qui m'a fourni l'explication :

– Ta fille veut faire du kempo, je lui ai dit que tu avais toi aussi pratiqué. Tu t'en souviens ?

J'ai retenu ma réponse : *Pour toi, je m'étais inscrit pour toi. Pour dissuader les rivaux qui estimaient que je ne t'arrivais pas à la cheville, leur donnant le droit de te ravir à moi.*

– C'était il y a longtemps, ai-je dit d'une voix à peine audible. Du *Shitō-ryū*, du karaté traditionnel, je ne suis même pas certain que le mot « kempo » existait.

---

[12] *Il a l'air de faire froid ! Es-tu bien dans ton pull-over ?*

– Peu importe, je trouve que c'est une très bonne idée qu'elle apprenne à se défendre.

– Je crois au contraire que c'est une très mauvaise idée.

Je me suis tourné pour parler à Linoa, mais elle venait d'entrer dans la maison.

– Elle m'a prévenue que tu refuserais, a dit Daphné, dans mon dos. Je lui ai promis de te convaincre. Pour une fois, nous sommes toutes les deux du même côté. Contre toi.

Repliée sur son lit tel un crabe sous un rocher, les pinces en position d'attaque, Linoa s'est enfermée dans le silence : son présumé béguin pour son prof de gym, cette idée subite de pratiquer le même art martial que Malo, dans le même club et pas un autre, elle ne voulait rien dire sur rien. J'ai perdu mon calme.

– Ce garçon a disparu depuis des mois, son père t'accuse d'en être responsable. Je t'interdis de t'inscrire dans ce club de kempo ! Imagine le message d'indifférence malsaine que ça enverrait !

Son regard noir m'a défié :

– T'as rien à m'interdire, t'es pas mon père !

J'ai eu la sensation qu'on m'arrachait le cœur.

– Ce que tu viens de dire me fait beaucoup de mal, Linoa. Tu te trompes, tu es ma fille. Ma petite fille que j'aimerai toute ma vie. C'est justement parce que je t'aime que je te protège, même contre ton gré !

Une expression de douleur a affleuré sur son visage, elle a rentré la tête dans ses genoux. J'ai cru qu'elle allait pleurer.

– Tu peux tout me dire, Linoa, quoi qu'il arrive, je serai toujours là pour te défendre.

Elle n'a pas bougé. J'ai attendu, puis embrassé sa chevelure noire.

– Dors, mon amour, on reparlera de tout ça plus tard.

Après une douche, j'ai entouré une serviette autour de ma taille et suis entré dans notre chambre. Daphné lisait un rapport rempli de tableaux, le dos calé par deux oreillers.

Elle a fermé le document.

– C'était qui, ce prof avec lequel tu parlais quand je suis arrivée ? m'a-t-elle demandé, suspicieuse.

– Le père du gamin que la police recherche…

Il m'a fallu cinq minutes pour lui expliquer la situation qui justifiait mon opposition à la demande de Linoa de pratiquer le kempo, dans le même club.

– C'est certain, a-t-elle admis après mon exposé, ce n'est pas la meilleure idée. En même temps, lui interdire enverrait le message que nous nous sentons fautifs. D'une certaine façon, ça serait donner raison à ce type… Son père.

– Tu as remarqué la façon dont il t'a déshabillée du regard ?

Elle a souri.

– Il faut croire que je fais encore de l'effet à certains hommes.

J'ai baissé la tête.

– Pardon, a ajouté Daphné, ce n'est pas ce que je voulais dire.

– Je sais.

Nous sommes restés silencieux.

– Écoute, ai-je repris, je me méfie de ce genre de mec, il n'attend qu'un prétexte pour relancer ses accusations. Je préférerais qu'on ne le lui fournisse pas. Tu as vraiment assuré auprès du dirlo, mais nous sommes des étrangers, notre fille est noire, nous devons être prudents. Imagine comment réagiraient les parents d'élèves…

– Le directeur m'a une nouvelle fois fait bonne impression. Je crois que c'est réciproque. Je suis certaine qu'il nous soutiendra. Ne me prive pas de cette chance de renouer avec Linoa. Ça fait une éternité qu'on ne s'était pas amusées comme ça.

Le front plissé, elle me fixait d'un regard qui portait l'espoir que nous pourrions pour une fois échanger nos rôles : moi permissif et elle sempiternelle sermonneuse. Je n'avais pas le droit de lui retirer cette occasion de compenser le temps que je passais avec Linoa, tissant jour après jour un lien de complicité pendant qu'elle travaillait. Les non-dits sur sa tromperie ont flotté entre nous, une trahison que Linoa lui faisait payer sans en connaître l'origine. J'avais l'impression que ce purgatoire infligé par ma fille durerait tant que je n'aurais pas surmonté la blessure de ma dignité meurtrie.

J'ai changé de sujet.

– Ta robe était superbe… Ton maquillage aussi, tu arrivais d'un rendez-vous ?

– J'ai visité la boutique de la *Galerie de la Capitale*. Les esthéticiennes ont voulu me faire un facial. J'ai rappliqué à l'école dès que j'ai écouté ton message.

– Pourquoi ton androgyne d'assistante ne m'a-t-elle pas dit où tu étais ?

– Peut-être parce qu'elle craignait que tu viennes me rejoindre.

J'ai forcé sur le ton triomphant.

– Ah enfin ! C'est donc une fille, tu t'es trahie !

– Oui, sur son état civil, Leah est une fille.

J'ai blagué à cette révélation sans importance.

– Il faut lui dire mademoiselle ou jeune homme ?

– Elle préfère qu'on l'appelle Lee…

J'ai continué sur le même ton.

– Voyez-vous ça, alors pourquoi cette Lee ne t'a-t-elle pas prévenue à la boutique ?

– Je ne sais pas, elle a parfois des réactions protectrices. En tout cas, elle est très efficace.

Elle s'est placée sur le côté, la tête dans l'oreiller, me fixant avec dans les yeux le message qu'au lieu d'être jalousement suspicieux, je ferais mieux d'assumer mon rôle de mari. J'ai senti mon excitation monter, mais des images du sexe humide du gamin, dans notre chambre, sont apparues. Un pourquoi a tourné dans mon cerveau. Pourquoi as-tu fait ça ?

Je n'ai rien dit, et les cavités de ma verge se sont vidées de leur sang.

Daphné a soupiré.

– Qu'est-ce qu'on décide pour le karaté ?

– Je m'inscrirai avec elle.

– Merci… Si ça ne t'embête pas, je vais dormir, je me lève tôt, demain matin.

J'ai éteint la lumière, le regard plongé dans le ciel obscur.

– Bonne nuit, je préparerai le petit déj'.

3

Wyome Beausoleil attendait devant la maison, les bras croisés, le dos appuyé sur la portière de sa voiture siglée *Police*, des lunettes aux verres réfléchissants sur le nez. Elle était vêtue d'une chemise kaki et d'un pantalon de treillis bleu foncé. Une large ceinture à laquelle étaient accrochés une Maglite et son holster complétait son uniforme.

Je me suis garé et je l'ai rejointe.

– D'où arrivez-vous ? a-t-elle demandé sur un ton qui flirtait avec une sommation.

– Je viens d'amener ma fille à l'école, comme tous les matins.

– Bien sûr, j'aurais dû y penser…

Son entrée en matière m'a un peu braqué.

– Vous allez droit au but ou vous préférez que je vous offre un café ?

Elle a tourné la tête vers notre maison bordant la falaise.

– Joli point de vue…

– Vous voulez l'admirer de l'intérieur ?

– Je suis déjà venue.

– Vous connaissez Auguste et Gilberte ?

– Pas personnellement…

J'ai compris qu'elle n'en dirait pas plus.

– On le boit ce café ?

– Si vous insistez…

En face, une voisine nous observait à travers sa fenêtre. C'était une quadragénaire venue se présenter et raconter sa vie de femme abandonnée l'hiver par un mari qui travaillait dans les barrages du Nord.

Cette rue en cul-de-sac avait l'âme d'un petit village, tout le monde se disait bonjour, prêt à s'entraider, mais prêt aussi à colporter le moindre cancan, et j'étais certain qu'un croustillant ragot à propos du nouveau couple de Français avec leur fille noire obtiendrait un grand succès. Pour montrer que je l'avais vue, je lui ai adressé un pouce levé, auquel elle a répondu par son meilleur sourire.

Je me suis déchaussé dans l'entrée. Wyome a retiré ses chaussures de sécurité et jeté un œil aux livres à travers la porte de mon bureau.

– Vous lisez beaucoup ?

– J'ai du temps… J'essaie aussi d'écrire.

– Ça avance ?

– Pas terrible.

– Il vous manque peut-être une histoire ?

Je n'ai pas relevé.

– Vous préférez la cuisine ou le salon ?

– Et vous ?

– Ça dépend, c'est une visite de politesse ou officielle… ?

Elle avait l'air ennuyée, j'ai décidé d'être moins sec avec cette policière qui aurait fait baver tous les flics du 36.

– Si ça doit durer longtemps, nous serons mieux au salon.

– Alors le salon, a-t-elle décidé.

Elle a ôté ses lunettes qu'elle a placées dans la poche de sa chemise, une branche à l'extérieur. Son maquillage discret était sans coquetterie.

– Installez-vous, j'arrive.

Elle a avancé en chaussettes sur le plancher en bois franc, observé le fleuve, hésité entre la banquette et un fauteuil, et s'est finalement assise dans le fauteuil. Je nous ai servi un café transparent, avec un pot de lait et du sucre.

– Vous n'auriez pas du sirop d'érable ? a-t-elle demandé, en posant sa tasse sur un sous-verre de la table basse.

– Je crois que nous en avons au frigo. Nous avons de la chance, ma femme en a obtenu par sa secrétaire, sa famille possède une cabane à sucre en Gaspésie.

Je me suis levé pour aller en chercher. Elle a ri de ma naïveté.

– Tout le monde a quelqu'un de sa famille qui fait du sirop d'érable.

Je suis revenu avec la boîte métallique ronde que j'ai posée sur la table.

– Vous avez raison, c'est le produit le plus typique de l'ancienne Nouvelle-France…

– Les autochtones fabriquaient ce sirop bien avant l'arrivée des Européens. Si ça vous intéresse, vous n'avez qu'à lire les légendes indiennes…

Je me suis assis au milieu de la banquette.

– On y va ?

– Nous allons où ? m'a-t-elle interrogé avec un sourire furtif.

– Directement au but de votre visite.

Elle s'est enfoncée dans le fauteuil, les mains à plat sur les accotoirs.

– Très bien. Depuis des mois, les photos de Malo et Gillian ont été déposées dans la rubrique des disparus sur le site de la Sûreté du Québec et les réseaux de partenaires, dont *Enfant-Retour*. Il y est donné l'âge, des caractéristiques physiques, la dernière fois où ils ont été vus. Toute personne ayant des informations est invitée à se manifester.

– Des résultats ?

– Aucun appel au 911. Généralement, il y a toujours un témoin pour nous confirmer des éléments que nous connaissons déjà. Mais là, rien ! Pas même l'appel d'un désœuvré en manque de reconnaissance…

– Vous avez passé une annonce dans les journaux ?

Elle a secoué la tête.

– À leur âge, la police est réticente à révéler des informations qui demeureront sur des liens *Google*, alors qu'il peut ne s'agir que d'une *chicane*[13] familiale.

– Si je ne me trompe pas, il n'y a pas eu d'autres disparitions de Français. Vous croyez toujours qu'on a affaire à des enlèvements ciblés ?

– Officiellement, ça reste des disparitions suspectes… Mais dans les deux cas, aucun effet ne manquait au domicile. S'il s'agit de fugues, elles n'étaient soit pas préméditées, soit préparées avec des complices…

Il m'est aussitôt apparu qu'elle visait Linoa. J'ai préféré la laisser venir.

---

13 *Dispute.*

– Parfois, des personnes impliquées nous mènent aux fugueurs.

J'ai haussé les épaules pour manifester que je ne voyais pas en quoi tout ça me concernait. Malgré tout, je voulais me montrer coopératif, conscient que c'était mieux pour ma fille, et désireux de savoir s'il y avait d'autres éléments contre elle. Mais peut-être était-ce aussi parce que Wyome était une très jolie femme, que sa compagnie, alors que nous étions seuls chez moi, me plaisait, et que j'avais la sensation que c'était réciproque. J'ai relancé la discussion sur les sites Internet.

– Cette absence de réaction peut s'expliquer par le fait qu'ils ne sont au Québec que depuis peu de temps.

Elle s'est humidifié les lèvres.

– Gillian est arrivé il y a plus de deux ans.

– Vous avez rencontré la famille, qu'en avez-vous pensé ?

– Le père est employé dans une usine, il semblait dévasté. La mère travaille à l'entretien ménager de bureaux, elle n'a pas été aussi communicative.

– Il y a une particularité permettant d'identifier Malo ou Gillian ?

Elle a fait le geste pour désigner le coude :

– Gillian a une cicatrice. Une opération à la suite d'un accident de vélo.

– C'est peu.

– Vous l'ignoriez ?

– Bien sûr, comment aurais-je pu le savoir ?

– Ça signifie que vous n'avez pas consulté les sites en question.

– Je ne savais même pas qu'ils existaient.

Elle a bu une gorgée et reposé sa tasse.

– Face à ce surprenant manque de réactions, j'ai demandé à un de mes amis du service informatique de remonter aux adresses IP. Il s'avère que quelqu'un les a consultés plus de vingt fois depuis le compte Vidéotron de cette maison…

– En clair, vous prétendez que quelqu'un, ici, a regardé les sites.

– C'est établi…

– L'unique conclusion que vous pouvez en tirer est que ma fille s'est intéressée à la disparition d'un de ses camarades de classe. Ce qui n'a finalement rien d'anormal.

– Elle est la seule de l'école. Mais vous avez raison, ça pourrait se comprendre… si elle s'était contentée de Malo. Or elle a aussi consulté celui de Gillian. Aucun autre, juste ces deux profils. Comment pouvait-elle savoir que nous faisions un lien entre eux ?

– C'est moi qui lui en ai parlé.

Elle a affiché une moue contrariée.

– D'accord, c'est une explication. Il n'en reste pas moins que le père de Malo raconte…

Je l'ai coupée.

– Ce type déteste ma fille ! J'ai vu la façon dont il se comporte avec ses élèves, si vous voulez mon avis, vous devriez enquêter sur lui.

– Qui vous dit que ce n'est pas le cas… ?

J'ai repensé à ma demande à Jérôme. Mon instinct m'a retenu de l'évoquer.

– Et où en êtes-vous ?

– Pour l'instant, je n'ai rien d'autre que des hypothèses… Écoutez, monsieur Kermarec, je poursuis toutes les pistes qui s'offrent à moi. Mon sentiment profond est qu'il est tout à fait possible que Gillian ait déjà rencontré votre fille. Dans un contexte que nous ignorons, mais qui pourrait s'avérer être le lien entre Malo et Gillian que nous cherchons.

– Vous avez été nommée pour cette enquête par le lieutenant Lapointe ?

– C'est important ?

– La seule chose qui m'importe, c'est de disculper Linoa.

– Et moi de retrouver Malo et Gillian, vivants.

– Votre truc ne prouve rien, n'importe qui stationnant dans la rue pouvait pirater notre compte. De mémoire, notre code confidentiel n'est qu'une série de zéros. Vous n'aviez pas le droit d'enquêter sur nous de cette façon, vous pourriez vous faire virer pour ça.

– Si vous me dénoncez, peut-être… Mais pourquoi le feriez-vous ?

– Pour que vous nous lâchiez !

Elle a observé sa tasse, gardé le silence puis hoché la tête.

– Si c'est ce que vous désirez, je vais vous laisser tranquilles. Libre à vous de décider de ce qui vous chante pour le dépôt d'une plainte. Maintenant que vous êtes informé, la balle est dans votre camp, comme on dit chez vous.

Elle s'est levée. La partie de moi qui voulait protéger Linoa était soulagée, mais celle du flic en quête de vérité mettait mon cerveau en ébullition. Je l'ai raccompagnée jusqu'à l'entrée.

– Je peux utiliser vos toilettes, a-t-elle demandé en s'excusant, je dois rejoindre les bureaux de Québec de l'autre côté du pont.

J'ai désigné le couloir.

– Bien sûr, première porte à gauche.

Je l'ai entendue uriner, vidanger la chasse d'eau et se laver les mains. Elle est sortie et s'est efforcée d'avoir l'air détendue, mais le pétillement de ses pupilles montrait qu'elle était gênée.

Nous sommes restés silencieux, elle en chaussettes et moi pieds nus, devant l'escalier qui menait aux chambres. Un court instant, je me suis demandé comment elle réagirait si je tentais de l'embrasser. C'était le genre d'idées que j'avais déjà eues en présence d'une femme, sans jamais envisager de laisser la situation déraper. Elle s'est accroupie pour se rechausser.

– Au fait, ai-je dit, vous ne m'avez pas raconté à quelle occasion vous étiez venue ici.

– Vous ne devinez pas ?

– Non…

Elle s'est relevée.

– Ils ne vous ont pas informés avant votre achat ?

– Auguste et Gilberte ?

– L'agent ou les anciens propriétaires, oui. Ils ne vous ont rien signalé à propos de cette maison ?

– Qu'auraient-ils dû nous dire de si important ?

– C'est obligatoire, vous pourriez leur intenter un procès.

– Je ne comprends pas…

Elle a posé la main sur la poignée et s'est retournée, le regard planté dans le mien.

– Leur fils de 13 ans est tombé du toit l'hiver dernier. C'était la nuit pendant une tempête. Son corps a été découvert sous vingt centimètres de neige…

Elle a replacé ses lunettes sur son nez.

– Le légiste a conclu à un arrêt cardiaque en raison du froid. L'enquête a établi qu'il voulait déblayer le versant exposé de la toiture.

J'ai vu mon visage déformé dans les verres réfléchissants. Mon cœur s'est mis à battre à cent à l'heure. Percevant peut-être mon trouble, Wyome m'a pris la main, elle l'a ramenée vers elle, ses doigts ont gratté ma paume. Il y avait dans cette façon d'agir quelque chose de solennel. Un frisson m'a parcouru, comme si elle était parvenue à diffuser l'intention qu'elle mettait dans ce geste.

– Au revoir, monsieur Kermarec.

Elle a regagné sa voiture dont elle a claqué la porte après s'être installée au volant. J'ai fermé les yeux. Le fils d'Auguste et de Gilberte était mort dans cette maison. La vision du corps s'est affichée quelques secondes. J'ai rouvert les yeux. La voiture de Wyome avait disparu. La voisine m'épiait toujours, depuis sa cuisine.

Pour ménager Daphné et Linoa, j'ai choisi de ne pas parler de la révélation de Wyome, mais j'attendais Auguste de pied ferme. Après une matinée à tenter de brosser des idées de roman, j'ai avalé mon déjeuner et me suis assoupi devant *Euronews* qui diffusait en boucle les grèves de septembre, en France. J'étais au milieu d'un nouveau rêve sensuel avec Wyome lorsqu'une voix d'homme a crié mon nom. J'ai sursauté, la tête alourdie de sommeil, perplexe face à cette incongruité érotique de mon inconscient.

– Monsieur Kermarec ? a répété la voix.

Je me suis levé d'un bond et retrouvé face à lui.

– Auguste, vous m'avez fait peur !

– J'ai appelé, mais personne n'a répondu.

– Vous avez téléphoné ? ai-je demandé la bouche pâteuse.

– J'ai crié depuis l'extérieur… C'était ouvert, alors j'suis entré.

J'ai éteint le téléviseur.

– Vous deviez nous prévenir.

– Je me suis dit que votre *blonde* ne risquait pas d'être là. Ma femme…

Ma colère est montée d'un coup.

– Pourquoi ne nous avez-vous pas informés de l'accident de votre fils !

Son visage a marqué sa stupéfaction. Il a dégluti, s'est laissé tomber sur une chaise et s'est pris la tête dans les mains, les coudes sur les cuisses. Il est resté un moment sans rien dire.

– C'est ma faute… s'est-il finalement lamenté. Quand on a décidé de vendre, j'ai expliqué à Gilberte qu'on n'y arriverait pas si on en parlait… On avait prévu d'adopter, il y a plein de Chinoises qu'attendent que ça dans leur pays, il paraîtrait qu'on peut même choisir des garçons coréens. Ça me plaisait bien, moi, l'idée d'un p'tit bridé. Mais ça coûte plus de trente mille pièces, alors on avait besoin de c't'argent. Et pis, Gilberte pouvait plus vivre *icitte*.

– Ça ne justifie pas que vous n'ayez pas mentionné la mort de votre fils sur le formulaire de vente.

Il a relevé les yeux.

– Felix a été trouvé à l'extérieur.

J'ai avancé vers lui, furieux.

– Vous voulez vraiment jouer cet argument dans un procès ?

Il a secoué la tête.

– On devait s'éloigner de notre douleur… Quand on a reçu les papiers de l'agent d'immeuble, je savais que ce serait impossible si on l'écrivait. Alors on s'est dit qu'on allait mettre un prix attractif… Que ce serait plus juste vis-à-vis des acheteurs. On avait calculé qu'il nous reviendrait un peu plus de 60 000 dollars une fois le crédit remboursé, on prévoyait d'en garder trente pour le dépôt du nouveau condo, le reste pour le dossier d'adoption. Quand vous avez acheté, avec votre fille, on s'est dit que le destin nous faisait signe. Gilberte pensait que notre petit Felix nous venait en aide depuis là-haut.

Il a haussé les épaules de dépit.

– On est allés à l'agence internationale, ils nous ont prévenus que les délais sont rendus de six à dix ans… Vous imaginez, à notre âge. On a décidé de pas se lancer.

– Vous comptiez vous en sortir sans qu'on le sache ?

– On s'est dit qu'avec un peu de chance, personne ne vous en causerait. Tout le monde devait croire que vous étiez au courant. Chez nous, c'est pas des choses dont on *jase.* [14] J'ai dit à Gilberte que si ça se trouve, vous comprendriez… Que pour vous autres, les Français, c'était moins important.

Il avait les yeux remplis de larmes. Je me suis forcé à rester ferme.

– Et maintenant…

– Gilberte passe des journées sur une chaise berçante, dans la véranda, à regarder au loin en attendant Felix. Le soir, elle

---

[14] *Parler, bavarder, colporter.*

dit qu'il faut que j'aille le chercher… Alors je viens *icitte*, je récupère un ou deux trucs, et je lui raconte une histoire. Je me suis promis de lui redire la vérité quand il n'y aura plus rien à rapporter…

Il a secoué la tête.

– Je sais que c'est inutile. Mais de cette façon, j'ai l'impression que notre fils est encore un peu avec nous. Vous voyez, Roman, on a eu tort de vendre cette maison, j'aurais dû savoir que la tristesse, elle nous suivra partout, où qu'on aille.

Ces paroles m'ont renvoyé à notre choix d'émigrer pour nous dérober à l'adultère de Daphné. Malgré cela, j'ai refusé de me laisser enfumer par ses lamentations.

– Vous allez virer le reste de vos affaires. Nous déciderons quelle suite judiciaire nous donnerons à ce mensonge.

Il a soupiré.

– Je ne peux pas. Si je ramène les cartons d'un coup, Gilberte en mourra…

Il a désigné la terrasse.

– J'avais placé l'échelle là, je voulais montrer à Felix comment monter sur le toit pour déblayer la neige. J'm'étais un peu moqué de lui parce qu'il n'osait pas grimper. Notre Felix, il était parfois susceptible en diable. C'était un *taiseux*[15] qui ne se faisait pas beaucoup d'amis. Mais un bon p'tit gars, pour sûr. Le soir, j'ai laissé l'échelle en prévision de la tempête. Gilberte m'a rendu responsable, elle est persuadée qu'il était remonté la nuit pour m'impressionner.

Il a fait une pause, semblant réfléchir.

---

15 *Personne taciturne, peu bavarde.*

– On pourrait vous donner les trente mille pièces, si ça vous dit. Ce sera pour payer les études de votre fille… Ça coûte cher, les universités.

Ses pupilles étaient deux suppliques. Je ne pouvais pas prononcer un mot, ma colère s'était envolée face à cet homme apparemment brisé.

– Laissez-moi un peu de temps…

– Réfléchissez, vous et votre *blonde*.

Il s'est levé avec difficulté, ses articulations paraissaient avoir vieilli d'un coup. Il a regardé l'endroit où j'ai présumé que son fils avait chuté. Il s'est dirigé vers la porte avec la démarche d'un homme un peu ivre. Il s'est gratté la tête.

– Comment je vais l'annoncer à Gilberte ?

J'ai imaginé qu'il parlait du fait que nous étions informés de leur tromperie.

– Il est peut-être préférable que vous ne lui en disiez rien pour l'instant.

Il est sorti. Je l'ai suivi jusqu'au cabanon, il a fouillé dans deux cartons avant de trouver ce qu'il était venu récupérer. Un costume vert et rouge avec un *R* sur un écusson jaune. Il a placé le masque noir sur ses yeux.

– Felix adorait Robin. Quand il était petit, il disait que j'étais Batman.

J'ai posé une main sur son épaule.

– Si vous pouviez éviter de venir un certain temps, je préférerais…

Il m'a regardé comme si j'avais dressé un mur entre nous.

– Je reviendrai pour la première tempête de neige.

Devant ma surprise, il a précisé.

– Pour vous aider à démarrer la souffleuse. C'est dangereux, ces outils-là, quand on sait pas s'en servir.

Il a ouvert la portière et disposé le costume sur le siège passager, avec le soin qu'il aurait accordé à installer son fils. Il a fait le tour pour se mettre au volant, contemplé les parterres de fleurs fanées. La haie que je n'avais pas taillée avait pris la forme d'une sculpture abstraite. Il a lancé un regard vers la maison de la voisine.

– Elle ne vous *achale*[16] pas ?

– Elle est un peu bavarde.

– Méfiez-vous d'elle…

Il a claqué la portière, baissé la vitre et placé à nouveau le masque devant ses yeux, la bouche tordue. Son regard a vacillé vers une espèce de démence passagère.

– J'espère que vous n'aurez jamais à vivre ça avec votre fille.

---

16 *Déranger, embêter, courir après.*

4

Des sacs de frappe étaient suspendus dans un coin, divers tonfas et nunchakus entreposés dans des rails. Une vingtaine d'élèves répétaient devant un grand miroir. L'entraîneur devait avoir 30 ans, une gueule d'ange sous d'épais cheveux châtains, des pectoraux surdéveloppés. Sa ceinture noire était ornée de cinq barrettes jaunes. Il nous a repérés et s'est adressé à un karatéka, affublé d'un piercing de trois billes à la place d'un sourcil :

– Lee, prends la suite, *Pinan 2* pour les avancés, *Blocking 5* pour les autres.

Les regards étaient rivés sur Linoa, souriante dans son jean et tee-shirt blanc. L'enseignant a salué la photo d'un vieux Maître, quitté le tatami à reculons, puis nous a rejoints.

– Je suis Marc-André Bergeron, vous souhaitez des renseignements ?

– Roman Kermarec, et voici ma fille, Linoa. Nous voudrions connaître les conditions pour s'entraîner.

– Venez dans mon bureau…

La décoration était faite de portraits de champions, de coupes et de médailles. Après s'être assis, il nous a fait un topo sur l'origine américaine de son style de kempo, vantant les vertus que lui avaient apportées vingt années de pratique. Il s'adressait essentiellement à Linoa.

– Une personne sur dix parvient à la noire. Il faut entre cinq à six ans, en progressant par grades, jaune, orange violette, bleue, verte, brune…

Il insistait sur la discipline et le respect absolu de l'instructeur. Je trouvais son discours rodé. Sous une apparence un peu rustique, il m'a semblé que se cachait une intelligence aiguë. Pour conclure, il s'est adressé à moi en me tendant une brochure.

– Les tarifs sont indiqués dedans, nous possédons un réseau de compétition pour les élèves qui veulent *chalenger*. Votre fille peut participer à une séance d'essai gratuite.

– En fait, nous pensions nous inscrire ensemble…

– Ah… Très bien.

Il m'a jaugé d'un coup d'œil.

– Vous connaissez les arts martiaux ?

J'avais pratiqué durant quinze ans un karaté d'Okinawa, dont la seule ceinture était blanche, puis, lorsque le *Sensei*[17] estimait l'élève prêt, il lui remettait une noire, attestant qu'il méritait de bénéficier de certains enseignements cachés. Je m'étais aussi initié à l'aïkido, pour améliorer l'esquive et maîtriser les clés d'immobilisation. Suspendu à ma réponse, son regard dénotait ses réticences à m'intégrer. J'ai préféré rester vague.

– Un peu, quand j'étais jeune…

– Quel style ?

– Shitō-ryū.

Il a semblé connaître.

[17] *Maître.*

– En général, les Français pratiquent le Shotokan.

– Oui, c'est le plus développé en Europe.

– Vous aviez atteint quel niveau ?

J'ai répondu avec un petit rictus.

– Ceinture blanche.

Il a hoché la tête, pas entièrement convaincu de ma franchise.

– Vous n'aurez donc aucun mal à redémarrer débutant. Nous verrons ce qu'il vous reste…

Il a offert son meilleur sourire à Linoa.

– Vous pourrez commencer lundi, ce mois de septembre, les tenues sont gratuites avec l'inscription.

Je lui ai tendu la main.

– Parfait, alors à lundi.

– À lundi. Mais au fait, comment avez-vous entendu parler de mon club ?

J'ai tenté de me dérober.

– Nous habitons à moins de cinq minutes, je passe devant en voiture.

Il a accepté l'explication, avant que Linoa me trahisse :

– Malo dit que vous êtes un super instructeur.

Son visage s'est fermé.

– Malo nous manque, j'espère qu'il reviendra bientôt.

Il s'est levé.

– Pardonnez-moi, je dois finir mon cours.

Face à son évident malaise, mon cerveau est passé en surrégime. Il a évité mon regard, s'est incliné une nouvelle fois devant la photo du Maître, puis il a posé le pied gauche sur le tatami et rejoint les élèves qui s'entraînaient mollement.

– Eh bien, Lee, ça manque d'énergie ! Cinquante *push-up* [18] pour tout le monde, suivis de cent coups de poing. Le dernier à finir recommence.

Le Lee en question a passé les doigts dans ses cheveux en brosse et adressé un clin d'œil à Linoa, qui lui a répondu d'un signe discret. Dehors, j'ai tenté de lever mon doute :

– Tu as déjà rencontré ce Lee ?

Elle m'a considéré avec un air ingénu.

– Non... Mais j'adore sa coupe de cheveux.

– Ça s'est bien passé ? nous a demandé Daphné lorsque nous sommes entrés.

J'ai occulté mes motifs d'inquiétudes.

– L'enseignant semble compétent.

Elle s'est adressée à Linoa.

– Tu es contente ?

– Pareil que Papa, je trouve Marc-André très compétent.

Nous avons ri à cette réplique assénée avec une naïveté surjouée.

– Tu seras bientôt une championne, a décrété Daphné.

– J'y compte, a affirmé Linoa, cette fois très sérieuse.

J'ai reconnu la détermination qu'elle mettait dans tous les challenges qu'elle se fixait.

– Quartier libre d'une heure, le temps que je finisse le déjeuner, a décrété Daphné.

---

18 *Pompe.*

– Tu veux un coup de main ? ai-je proposé.

– C'est samedi, laisse-moi faire pour une fois, je vous ai concocté une surprise.

– J'vais faire du vélo, a dit Linoa.

– D'accord, mais tu rentres dare-dare dès que je t'appelle.

Je l'ai regardée sautiller vers la porte.

– Si tout le monde est occupé, je vais bosser un peu.

– Bosser sur quoi ? a pouffé Daphné, une main devant la bouche.

J'ai haussé les épaules, vexé.

– Mon roman.

Elle est redevenue sérieuse.

– J'ai hâte de lire les premières pages.

– Ça viendra…

Une fois assis, j'ai jeté un œil aux feuilles raturées et j'ai collé à la corbeille ces mois de boulot. De nouveau, j'ai songé à écrire sur les disparitions de Gillian et Malo. Wyome Beausoleil et le lieutenant Lapointe m'apparaissaient d'excellents personnages, mais il y aurait eu dans l'utilisation de ce drame quelque chose de malsain. J'ai de nouveau pensé à mon agresseur dans la falaise.

Ce soir-là, Linoa prétendait avoir vu Malo. Se pouvait-il que ce soit lui qui m'ait frappé ?

En colère face à mon impuissance, j'ai cliqué sur le mail reçu de Jérôme.

Bonjour Roman, ta demande m'a surpris. Je n'ai aucune accréditation pour effectuer des recherches sur ton gars. Mais voilà ce que j'ai trouvé, sa femme a été internée après avoir incendié leur baraque, elle souffre de psychoses graves, c'est pourquoi il a obtenu la garde du fiston. Pour sa démission, tu as de la chance que j'aie un copain au rectorat. Ton mec a été accusé de harcèlement par un élève. Parole contre parole, l'affaire a été classée. Mon pote m'a quand même laissé entendre que le rectorat s'est empressé d'accepter son départ. J'ai obtenu les infos en off. Autant te dire que ça reste entre nous. Tu supprimes ce mail. Et préviens Fernand qu'à partir de maintenant, je veux que les demandes me parviennent de façon officielle. Salut !

J'ai d'abord songé à avertir Fernand Lapointe pour me couvrir. Puis j'ai réfléchi et j'ai répondu : *Merci Jérôme. Quel âge avait l'élève ? C'était un garçon ou une fille ? Après ça, je t'emmerde plus. Salut !*

– C'est prêt ! a crié Daphné à l'intention de Linoa, puis elle est venue me chercher.

– Si l'écrivain a terminé d'œuvrer sur le futur best-seller de l'année, peut-être nous fera-t-il l'honneur de sa présence pour une pizza royale maison ?

Le radio-réveil affichait 6 heures, je n'avais pas réussi à dormir : la mère de Malo avait tenté d'incendier leur maison, le choc accréditait un profil de gamin fugueur peut-être même suicidaire. Quant au père accusé par un élève, il aurait figuré en tête de mes suspects, si je m'étais occupé de l'affaire.

Seulement voilà, comme l'avait souligné Jérôme, c'était à Lapointe de faire le job.

Daphné a tiré la couette. Bêtement je me suis dit que c'était sa façon de m'attirer vers elle, qu'elle l'étreignait en pensant à moi. Un brin amer, je me suis glissé hors du lit, j'ai enfilé un jean et franchi la baie vitrée, torse nu. C'était une matinée fraîche, ensoleillée, je me suis avancé au bord du jardin. Des voiliers naviguaient sur le fleuve, un hors-bord est sorti d'une marina. Les arbres revêtaient encore leur feuillage vert, une marmotte sur ses pattes arrière flairait les alentours. Elle s'est mise à siffler pour avertir ses congénères de ma présence. Auguste m'avait prévenu des risques d'érosion si je laissais ces rongeurs faire leur terrier sur le terrain. Mais de la même façon que Daphné nourrissait les écureuils que la majorité des Québécois considéraient comme de vulgaires souris, mon sentimentalisme m'interdisait de suivre son conseil : disséminer des tissus imprégnés de tabasco pour les éloigner.

La marmotte me toisait, la tête sur le côté. Elle s'est mise à creuser et a disparu sous des pierres. Je suis resté à la guetter, amusé. Un nuage de poussière s'est envolé, elle est réapparue un objet dans la gueule. Elle a secoué la tête, des cigarettes ont fusé d'une boîte qu'elle a commencé à déchiqueter. D'instinct, j'ai crié et remué les bras, je me suis élancé en m'agrippant à des branches qui m'ont entaillé la paume. La marmotte a déguerpi, imitée par d'autres. J'ai ramassé un paquet de Macdonald. Un peu plus loin, le coin d'un tissu dépassait d'une pierre. C'était un mouchoir imprégné de sang !

Je suis remonté, poussé par l'urgence et rongé d'inquiétude. Au pied d'un poteau soutenant la terrasse, trois mégots étaient écrasés. Je les ai placés dans le paquet sans savoir ce que j'allais faire de ces objets qui contenaient peut-être l'ADN de mon agresseur. J'ai collé mon front au carreau de la fenêtre de la chambre de Linoa. Son lit était vide, les draps en bouchons.

J'ai tenté d'ouvrir la porte, mais la serrure était verrouillée de l'intérieur. Pris de panique, j'ai fait le tour par notre chambre. Sa chemise de nuit traînait par terre, l'eau de la douche coulait dans sa salle de bains. J'ai attendu. Elle est sortie, enroulée dans une serviette.

– Papa… T'es déjà réveillé.

Sa chevelure sentait le shampoing et ses traits étaient cernés.

– Comment se fait-il que tu sois debout si tôt ?

Sa gêne était perceptible.

– T'as vu ce temps, mes copines disent que c'est une des dernières belles fins de semaine. On a prévu de se retrouver au bord du fleuve.

Je n'ai pas pu m'empêcher d'élever le ton.

– Depuis quand acceptes-tu ce genre de rendez-vous sans nous en parler ?

Elle a lâché un soupir.

– C'est entre copines, je ne vois pas ce qui te met dans cet état.

– Ce qui me met dans cet état, c'est de constater que tu t'apprêtais à quitter la maison sans notre autorisation. La criminalité est très faible à Lévis, mais je veux toujours savoir avec qui tu es.

Elle a remarqué le mouchoir et le paquet de cigarettes.

– Tu as recommencé à fumer ? Maman ne va pas être contente…

Elle me cherchait, ouvertement. Je me suis demandé à quel moment le lien entre nous s'était distendu au point qu'elle me mente d'une façon aussi éhontée. Elle a serré le nœud de la serviette sur sa poitrine et manifesté son impatience.

– Je peux y aller ou je dois rester en prison ici toute la journée ?

Je n'arrivais pas à deviner ce que dissimulait son arrogance. Avait-elle fumé dehors cette nuit, seule ou avec quelqu'un ? Et surtout, à qui appartenait le sang sur le mouchoir !

Sous son masque provocateur, je percevais de la nervosité, peut-être même une forme de peur. Repoussant mes soupçons, je lui ai accordé le bénéfice du doute.

– Habille-toi, je vais te déposer. Je te laisserai mon cellulaire, tu n'auras qu'à m'appeler sur celui de ta mère pour que je vienne te chercher. Mais j'exige qu'on déjeune tous les trois !

Soudain enjouée, elle m'a lancé la serviette au visage.

– Je n'ai pas une minute à perdre.

Son corps annonçait la jeune femme qu'elle devenait. Elle a guetté ma réaction à sa nudité, puis sans aucune pudeur, elle s'est jetée dans mes bras.

– Merci Papa d'amour !

Elle m'a poussé dehors, dans le couloir.

J'ai observé le paquet de cigarettes et le mouchoir au creux de ma main éraflée, songeant à Malo et à son père. Je voulais préserver ma fille des dangers que courait une ado de son âge, et ces objets étaient un signal d'alarme. Daphné dormait toujours, je suis monté les mettre dans un sachet plastique que j'ai caché derrière des livres, dans mon bureau. Je me suis lavé les mains et j'ai préparé le petit déjeuner.

Linoa m'a rejoint, en short court et tee-shirt blanc qui ne couvrait pas son ventre.

– T'as pas peur d'avoir froid ?

– Il va faire 24 degrés… Faut qu'on en profite.

Elle a refusé le chocolat chaud et les tartines.

– Pas le temps, Papa ! Elles doivent déjà m'attendre !
– Tu ne peux pas sortir sans rien dans le ventre.
Elle a attrapé une orange dans la corbeille.
– J'la mangerai sur la route.
Elle était dehors avant que je proteste.

Je me suis arrêté sur le parking du parc sportif, près du Saint-Laurent. Un groupe d'ados rieurs avec des ballons de basket est sorti d'une cabane. Linoa a désigné trois filles, sur un banc.

– Elles sont là !

J'ai retenu mon envie de commenter les tenues trop suggestives des gamines, au risque de passer pour un rabat-joie. Linoa est descendue :

– Vas-y, s'il te plaît ! C'est pas la peine qu'elles te voient…
– Tu m'appelles avant midi !
– Mais oui… J'ai compris !

Elle a claqué la portière. Je l'ai regardée courir. Les filles ont sauté de joie. J'ai roulé huit cents mètres et me suis garé, pour les observer, discrètement. Après dix minutes à s'amuser, elles ont été rejointes par quelqu'un portant un bonnet, bas sur le front. Le col de son blouson masquait son visage. L'ambiance a changé, elles se sont mises en route le long du fleuve.

Le tic-tac de l'horloge du Saturn augmentait ma tension de seconde en seconde. J'ai attendu qu'elles aient parcouru une distance suffisante et j'ai couru en petites foulées jusqu'à la piste. Je me suis dissimulé parmi un groupe de retraités, mais leur allure m'a contraint à accélérer pour ne pas perdre Linoa et ses amies.

Le chemin serpentait au bord de petites plages. Une ligne droite a compliqué ma filature. Je me suis laissé distancer. Le dernier arrivé semblait les mener dans un lieu précis. Devaient-elles retrouver d'autres jeunes ? Nous avions parcouru quelques centaines de mètres lorsqu'elles se sont arrêtées à l'endroit où la piste quittait le fleuve pour s'enfoncer dans les terres. En général, les promeneurs y faisaient demi-tour.

Il y a eu un conciliabule, indiquant qu'elles n'étaient pas d'accord entre elles. Finalement, Linoa et l'inconnu au bonnet se sont remis en route, imités par les autres. Le groupe a marché dix minutes, et s'est rassemblé près d'un banc, entouré de grosses roches. Je me suis caché derrière un bosquet. Elles se sont assises autour du leader, qui semblait tenir une sorte de discours qu'il m'était impossible d'entendre. Il était 10 h 30, Daphné allait se demander où nous étions. À regret, j'ai jeté un dernier coup d'œil vers Linoa. J'avais parcouru deux cents mètres lorsque je me suis retourné. Un petit nuage auréolait la bande, ma fille a transmis ce qu'elle fumait à une de ses amies. Elles se sont mises à rire aux éclats. L'envie d'aller sermonner ces écervelées est montée, mais si j'intervenais, Linoa ne me pardonnerait jamais d'avoir ruiné ses chances d'être acceptée dans ce groupe. Je suis parti en courant.

Je me suis garé devant la maison, résolu à taire à Daphné ce que je venais de découvrir. Avant tout, je devais trouver l'identité de la personne qui avait incité ces gamines à fumer ce que je présumais être de la marijuana ou de la résine de cannabis. Je suspectais que ce « fournisseur » était celui qui visitait Linoa la nuit. Peut-être était-ce mon agresseur ? J'ai claqué la portière, une morsure de rancœur au ventre, doublée de la peur que Linoa devienne une droguée.

J'ai aperçu la voisine qui marchait vers moi. Longiligne, habillée d'un short de couleurs vives aussi court que celui de ma fille, elle avait coiffé ses cheveux blonds avec un soin particulier, maquillé ses joues d'un fond de teint qui faisait ressortir ses yeux bleus.

– On a de la chance, a-t-elle dit, c'est vraiment une belle matinée…

– Oui…

– Vous êtes allé vous promener de bon matin ?

– J'ai accompagné ma fille au parc…

Elle m'a observé quelques secondes.

– J'ai remarqué que vous passiez vos journées chez vous. Si un jour vous voulez *placoter,* [19] ça me fera plaisir de vous recevoir pour partager une boisson chaude.

Elle a réajusté une mèche de cheveux.

– N'hésitez pas, ce serait *niaiseux* [20] de rester à nous ennuyer chacun de notre côté…

J'ai souri intérieurement devant cette drague flagrante.

– Merci, c'est très gentil, j'y penserai… Je vais devoir rentrer, ma femme m'attend.

Ses sourcils se sont légèrement froncés.

– L'invitation est lancée…

J'allais m'éloigner, mais elle s'est penchée dans une attitude suggérant qu'elle craignait d'être entendue.

---

[19] *Bavarder.*

[20] *Stupide.*

– Vous devriez vous tenir loin des anciens propriétaires.

– Auguste et Gilberte ont simplement entreposé des cartons dans le cabanon…

– Faites attention, Auguste est mauvais. Ne le laissez pas approcher de votre fille.

Je l'ai remerciée du conseil et abandonnée sur une phrase rassurante quant à ma capacité à nous défendre, persuadé que j'avais affaire à un conflit de voisinage.

Daphné prenait son petit déjeuner sur la terrasse, elle m'a lancé un regard noir.

– T'étais où ?

Ses pupilles brillaient comme si elle venait de pleurer. Je n'ai pas eu le temps de répondre que son téléphone a sonné. Elle a vérifié le numéro et décroché.

– J'écoute…

J'ai entendu Linoa lui parler froidement : *Tu peux me passer Papa.*

Elle m'a tendu le cellulaire, du bout des doigts.

– C'est pour toi !

– Oui, ma chérie.

– J'arrive bientôt, viens me chercher.

– OK, attends-moi là où je t'ai déposée.

Daphné me regardait, le visage aussi blanc qu'un masque de porcelaine. Je lui ai rendu le téléphone.

– Linoa est au parc avec des amies, je lui avais demandé d'appeler.

Elle a gardé le silence, ses paupières se sont fermées dans une expression épuisée. J'ai senti qu'elle bataillait pour ne pas se remettre à pleurer. Elle a ouvert les yeux, pleine de ressentiment.

– Parfois, je me dis que vous pourriez très bien vivre sans moi.

Le lundi matin, j'ai prétexté une erreur pour contacter Wyome Beausoleil.

– Monsieur Kermarec…

– Excusez-moi, je cherchais des coordonnées dans mon répertoire, j'ai fait une mauvaise manip.

Elle n'a paru ni surprise ni véritablement dupe.

– Ça signifie que vous avez enregistré mon numéro.

– N'était-ce pas quand vous me l'avez donné ?

– Vous vous étiez contenté de le noter sur un papier.

– J'ai dû le faire depuis. Par précaution… J'ai une très mauvaise mémoire.

– Ce n'est pas bon signe, à votre âge…

J'ai ignoré la moquerie sous-jacente.

– Maintenant que nous nous parlons, vous avez du nouveau ?

– Du nouveau sur quoi ?

– Malo et Gillian.

Elle a laissé passer un silence.

– Vous ne croyez pas qu'il vaudrait mieux que nous en discutions de vive voix ?

– Effectivement.

– Je viens chez vous ou vous voulez qu'on se retrouve ailleurs ?

– Je ne sais pas, comme vous préférez.

J'ai senti que mon indécision l'amusait.

– À tantôt, je serai là dans une heure…

En entrant, elle a éteint le micro haut-parleur sur son épaule. Son parfum m'évoquait des fragrances amérindiennes. Je lui ai proposé un verre sur la terrasse.

– Je veux bien de l'eau.

Nous nous sommes installés du même côté de la table pour profiter du panorama. Des kayakistes longeaient la berge, le soleil se reflétait sur les façades des immeubles de Québec. Elle a jeté un œil à l'endroit où le fils d'Auguste avait été retrouvé puis a détourné le regard vers le fleuve.

– Cette vue est magnifique, a-t-elle dit, avec l'air de la découvrir.

– Nous avons une sacrée chance de vivre ici.

– C'est bien d'en avoir conscience.

– Vous étiez en service ?

Elle a bu une gorgée.

– Oui, je devais dîner [21] avec mon binôme. Je lui ai demandé une heure de pause.

– Comment va notre ami le lieutenant Lapointe ?

– La dernière fois que je lui ai parlé, il m'a expliqué que j'étais désormais cantonnée sur Lévis, au prétexte que c'est plus pratique pour moi.

– Il vous a volontairement éloignée…

– Il était tanné de ma pression pour qu'on lance une vraie enquête. Et puis, je suis Amérindienne…

---

[21] *Au Québec, les repas se désignent par déjeuner, dîner et souper.*

– Et alors ?

– Alors mon « avis »…

Elle a mimé les guillemets et poursuivi sur le même ton placide :

– … Il existe une cinquantaine de corps de police autochtones au Québec, mais je suis métis, j'ai préféré la Sûreté…

– Où en est Lapointe avec sa hiérarchie ?

– On raconte que la sentence de Montréal approche. Certaines mauvaises langues prétendent qu'il traverse une mauvaise passe sur le plan personnel… Selon moi, Malo et Gillian sont le cadet de ses soucis…

– L'absence de nouveaux cas semble lui donner raison.

– On n'a rien fait pour trouver un lien avec les disparitions survenues depuis.

– Il y en a eu beaucoup ?

– En moyenne vingt enfants s'évaporent chaque jour au Québec. Quatre-vingt-dix pour cent rentrent dans les heures qui suivent. Mais certains ne sont jamais retrouvés… Jusque-là, nous en sommes restés au fait que Malo et Gillian sont Français. Mais nous avons très bien pu faire fausse route…

– Vous songez à quelque chose en particulier ?

– À vrai dire, je comptais sur votre expérience. C'est vous le *profiler*, le spécialiste de ce type d'affaires, non ?

Éludant la pique, je ne me suis pas défilé.

– Si j'étais en charge de l'enquête, j'essaierais de trouver les points communs entre Malo et Gillian, j'élargirais ensuite aux autres cas pour vérifier si des éléments se recollent.

Elle me regardait fixement.

– Vous avez fait ce job ? ai-je demandé en le pressentant.

Elle a confirmé d'un signe.

– Depuis Malo, aucun cas ne concerne des garçons de cet âge. Seule une fille de 14 ans est en cavale. Camille, disparue le 15 août, du côté de Matane.

– C'est loin ?

– Environ quatre cents kilomètres plus haut sur la rive sud, aux abords de l'estuaire du Saint-Laurent, à l'entrée de la Gaspésie.

Elle a souri.

– Pour l'anecdote, Matane signifie *Vivier de castors* en micmac.

C'était la première fois qu'elle faisait une allusion à une langue amérindienne, j'ai osé une question qui me taraudait.

– Vous êtes de cette nation ?

Elle a paru opérer un arbitrage intérieur.

– Ma mère est Mohawk. Mon père était de Montréal. C'est là que je suis née. Après sa mort, ma mère est retournée dans sa réserve à Kahnawake.

– Vous allez souvent la voir ?

Elle a haussé les épaules et s'est redressée.

– Ma mère passe son temps à faire des Bingos en vivant des allocations. Elle n'a rien à raconter. Pour en revenir à Camille, elle est la seule qui puisse avoir un lien avec Malo et Gillian.

– En raison de leur âge et de la date de disparition ?

– Pas uniquement…

Son ton n'invitait à aucun éclaircissement. J'ai poursuivi, intrigué :

– Êtes-vous allée rencontrer les parents à Matane ?

– J'ai téléphoné au père, il était surpris parce qu'il n'avait eu jusque-là affaire qu'à des policiers locaux. J'ai cru comprendre que la mère ne vivait plus avec eux. Il m'a dit que sa fille était jolie. Qu'elle avait déjà *toutes les formes d'une adulte*, ce sont les mots qu'il a utilisés.

J'ai réfléchi à la formulation ambiguë.

– Un pervers pédophile, c'est ce que vous pensez…

– Des violeurs qui enlèvent des enfants, ça arrive ?

– Les pédophiles sont malheureusement nombreux. Mais en général, ils choisissent leurs proies dans l'intimité familiale. Les enlèvements sont rares, ils impliquent une préparation, de la violence, et presque toujours l'obligation d'empêcher la victime de témoigner… Or ces prédateurs sont des personnes prudentes, difficiles à coincer. Quant aux meurtriers en série, depuis Hannibal Lecter, l'imaginaire populaire s'emballe sur ce fantasme, mais je n'ai jamais eu affaire à un cas de ce type. Donc, sauf à ce que vous ayez recueilli des indices précis et concordants, je crains que l'hypothèse ne soit pas validée par votre hiérarchie.

Elle a remué sur sa chaise.

– L'explication pourrait tenir dans une relation commune qui aurait permis au kidnappeur d'attirer ses victimes. Une activité ou une passion hors scolaire dont il se serait servi pour les rencontrer. Nous pourrions chercher de ce côté…

Sa façon d'employer le *nous* démontrait qu'elle me voyait comme un partenaire d'enquête. Elle a continué :

– On pourrait imaginer qu'une personne les a mises en relation.

L'utilisation du féminin a remis mes neurones en éveil, elle songeait toujours à Linoa, comme si elle s'était ralliée aux accusations du père de Malo.

– Et selon vous, cette personne serait complice.

– Pas forcément… Mais elle protégerait le coupable. Pourquoi pas une amie de leur âge ?

– Vous avez revu les parents des disparus ? ai-je demandé pour la tester.

Il y avait dans son regard une proposition de totale franchise. Un sourire est apparu sur son visage.

– Pourquoi ai-je la sensation que vous lisez en moi comme dans un livre ouvert ?

Elle a récupéré une goutte d'eau sur le creux de sa lèvre avec sa langue et dégrafé sa veste pare-balles. J'ai souri.

– Tout à l'heure, vous avez dit que j'étais un *profiler*. C'est le terme utilisé par Lapointe, mais il ne correspond à aucune fonction dans la police française. Cela dit mon patron au 36 me percevait comme flic à la marge, ce qui dans sa bouche était loin d'être un compliment. Mais il disait que j'avais la capacité de lire certaines scènes de crime en raison de l'émotion que je ressentais. Au Moyen Âge, on m'aurait sûrement qualifié de voyant, je crois juste que je m'intéresse assez à la nature humaine pour identifier des mobiles que d'autres ne détectent pas.

– Et que voyez-vous en moi, Roman ?

La question m'a pris au dépourvu. Je l'ai examinée un moment.

– Derrière la policière, je vois une jeune femme seule, une femme en quête de revanche…

Elle a ri.

– De revanche, tiens donc… Et contre quoi ?

J'ai poursuivi sur un ton bienveillant.

– Votre solitude… La façon qu'ont eue certains hommes de vous traiter… Un besoin de séduction qui reste ancré en vous… Peut-être une petite fille mal aimée d'un père parti trop tôt, c'est une possibilité que j'entrevois…

J'ai évité d'évoquer la cicatrice à son poignet.

– Beaucoup de tristesse… de colère parfois.

Son sourire s'est effacé.

– Je suis désolé si je vous ai vexée, ai-je dit avec honnêteté.

– Non, non, c'est très bien. Mais à mon tour, si vous êtes d'accord ?

– Je vous écoute, Wyome.

Elle m'a scotché par son aplomb.

– Vous avez envie de moi, je l'ai senti dès que nous nous sommes vus. Vous en mourrez d'envie, comme un homme qui n'a pas fait l'amour depuis très longtemps. Votre femme et vous devez avoir de sacrés problèmes de sexe. Peut-être même est-ce la cause de votre déménagement *icitte*. Ou alors vous avez fait ce choix pour votre fille ? Parce qu'il y a aussi un souci avec votre fille. Vous faites votre maximum pour vous le cacher, mais au fond de vous, vous savez qu'elle trempe de près ou de loin dans ces enlèvements.

Sonné, j'ai réussi à répondre, sans m'énerver.

– Je dépose ma fille tous les matins à 8 heures et je vais la chercher à la sortie de l'école à 16. Elle ne sort pas à midi, ça ne lui laissait aucune possibilité de rencontrer Gillian… Encore moins une gamine de Matane.

Elle ne s'est pas démontée.

– Il doit bien y avoir des moments où elle est seule. Vous savez aussi bien que moi qu'il existe des réseaux sociaux.

– Linoa n'a ni *Facebook*, ni rien de ce genre. Nous lui avons refusé un téléphone portable. Et encore une fois, je connais parfaitement son emploi du temps du matin au soir.

Elle a fait tourner la montre à son poignet, sans cesser de me fixer. Je n'avais pas démenti l'attirance qu'elle suscitait parce qu'elle avait raison, j'avais éprouvé une attraction pour elle dès notre rencontre. Mais j'étais résolu à ne pas trahir Daphné, même si elle m'avait trompé. Wyome m'observait, les pupilles remplies de sarcasme face à ma dérobade. J'ai mis dans mon regard le message de ma capacité à résister. Elle a vidé son verre, sa main tremblait légèrement.

– Comment allez-vous poursuivre l'enquête ? ai-je finalement demandé.

Elle a souri, donnant l'impression qu'elle venait de me soumettre à un test destiné à décider si elle me dévoilerait ses intentions.

– Il n'y a ni témoin ni trace de violence dans les trois cas. Je crois donc qu'il s'agit d'un adulte avec assez de charisme pour convaincre les jeunes de le suivre. Pour moi, nous avons affaire à quelqu'un qui les connaissait ou qui était en contact avec eux par un autre biais. Une personne en possession d'une « sucrerie » alléchante pour des gamins de leur âge.

– Une sucrerie. Vous songez à quoi en particulier ?

– Cigarettes, alcool, pot… Tout ce qui peut attirer un jeune de cet âge…

– Pot ?

– Marijuana… Vous en avez déjà consommé ?

L'image de Linoa fumant avec ses amies est remontée.

– Une ou deux fois pendant mes études. Et vous ?

– C'est légal au Québec depuis 2018…

Son sourire complétait sa réponse.

L'heure tournait, j'ai décidé de rentrer dans le vif du sujet pour lequel je l'avais contactée.

– Que pensez-vous du père de Malo ?

– Il accuse votre fille. Il m'a raconté un certain nombre d'histoires sur la façon dont elle s'est comportée qui accrédite ses accusations.

Elle parlait de lui avec détachement, j'ai commencé à abattre mes cartes.

– Si je vous dis que j'ai appris une chose qui pourrait vous éclairer sur sa personnalité.

– Vous croyez qu'il ment ? Pour quelle raison, il veut retrouver son fils.

– A-t-il pu être en contact avec Gillian ou cette jeune fille de Matane ?

– Les parents de Gillian vivent de l'autre côté du fleuve. Il fréquentait une école du quartier Saint-Joseph. Je ne vois pas comment il aurait connu Gillian, et encore moins Camille.

– Vous n'avez pas fait de recherches sur lui et sur les parents de Gillian ?

– J'ai rencontré la mère et le père. Lapointe a jugé que c'était inutile d'enquêter sur eux, qu'on allait perdre notre temps. Et puis ils viennent de France, c'est difficile de fouiller leur passé. De toute façon, aucun d'eux n'aurait été admis par le service d'immigration s'il y avait eu la moindre condamnation sur leur casier judiciaire.

– Les casiers ne comportent pas les plaintes classées sans suite…

– Vous pouvez m'éclairer ?

– Lorsqu'il était enseignant en France, le père de Malo a été accusé de harcèlement. C'est la raison pour laquelle il a dû démissionner de l'éducation nationale.

– Vous en êtes certain ?

J'ai confirmé de la tête.

– Une élève ? a-t-elle demandé.

– Oui.

Sa bouche est restée entrouverte. Une sorte d'éclair s'est allumé dans ses pupilles. Elle a tourné son regard vers le fleuve.

– Maudit chien sale, je vais te montrer ce qu'il en coûte de me niaiser !

J'ai pensé au paquet de cigarettes et au mouchoir ensanglanté. Et je me suis dit que pour l'instant, j'allais les garder en réserve.

5

Vers la mi-septembre, les températures sont tombées pour approcher de zéro degré Celsius, la nuit. Sans en référer à Lapointe, Wyome s'était créé un faux profil pour tenter de piéger le père de Malo : Jade Ferron, une passionnée de golf de 14 ans, habitant les montagnes de Stoneham, à moins d'une heure de Québec, était entrée en contact avec lui. Le poisson avait mordu à l'appât et ils entretenaient une correspondance dont elle m'informait par des textos, que j'effaçais pour que Daphné ne tombe pas dessus.

J'avais l'impression que la policière avait éloigné Linoa de sa traque, c'était l'objectif que je m'étais fixé en lui livrant les infos de Jérôme, qui m'avait répondu à propos de la plainte contre le père de Malo : *fille, 13 ans. Fin des échanges !*

Plusieurs nuits, j'étais resté éveillé à surveiller le jardin. Personne n'était venu rendre visite à Linoa, et, en fouillant sa chambre, je n'avais trouvé aucune trace de marijuana. J'avais fini par ranger cette histoire dans la case d'une expérience sans lendemain de gamines en mal de transgressions.

Un samedi matin, nous avons été surpris par un redoux de température, les feuilles des érables se sont colorées, les nuances d'orange, rouge et jaune sur la forêt en contrebas et de l'autre côté du fleuve offraient un spectacle grandiose. Pour célébrer cette saison automnale qui attirait les touristes français, j'ai lancé l'*Été indien*, de Joe Dassin, sur la télé, au petit déjeuner.

– Tu nous casses les oreilles avec ce vieux tube, a décrété Daphné après deux minutes, il va me tourner en boucle dans la tête toute la journée.

– C'est vrai, a surenchéri Linoa, ça date d'avant la guerre, ton truc !

– Ce slow fait partie de notre patrimoine, ai-je objecté.

Linoa s'est levée pour éteindre, sous les applaudissements de Daphné.

– Maman, tu pourrais m'aider à choisir mon costume d'Halloween ?

– Bien sûr, tu as des idées de déguisements ?

Et pendant que je ruminais ma frustration de les voir adhérer à cette tradition consumériste anglo-saxonne, alors qu'elles venaient de dénigrer une chanson de notre héritage culturel, Linoa s'est époumonée :

– Je veux que ça flashe du sang !

Le dimanche, la ville de Lévis menaçait d'annuler Halloween en raison de l'arrivée d'une tempête. Très déçue, Linoa s'est mise à nous mener une vie d'enfer. Je l'observais en train d'éplucher des pommes de terre, la mine sombre.

– Il faut peler plus près de la peau, lui a fait remarquer Daphné. Regarde, je vais te montrer…

D'un geste rageur, Linoa a planté le couteau dans la planche.

– J'm'en câlice ! J'veux fêter Halloween avec mes amies du kempo !

J'ai tenté de la raisonner.

– Ta mère et moi n'y pouvons rien, nous serons obligés de respecter la prudence imposée par la ville.

– Mais puisqu'on sera en voiture !

– Les gens n'ouvriront pas. Sans parler du fait que l'absence de visibilité est dangereuse.

– Lee conduit très bien.

– Comment le sais-tu ?

– C'est Maman qui l'a dit !

Découvrir que cette partenaire d'entraînement était sa fameuse secrétaire m'avait fait un effet bizarre, mais je m'étais habitué à cette fille au look bisexué, chaleureuse avec Linoa. J'ai lancé un regard à Daphné, qui s'est justifiée.

– Elle me *drive* à mes rendez-vous à Montréal, ça me permet de passer mes coups de fil et de bosser sur l'ordi. Elle est très prudente.

– Ah ! Tu vois ! s'est exclamée Linoa. Lee conduit très prudemment.

Je préférais éviter le moindre risque.

– Éventuellement, je pourrais prendre ma voiture ?

– Oh non ! Déjà que t'es sur mon dos au kempo, ça va comme ça !

– Ton père a besoin de se sentir utile, a dit Daphné avec une expression facétieuse, attendons de savoir ce que décide la ville.

Un mauvais pressentiment m'a fait croiser les doigts pour que la fête n'ait pas lieu.

De fortes pluies vont toucher Québec ce 31 octobre, la ville de Lévis appelle les superhéros et superhéroïnes, princes, princesses et monstres, à redoubler de prudence pour la cueillette des frian-

dises. Il est recommandé aux parents d'accompagner leurs enfants, visiter les maisons en groupe et ne pas franchir le seuil de la porte, refuser de monter dans un véhicule avec un inconnu, examiner les sucreries reçues avant de les consommer.

Robe moulante sur des collants rayés, le visage peinturluré en blanc, le contour des yeux et le bout du nez noir, cheveux grisés ébouriffés, du sang au bord des lèvres striées de points de suture, Linoa était effrayante à souhait.

Lee est arrivée pendant que nous finissions de dîner. Bien qu'affublée d'un costume de Catwoman soulignant son absence de poitrine, il émanait d'elle une dose inhabituelle de féminité. Elle s'est installée sur une chaise à côté de moi et m'a demandé.

– T'en viens-tu avec nous autres ?

Elle a passé le pouce sur les perles de son sourcil. Linoa m'a adressé un coup d'œil autoritaire.

– Papa ne voulait pas se déguiser.

J'ai haussé des épaules fatalistes.

– Je suis trop vieux pour ça.

– Pas du tout, a objecté Lee, z'êtes toujours bien musclé, pour sûr. Faudra qu'on se frotte l'un à l'autre un jour…

Je ne l'avais jamais affrontée en combat, où j'avais pu constater qu'elle excellait, déployant une tonicité insoupçonnée pour son gabarit. Daphné lui a tapoté l'épaule.

– Eh bien, Lee, je t'y prends à draguer mon mari ? Je croyais que tu préférais les filles ?

Ses joues ont rosi. J'ai enchaîné pour la sortir de sa gêne :

– Vous commencez par quel quartier ?

– Les filles choisiront.

– Combien êtes-vous finalement ?

– Rébecca et Margot nous rejoignent *icitte*, on doit passer chercher Zoé, sa mère ne voulait pas qu'elle vienne à pied.

– Celle-là, a dit Linoa, faut toujours qu'elle se rende intéressante. On ferait mieux de la laisser croupir chez elle.

Elles ont échangé un regard complice.

– *Nan*, a dit Lee, on va aller la prendre chez sa *môm française*...

Elles ont ri en se cognant le poing. La sonnette a retenti et Linoa s'est ruée vers la porte.

– Elles arrivent ! J'ai hâte de connaître leur déguisement.

J'ai vu entrer une none avec un visage blanc et des lèvres rouge vif, une croix ornée de diamants autour du cou. L'autre portait un chapeau melon et un costume noir sur lequel un squelette blanc ressortait. Elle avait entre les mains une citrouille avec des trous à la place des yeux et de la bouche.

– C'est pour récolter les bonbons, a-t-elle précisé, avec un sourire innocent.

Elles se sont mises à rire. J'ai commencé à angoisser à l'idée de laisser ces gamines candides errer dans les rues. Malgré tout, j'étais soulagé de la présence de Lee.

– Retour à 10 heures ! ai-je annoncé.

– Dix heures, pas après, a confirmé Daphné sur un ton hiérarchique. Et tu me lâches un *call*[22] au moindre souci.

– Promis, a dit Lee, j'vous la ramène saine et sauve.

---

[22] *Tu m'appelles.*

J'ai senti ma gorge se serrer.

– C'est moi qui monte devant, a décrété Linoa en sortant la première de la maison.

– Et pourquoi ? a dit la none.

– Parce que je suis la plus grande…

– C'est pas juste !

– C'est vrai, c'est injuste… a renchéri le squelette.

Lee a assumé son rôle d'aînée.

– C'est moi qui *drive*, c'est moi qui commande. Ce s'ra chacun son tour !

Les filles ont rouspété. Lee m'a adressé un sourire.

– Je crains de pas survivre à cette nuit.

– Enfin seule… a dit Daphné en s'écroulant sur la banquette.

– Tu veux que j'ouvre du vin ?

– Avec plaisir, j'ai besoin d'un remontant.

Je l'ai rejointe, la bouteille et les verres en main. Les fenêtres des habitations de l'autre côté du fleuve resplendissaient telles des étoiles. Une première bourrasque de pluie s'est abattue contre les baies vitrées. Nous avons bu en nous regardant.

– Il est fruité, a savouré Daphné.

– Un Malbec chilien. J'avais l'embarras du choix, la SAQ[23] propose des vins de tous les continents.

– On pense toujours que le français est le meilleur.

– Notre côté chauvin.

Elle a siroté une autre gorgée.

---

23 *Société des alcools du Québec.*

– Ça fait du bien de se poser un peu.

J'ai bu à mon tour.

– Tu crois que tu vas y arriver ?

– À quoi ?

– À lever le pied du boulot.

– Je ne parviens pas à amener l'équipe où je voudrais… Nous parlons la même langue, j'ai pourtant l'impression de me heurter à un mur d'incompréhension.

J'ai repensé au geste incongru de Wyome sur ma main.

– C'est peut-être le problème.

– Comment ça ?

– Partager la même langue nous fait oublier nos différences.

Elle a souri.

– Barbecue et bière ! Par bien des côtés, les Québécois sont des Américains qui parlent français.

– Il y a une chose que possèdent les Québécois qui ferait bien d'inspirer les Français.

– L'hospitalité envers les touristes ?

J'ai ri.

– C'est sûr, on est mieux reçu au Québec qu'à Paris. Je pensais plutôt à l'autodérision.

– Tu as raison, a-t-elle convenu, ils ont beaucoup plus de recul sur eux-mêmes que nous.

Nous avons vidé nos verres et je nous ai resservis.

– Tu veux qu'on se mate un film ?

– Pas vraiment… Ça me fait plaisir qu'on ait du temps pour parler.

La pluie frappait fort sur les carreaux, j'ai commencé à espérer que les filles décideraient de rentrer.

– Elle est rigolote, cette Lee. Tu avais vu juste, la première fois que je l'ai aperçue, j'ai hésité entre garçon et fille.

– Elle-même est indécise sur sa sexualité. En France, elle aurait du mal à trouver sa place dans une entreprise. Mais ici, tout le monde l'accepte telle qu'elle est.

– Niveau tolérance, nous avons encore à apprendre, malgré l'égalité claironnée à tout bout de champ.

– Certains Québécois se moquent d'elle à cause de son accent. Son père était du Nouveau-Brunswick, sa mère de Paspébiac. D'où son « parlé » parfois difficile à comprendre.

– En tout cas, Linoa et elle s'entendent comme larrons en foire. Elles s'échauffent ensemble au kempo. Et pas question pour notre fille de s'entraîner avec moi.

– Avec qui t'entraînes-tu ?

– Le prof, Marc-André, il a trouvé en moi le *challenger* avantageux.

– Il est fort ?

J'ai réfléchi.

– Prenable… Quand j'aurai retrouvé mon niveau…

Elle a bu plusieurs gorgées, et rigolé.

– Je vais finir par être pompette…

– Pour une fois, savourons le moment présent…

J'ai lu dans ses yeux l'espoir que je formulais un désir. Nous sommes restés silencieux à tenter d'entendre les pensées de l'autre. La même question me tournait en tête : pourquoi avait-elle couché avec ce gamin venu vendre des calendriers ? Le simple fait d'y songer me retournait l'estomac. J'avais besoin de comprendre pour effacer la blessure, mais je ne réussissais pas à lui demander, redoutant que sa réponse ne brise définitivement nos chances.

– Et toi ? m'a renvoyé Daphné, tu crois que tu vas y arriver ?

– À quoi ? l'ai-je mimé en espérant qu'elle trouverait un biais pour éviter ce sujet brûlant.

– Ton roman, tu parviendras à l'écrire.

Nous savions l'un et l'autre de quoi nous étions réellement en train de parler.

– J'essaie, je te promets que j'essaie.

– Peut-être traverses-tu une sorte de dépression. Tu pourrais consulter, il n'y a aucune honte à ça.

– Je n'ai pas peur de ce flottement dans ma vie.

Sa voix s'est légèrement étranglée.

– Tu ne t'ennuies pas, toutes ces journées, seul ici ?

Son visage reflétait un sérieux inquisiteur, je me suis demandé si elle était soupçonneuse de ma fidélité. Une jalousie qu'elle n'avait jamais ressentie. Ou peut-être jamais exprimée. J'ai pensé aux visites de Wyome.

– Avec cette vue, j'ai l'impression de vivre près de la nature. Cette communion m'apaise. Je suis comme dans un hiver précoce. En hibernation temporaire.

– J'espère que c'est de bon augure, a-t-elle dit en se servant. Linoa a besoin de toi.

– Tu la trouves perturbée ?

– Je pense qu'elle a du mal avec les changements. Haïti, la France, et maintenant le Québec, c'est difficile pour elle de se situer. Son attachement à Lee y est certainement lié.

J'ai levé les yeux vers l'horloge, un peu nerveux.

– C'est une bonne chose qu'elles se soient rencontrées.

– Sans doute…

Sa phrase en suspens m'a donné envie qu'elle précise.

– Mais ?

– Ce que je vais dire est très incorrect, je m'étonne d'y avoir pensé, mais notre fille est influençable, et je n'aimerais pas qu'elle calque sa sexualité sur celle de Lee.

– Je suis surpris que tu dises ça.

– Moi aussi. Je me suis toujours vue comme une femme aux idées de son temps. Ça n'a rien à voir avec la religion, je t'assure, mais peut-être suis-je restée vieux jeu, en fin de compte.

– Ça prouve surtout que tu te fais du souci pour Linoa, comme toutes les bonnes mères. Tu veux que je lui en parle ?

Son expression s'est légèrement contractée.

– Elle risquerait de mal le prendre. Le mieux est que nous soyons vigilants. Ensemble.

J'ai approuvé. J'avais envie de tout lui raconter : le mensonge d'Auguste et Gilberte sur la maison et leur proposition d'indemnité, Linoa fumant de la drogue avec ses copines, mes doutes sur sa relation avec Malo, le fait qu'elle avait consulté les sites de recherches.

J'ai finalement décidé qu'il était inutile de l'alarmer. L'horloge marquait maintenant 21 heures. Ma tension est montée d'un cran. Ses yeux étaient brillants.

– Tu crois qu'elle est encore affectée par la disparition de ce garçon ?

J'ai de nouveau joué la carte rassurante.

– Elle n'en parle plus. Le temps a sans doute fait son œuvre.

Daphné a attrapé un coussin, s'est allongée, les pieds sur mes cuisses dans la posture qu'elle adoptait lorsqu'elle souhaitait que je la masse.

– J'espère qu'elles ne vont pas rentrer tard, je commence à être fatiguée.

J'ai regardé ses genoux dénudés, serrés l'un contre l'autre, sa jupe légèrement remontée sur ses cuisses. Elle a glissé la main sous son chemisier pour replacer son sein dans son soutien-gorge, puis elle a fermé les paupières.

– Ça ne t'ennuie pas si je dors cinq minutes, en attendant qu'elles arrivent.

Je me suis efforcé de paraître détendu.

– Repose-toi, tu en as besoin, avec le rythme infernal des derniers mois.

Elle a répondu dans un souffle.

– Merci, tu es gentil…

Ses épaules se sont relâchées, sa respiration a ralenti.

Dehors, la pluie redoublait, les branches des arbres se balançaient dangereusement. J'ai encore regardé l'heure et j'ai chuchoté :

– Avec cette tempête, elles devraient être rentrées…

Mon pouls s'est accéléré. Les scénarios des pires meurtres d'Halloween ont défilé. Je suis resté sans bouger, l'oreille tendue. Les minutes sont devenues de plus en plus oppressantes.

Daphné a ouvert les yeux.

– Quelle heure est-il ?

– Vingt-deux heures trente-cinq…

– Elles ne sont pas là ?

Je me suis mordu la lèvre et j'ai déplacé les jambes de Daphné.

– Non !

Elle a tenté de joindre Lee.

– Elle ne répond pas, tu crois qu'elles peuvent avoir eu un accident ?

Je ne pouvais plus attendre.

– Bon, ça suffit ! Je vais les chercher.

J'ai récupéré mon manteau et mes clés. Daphné m'a suivi jusqu'à l'entrée.

– Je viens avec toi ?

– L'un de nous doit rester ici, au cas où elles arrivent.

J'ai ouvert la porte. Des phares sont apparus au milieu des trombes d'eau. Lee s'est garée et Linoa est aussitôt sortie. Elle a couru et m'a bousculé. Il m'a semblé apercevoir des larmes sur son visage. Elle a dévalé les escaliers et filé dans sa chambre dont la porte a claqué.

La voiture a redémarré.

– Ben mince alors, a dit Daphné, Lee n'est même pas descendue.

Le téléphone de Daphné a sonné, elle a enclenché le haut-parleur.

– Désolée, a dit Lee. Linoa s'est chicanée [24] avec Zoé pour des friandises. Linoa lui a envoyé un méchant coup de pied et Zoé s'est sauvée… On la cherche depuis plus d'une heure. Ça n'a pas d'bon sens de s'ostiner [25] pour des bonbons ! J'vais être obligée de prévenir sa mère…

Le lendemain, rien n'était paru sur les journaux du Net. J'ai présumé que Zoé était rentrée chez elle. Sur la route de l'école, j'ai de nouveau sermonné Linoa.

---

[24] *Disputée.*

[25] *Se quereller.*

– Tu n'as le droit d'utiliser le kempo que pour te défendre, certainement pas pour agresser une copine de ton âge.

– Elle voulait tout garder pour elle !

– Peu importe, tu n'as pas à faire justice toi-même. Lee vous aurait départagées.

J'avais à peine stationné qu'elle a sauté du Saturn.

– De toute façon, vous êtes tous contre moi !

Je l'ai regardée rejoindre l'entrée, les mains sur les bretelles de son sac à dos décoré d'un ananas multicolore. Le directeur attendait les élèves et m'a adressé un signe de tête. Après les pluies, un magnifique soleil annonçait une belle température. J'étais résolu à passer la journée à lire sur la terrasse, emmitouflé dans un pull. J'avais parcouru deux kilomètres quand une voiture de police a attiré mon attention dans le rétroviseur. La sirène m'a alerté que je devais m'arrêter. Wyome est descendue, abandonnant son collègue au volant.

J'ai baissé ma vitre.

– Quoi de neuf, jolie squaw ? ai-je balancé, tentant idiotement de paraître spirituel.

Elle s'est penchée, les mains sur le bord de la fenêtre.

– Roman Kermarec, j'ignorais que vous aviez ce genre d'humour. Les Français doivent penser que faire le guignol leur donne du charme.

Son regard montrait à quel point je venais d'agir en abruti.

– Excusez-moi, je ne sais pas pourquoi j'ai dit ça, c'était stupide.

– Peut-être l'émotion de me voir ?

– Ou la peur que vous me passiez des menottes pour je ne sais quelle raison… Bon, j'arrête… Qu'est-ce qui me vaut cette interpellation ?

– Une femme a signalé la fugue de sa fille durant l'Halloween… Et tout à coup, je reconnais votre Saturn. Alors je me dis, drôle de coïncidence, si j'en profitais pour demander à Roman s'il a entendu parler d'une certaine Zoé Chauvin, une Française de l'âge de sa fille ?

J'ai eu le souffle coupé.

– Je ne la connais pas. Mais elle était avec Linoa, hier soir…

Le dernier reliquat de sourire s'est effacé de son visage. Je lui ai raconté ce que je savais en insistant sur le fait qu'il s'agissait d'une querelle sans gravité.

– N'allez pas imaginer de rapports avec les autres disparitions.

– Vous semblez sûr de vous… Si elle n'est pas rentrée, Zoé peut avoir décidé de rejoindre quelqu'un. Quelqu'un auprès de qui elle pensait trouver du réconfort… Ou autre chose qu'elle n'obtiendrait pas chez elle !

– Le ravisseur aurait jusque-là agi avec méthode. Or cette dispute était imprévisible. Qui plus est, elle s'est faite devant témoins. Aucun homme sensé ne prendrait le risque d'enlever une gamine un soir d'Halloween, alors qu'il y a des centaines de mômes dans les rues qui pourraient le filmer.

– Voyons ce que la mère dira… Mais il vaudrait mieux pour tout le monde que Zoé rentre.

Elle a écarté les doigts de sa main gauche en masquant le pouce.

– Quatre ! Malo et Gillian, Camille et Zoé. Deux garçons. Deux filles.

Sa cicatrice était visible, elle y a pensé et baissé le bras.

– Et du côté du père de Malo, vous en êtes où ?

Elle a répondu, presque malicieuse :

– On *placote*… Je crois qu'il s'attache à Jade, il vient de lui demander des photos !

Quand Zoé était rentrée chez elle après la dispute avec Linoa, sa mère l'avait vertement réprimandée avant de l'envoyer se coucher. L'adolescente avait dû ressortir quelques heures plus tard, car la mère avait trouvé ce mot le lendemain sur le bureau de la chambre : *Je m'en vais. Je m'excuse, Maman.* C'est à ce moment qu'elle avait contacté la Sûreté du Québec.

Une nouvelle fois, cela semblait exclure qu'il s'agisse d'un enlèvement. Mais la répétition des faits avait contraint Lapointe à convoquer les protagonistes de la dispute d'Halloween.

Sur la route, j'ai tenté de rassurer Linoa.

– Tu réponds aux questions avec sincérité, c'est tout ce qu'on te demande. Il n'y a rien qui t'oblige à parler d'autres choses que de ce qui s'est passé avant-hier. Personne ne te reprochera quoi que ce soit, ne t'inquiète pas.

Nous sommes arrivés dans le couloir au moment où Lee sortait d'un bureau. Cheveux jaunes à ras, et piercings métalliques étincelants, elle nous a adressé un petit signe avant d'être éloignée par une policière, afin d'éviter toute concertation avec Linoa.

Dans la salle, Wyome se tenait les bras croisés, le dos contre une baie vitrée. Assis à une table ovale, Fernand Lapointe nous a accueillis d'une phrase de remerciement, avec une politesse distante. Une femme d'une trentaine d'années était à côté de lui. Son visage autoritaire et ses lunettes carrées d'intellectuelle m'ont amené à présumer qu'il s'agissait d'une pédopsychiatre. C'est elle qui a lancé la première question sur le déroulement de la soirée. Comme elle l'avait fait avec moi, Linoa a méthodiquement raconté la dispute pour la répartition des friandises. La tête basse, elle a terminé en affirmant regretter son geste. La femme a hésité.

– Et maintenant, que ressentez-vous ?

Les doigts entrelacés, Linoa a répondu d'une voix faible.

– J'espère qu'elle va revenir et qu'on pourra redevenir amies.

Son ton montrait qu'elle n'était pas entièrement sincère. C'était une évidence pour chacune des personnes présentes. Lapointe a tiqué, mais a laissé la psy poursuivre :

– Nous l'espérons tous. De la même façon que nous souhaitons retrouver ton ami, Malo. Peux-tu nous dire ce que tu en penses ?

– De quoi ? a demandé Linoa avec une candeur feinte.

– Ces disparitions successives, a continué la psy, sans se déstabiliser.

– Il ne faudra pas les oublier dans nos prières… a dit Linoa, sans émotion.

Il y a eu un flottement perceptible chez la psy. J'ai précisé que nous avions élevé notre fille dans une croyance souple, mais les regards de Lapointe et Wyome m'ont rappelé l'interdiction qui m'était faite d'intervenir. La psy a choisi de ne pas approfondir l'angle religieux.

– C'est très gentil de ta part. Mais pourquoi souhaites-tu que l'on prie, tu penses qu'il leur est arrivé quelque chose ?

Linoa est restée muette plusieurs secondes avant de demander :

– Quoi ?

J'ai senti que la psy s'agaçait de son manque évident de coopération.

– Eh bien, je ne sais pas. Si tu veux que l'on prie, c'est que tu t'inquiètes. Aurais-tu des raisons de croire que leur sécurité est menacée ?

Linoa a haussé les épaules.

– J'en sais rien… Mais ils sont plus là. Maman dit qu'il faut prier pour les gens qui s'en vont.

– Et tu es certaine de ne pas savoir où ils sont ?

Elle a secoué la tête, le visage grave.

– Non, désolée.

Lapointe a jeté un œil à la pendule, visiblement agacé. Le dos droit, la femme a continué d'une voix bienveillante, mais marquée par une nuance subtile qui trahissait son impatience.

– Tu imagines bien que si tu nous caches quelque chose, tu pourrais avoir des ennuis. Ton papa était policier, il a dû t'expliquer ce qui arrive lorsqu'on ment à la police.

Le regard que m'a adressé Linoa portait la promesse que je lui avais faite de la soutenir.

– Ma fille a 14 ans, ai-je tenu à rappeler, elle a eu un geste malheureux qu'elle regrette. Ne la traitez pas comme un suspect.

La psy a haussé une paupière, une ride de contrariété sur le front.

– Qui parle d'accuser votre fille ? Nous souhaitons simplement vérifier toutes les possibilités. Or votre fille est la seule de son école à connaître à la fois Zoé et Malo.

J'ai compris qu'elle était informée des calomnies du père de l'ado. Elle s'est penchée vers Linoa pour la contraindre à la regarder dans les yeux.

– Pourrais-tu nous dire comment tu as rencontré Zoé ?

Linoa s'est mise à réfléchir, il était visible qu'elle cherchait une échappatoire. Son mutisme a fait monter la tension. Wyome s'est décollée de la vitre, Lapointe s'est à son tour penché pour accentuer la pression. Comme une panthère acculée, Linoa a murmuré.

– À la bibliothèque de Lévis.

J'ai instantanément réalisé la brèche que cela créait dans l'impossibilité supposée de Linoa de connaître Gillian. En guise de confirmation, Wyome m'a jeté un regard qui signifiait : *Vous m'aviez dit qu'elle n'était jamais seule !*

– Peux-tu nous préciser les circonstances ? a poursuivi la psy, implacable, un petit sourire aux lèvres qui m'était destiné.

Le lendemain matin, devant la maison, Wyome s'est montrée agressive.

– Pourquoi m'avez-vous menti !

– Je ne vous ai rien caché. Prendre un abonnement à la bibliothèque est l'une des premières choses que nous avons faites. Nous y allons deux fois par semaine, je laisse Linoa flâner dans les rayons pendant que je bouquine dans l'espace dédié. Comment pouvais-je imaginer qu'elle s'y donnait rendez-vous avec Zoé ?

– Zoé. Et peut-être Gillian…

Son ton adouci montrait que mon argument avait porté.

Machinalement, j'ai jeté un œil à la fenêtre de la voisine et remarqué qu'elle reculait précipitamment. Cette surveillance commençait à m'énerver.

– Qu'a conclu la psy ?

Elle m'a scruté, les paupières à demi closes, m'envoyant un signal clair sur son impossibilité de partager ses informations. Nous sommes entrés dans la voiture. Tenant la clé de démarrage, elle m'a adressé un sourire qui signifiait que cet accroc n'avait pas ébranlé sa confiance en moi.

– La psy pense que votre fille garde en elle des traumatismes liés au drame qu'elle a vécu en Haïti. Elle s'efforce d'occulter le tremblement de terre, mais le stress de l'incarcération sous les éboulements est profondément ancré. Elle culpabilise d'être vivante alors que sa mère et sa sœur sont mortes… Elle vous aime comme ses nouveaux parents. En même temps, une partie d'elle vous reproche de l'avoir enlevée à ses origines.

Elle a pris une expression triste.

– Selon la psy, ce que votre fille a subi est si injuste pour une enfant qu'elle doit trouver un exutoire à sa colère.

J'ai réagi à ce portrait caricatural.

– Je déteste ce genre de psys. Pour eux, chaque personne se range dans des cases émotionnelles. Son analyse ressemble à une fiche de synthèse. Comment peut-elle être catégorique en ayant vu Linoa moins d'une heure !

– Elle n'a peut-être pas entièrement tort. Votre fille mime l'insouciance des autres enfants pour s'intégrer, mais elle se sent à part. Son vécu lui a fait prendre conscience que la mort peut survenir à chaque instant. C'est trop jeune pour porter un tel fardeau. Ça la rend vulnérable à des influences nocives. Les prédateurs repèrent ce genre de failles chez des ados… À cet âge, il suffit d'un rien pour qu'une vie soit saccagée.

Elle a marqué une pause.

– Dans notre métier, c'est une chose que nous savons, n'est-ce pas ?

J'ai revu le corps de l'adolescent dans la cour du 36.

– Personne n'est mieux placé que moi pour savoir qu'une existence peut basculer en un claquement de doigts.

Son regard s'est durci.

– Vous croyez vraiment que vous êtes le seul ?

J'ignorais à quel événement elle faisait référence, mais la souffrance qu'elle décrivait avec tant de précision chez Linoa se reflétait dans le miroir de la sienne avec une évidence qui l'a contrainte à détourner le sujet.

– Votre fille est plus mûre que la plupart des jeunes de son âge. Mais en raison de la perte de sa mère, elle a besoin de capter l'attention, à commencer par la vôtre… C'est sa façon de se sentir vivante. Comme l'assure le père de Malo…

– Ne me parlez pas de cet abruti ! Je donnerais n'importe quoi pour me retrouver dix minutes seul à seul avec lui.

Elle a secoué la tête.

– Je vous déconseille de l'approcher en ce moment…

Elle a stationné sur le parking d'une ancienne église.

– Laissez-moi continuer avec lui, Roman. Pour l'instant, voyons si nous pouvons tirer quelque chose de cette bibliothèque, puisque votre fille ne veut rien dire.

Je suis descendu, sans répondre.

Nous sommes entrés dans l'édifice religieux, reconverti en bibliothèque. Les vitraux ne laissaient filtrer qu'une faible lumière, les néons et le silence donnaient au lieu une ambiance universitaire. La quarantaine de rangées d'étagères formait un labyrinthe d'une richesse impressionnante. J'ai retenu Wyome par le bras.

– Et Lapointe, qu'a-t-il décidé après les conclusions de cette psy ?

– Il m'a accordé du temps pour enquêter, sans ordre officiel. Pour lui, si la psychose d'enlèvements d'ados se propage, on risque des réactions de défiance contre les Français…

– Toujours la peur de l'autre.

– Ça doit être inscrit dans l'histoire humaine.

J'ai essayé d'atténuer cette vision pessimiste.

– Les enfants, eux, sont souvent épargnés par ces préjugés. Quant aux adultes, c'est à chacun de combattre ses propres démons…

Elle a plissé les paupières avec un ravissant sourire.

– Décidément, Roman, j'adore la façon dont vous parlez de certains sujets. Si seulement plus de gens étaient dotés de votre sagesse…

Nous nous sommes avancés jusqu'au comptoir des abonnés. Une femme corpulente qui ramenait une quantité impressionnante d'ouvrages nous précédait. Elle a contesté l'amende que lui infligeait la jeune autochtone, chargée de veiller à l'état des livres. Après l'avoir tancée en des termes aux relents racistes, la femme lui a tendu un billet de 20 dollars en s'excusant.

– Y a pas trouble, a souri la jeune femme en lui rendant la monnaie.

La mégère est partie, rouge de colère contenue.

– Ça va ? a demandé Wyome à la bibliothécaire qui la connaissait visiblement.

– T'inquiète... La dernière fois, elle refusait carrément que je la serve. T'as des livres à rendre, ma belle ?

– J'suis *icitte* pour mon job.

Ma surprise qu'elle fréquente cette bibliothèque devait se lire sur mon visage, elle a lancé en riant :

– Je sais lire, figurez-vous...

– Je n'en doutais pas, ai-je répliqué en souriant.

Déjà étonnée de nous voir ensemble, la bibliothécaire s'est amusée de notre connivence.

– Bon alors... Qu'est-ce que je peux faire pour vous autres ?

– Je voudrais vérifier les livres empruntés par ma fille.

– Vous avez sa carte ?

– Non, mais je connais le numéro.

– En tant que responsable parental, vous pouvez bien sûr surveiller ce qu'elle lit. Je vais vous imprimer la liste des six dernières semaines.

Elle m'a remis le papier plié en deux, puis Wyome lui a fait la demande convenue.

– Je souhaite consulter les emprunts de membres d'*icitte* et des autres bibliothèques de Québec, tu peux faire ça pour moi ?

Elle a secoué la tête.

– Je n'ai pas le droit de te donner accès à d'autres comptes que le tien. Il me faudrait l'autorisation de la responsable.

– Elle est là ?

– Elle travaille dans son bureau. Mais sauf si tu as un mandat ou un truc du genre, ça m'étonnerait qu'elle accepte, elle est plutôt stricte sur le respect de la vie privée.

Wyome s'est tournée vers moi.

– Vous n'aviez pas des livres à chercher ?

– J'ai fait le plein samedi après le karaté…

Ses pupilles ont manifesté le fond de sa pensée.

– À bien y réfléchir, ai-je dit en comprenant que je devais m'éloigner, j'aimerais lire le dernier Haruki Murakami.

– Moi aussi, j'adore cet auteur, a approuvé la jeune femme. Vous le trouverez en littérature japonaise, rangée 26… Ne le confondez pas avec l'autre, Ryū Murakami. Celui-là est trop dur pour moi.

Je l'ai remerciée sans préciser que j'appréciais autant Ryū.

– Prenez votre temps, Roman, a soufflé Wyome.

Je les ai entendues rire dans mon dos.

Il ne m'a fallu que deux minutes pour dénicher le livre, j'ai flâné dans les rayonnages qui avaient permis à Linoa d'échapper à ma vigilance, puis j'ai décidé de m'asseoir dans un fauteuil et j'ai déplié la feuille remise par la bibliothécaire. Parmi des ouvrages d'école et des romans d'amour, un titre m'a étonné : *Le Grand Dérangement*.

Wyome m'a rejoint quelques minutes plus tard.

– Eh bien, Roman, on joue à cache-cache avec moi ? Vous désirez vraiment que je vous coure après, c'est ça ?

Elle affichait un sourire triomphant. L'air de rien, j'ai glissé la liste dans ma poche.

– Je ne voulais pas interrompre votre aparté. J'ai bien fait, visiblement…

Elle a exhibé la série de feuilles roulée dans sa main.

– Aiyanna et moi sommes de la même nation…

Je me suis extirpé du fauteuil.

– Allons-y, nous en parlerons dans la voiture.

Une annonce venait d'être scotchée sur la double porte vitrée : *Votre bibliothèque Pierre-Georges-Roy va fermer pour travaux. La date de réouverture sera communiquée ultérieurement. Un poste de prêt demeurera installé au sous-sol aux horaires habituels.*

– Ça ne sera pas pratique quand la neige sera là, a commenté Wyome.

Nous nous sommes assis dans sa voiture.

– Alors ? Bilan de votre récolte ?

– Zoé et Malo fréquentaient cette bibliothèque. Gillian n'est jamais venu. Pas plus que Camille, bien sûr…

– Mais… ai-je devancé la suite.

– Ils possèdent tous des abonnements dans les bibliothèques du Québec.

– C'est faible pour les rattacher les uns aux autres.

– J'ai demandé à recouper les emprunts de livres.

– Et qu'est-ce que ça a donné ?

Elle m'a imposé un court silence.

– Y a-t-il un livre que vous ne vous attendiez pas à trouver dans les lectures de votre fille ?

– Ne me dites pas qu'ils ont lu *Le Grand Dérangement* !

Elle a hoché la tête.

– Affirmatif ! Pourquoi emprunter un livre qui ne figure pas au programme scolaire ?

– Quelqu'un pourrait leur avoir suggéré. Une personne qui les connaîtrait tous.

– Seule votre fille pourra nous dire de qui il s'agit.

J'ai avalé ma salive.

– Laissez-moi voir ça avec elle. Après la séance d'hier, Linoa ne répondra pas à une policière.

– Ce livre doit avoir une signification. Votre fille connaît peut-être le chaînon qui relie les disparus. Sans compter qu'on ne peut plus exclure qu'un kidnappeur ait abordé ces ados en leur recommandant cet ouvrage, pour les mettre en confiance. Là encore, seule votre fille peut nous le révéler !

Mon esprit fonctionnait à cent à l'heure.

– Je lui tirerai les vers du nez, je vous le promets. Si un salopard l'a manipulée, je tiens autant que vous à le démasquer avant qu'elle ne devienne sa prochaine victime.

Elle a tendu la main.

– Voyez-vous un inconvénient à ce que je récupère la liste de votre fille ?

J'ai senti une montée d'adrénaline.

– Vous n'imaginez tout de même pas que Linoa est complice ?

– Je n'ai pas dit ça. Mais rien ne vous a troublé dans son témoignage hier ?

– Linoa était sur la défensive, sa référence à la religion m'a surpris, tout comme vous, mais il faut mettre ça sur le compte du stress.

Elle a secoué la tête pour montrer qu'elle ne s'attachait pas à cet aspect.

– L'expression qu'elle a utilisée : *les gens qui s'en vont*. C'est exactement les termes choisis par Zoé dans le message à sa mère…

Assise à la table de la cuisine, Linoa refusait de fournir une explication. J'avais essayé la douceur et la persuasion, mais face au mur contre lequel je butais, je me suis mis en colère.

– On ne parle plus de fugues mais d'enlèvements ! Tu réalises que le lieutenant Lapointe pourrait décider de t'incarcérer. Et je n'ai pas le pouvoir de l'en empêcher.

Son visage a exprimé l'émotion d'une enfant devant la peur d'une punition injuste.

– Si tu le laisses faire, c'est que tu ne m'aimes pas !

Dans cette ambiance électrique, Daphné a pris sa défense.

– Pourquoi veux-tu qu'elle ait quoi que ce soit à voir avec ces disparitions ? Elle a lu un livre sur les Acadiens, la belle affaire !

– Tu ne comprends pas, tous les gamins ont lu *Le Grand Dérangement* ! Ça ne peut pas être un hasard.

Daphné s'est accroupie et lui a posé les mains sur les genoux.

– Si personne ne te l'a conseillé, au moins, dis à ton papa pourquoi tu as choisi ce livre.

Linoa m'a lancé un regard noir.

– Il raconte comment des Acadiens ont été déportés parce que les Français les ont abandonnés !

Sans être féru de ce pan tragique de l'histoire acadienne du XVIIIe siècle, je savais qu'elle avait consisté à la déportation de francophones par les Anglais vers différentes régions de l'Amérique, dont la Louisiane, où les Cadiens s'avéraient être leurs descendants.

– OK d'accord, ai-je tenté d'apaiser les esprits, personne ne te reproche de t'intéresser à l'histoire du Québec. D'autant que tu as raison, la France n'est pas exempte de critiques dans la façon dont elle a géré ses décolonisations. Mais pourquoi t'es-tu concentrée sur ce cas en particulier ? C'est ça que je voudrais comprendre.

Elle a continué sur sa lancée.

– C'est pareil en Haïti, la France a laissé tomber le pays !

J'ai démenti cette contrevérité.

– Je ne sais pas qui t'a mis ces idées en tête, mais là, Linoa, tu fais un raccourci historique. Haïti est le premier exemple d'une liberté conquise par des Noirs.

À court d'arguments, elle a lancé une autre attaque.

– L'esclavage en Afrique, *icitte* avec les Indiens, les Français ont fait le mal partout où ils se sont installés !

– M'enfin, s'en est mêlée Daphné, pourquoi en veux-tu à ce point à ton pays ?

– C'est pas mon pays ! Moi, je suis Haïtienne ! Vous m'avez volée là-bas pour votre seul plaisir !

J'ai eu l'impression de recevoir un coup de poing dans l'estomac. Daphné semblait complètement désemparée, je l'ai regardée en me demandant à quel moment nous avions fait fausse route avec notre fille. Des larmes de rage ont coulé sur ses joues. J'ai abdiqué devant cette haine incompréhensible.

– J'ignore qui a pu te mener à une conclusion pareille. Mais tu te trompes, ma chérie. Ta mère était morte. Personne ne pouvait dire qui était ton père, il ne restait aucune famille pour prendre soin de toi. Nous t'avons adoptée pour te sortir d'une île dévastée.

J'ai voulu la prendre dans mes bras, elle s'est raidie, et j'ai renoncé.

– Écoute, Linoa, je t'avoue qu'il y a beaucoup de choses que j'ignore concernant l'implication coloniale française au Québec. Je vais lire ce livre, moi aussi. Ensuite nous en discuterons calmement. Dis-moi simplement où il est ?

Elle m'a regardé avec défiance. J'ai eu l'impression qu'elle hésitait, partagée entre ses sentiments et une promesse qu'elle aurait faite de ne pas divulguer un secret.

Après un moment, elle a reniflé et accepté d'un filet de voix.

– Sous mon matelas.

J'ai laissé la porte de sa chambre et la nôtre entrouvertes pour la surveiller.

– Elle n'a rien dit de plus ? s'est enquise Daphné, sous la couette.

J'ai passé sous silence la véhémence de notre fille.

– Non. Je crois qu'elle est épuisée.

Je me suis couché, dos contre l'oreiller, *Le Grand Dérangement*, en main.

– Montre-moi ce bouquin, m'a demandé Daphné.

– Attends une minute, je dois vérifier quelque chose.

J'ai ouvert la couverture cartonnée, extrais d'un intercalaire la fiche qui mentionnait les noms des personnes l'ayant emprunté. Je me suis frappé le front avec le poing.

– Faut-il que je sois con ! Comment n'y ai-je pas pensé plus tôt ?

Daphné m'a arraché la fiche des mains.

– Merde… Qu'est-ce que tu vas faire ?

– Je dois prévenir la Sûreté du Québec.

Elle a paru ennuyée.

– Tu te rends compte qu'ils vont en faire leur suspect numéro 1 !

– C'est trop important, on ne peut pas le leur cacher.

Elle a laissé passer quelques secondes.

– Cette fille, la policière indienne, quel rapport entretiens-tu avec elle ?

– Que veux-tu dire ?

– Pourquoi tu ne m'as pas dit qu'elle vient régulièrement ici ?

La vision d'un commérage malsain de la voisine s'est imposée.

– Ne va pas croire les racontars de la folle d'en face. S'est-elle vantée de m'avoir invité pour me « réchauffer » durant l'hiver ? Cette femme s'emmerde, elle m'a carrément mis en garde contre Auguste. Je ne serai pas étonné qu'ils aient entretenu une liaison.

– Tu me jures qu'il n'y a rien entre cette policière et toi ?

– Daphné… !

Elle a secoué la tête pour s'excuser.

– J'ai tellement peur. Tu as entendu comment Linoa nous a parlé. Cette violence. Peut-être devrions-nous suivre une thérapie familiale ?

J'étais encore en colère.

– Tu en auras le temps ?

Elle a esquivé ma question par la sienne.

– Et toi, tu en aurais le courage ?

J'ai pensé à ce que nous venions de découvrir. L'option que Malo, Gillian et d'autres ados aient été manipulés par la même personne prenait forme. Mais dans ce cas, qu'étaient-ils devenus ? Pourquoi Linoa avait-elle été épargnée ?

J'ai éludé la question de Daphné :

– Pour l'instant, je crois que nous avons d'autres priorités.

Elle a attendu que je précise. Je me suis creusé les méninges pour essayer de trouver la meilleure façon de rattraper mes omissions des derniers jours.

– Il y a une chose que je viens d'apprendre dont il faut que je te parle.

Je lui ai raconté le décès du fils d'Auguste, mon entretien avec lui et sa proposition de dédommagement de 30 000 dollars. Pour continuer à donner le change, j'ai pesé le pour et le contre d'un point de vue juridique et financier. Daphné m'écoutait, le visage impassible, sans cesser de me regarder.

Elle n'a pas dit un mot pendant plus d'une minute.

– Je me moque de son fric. J'exige que tu tiennes ce sale type à distance de Linoa.

J'ai attendu que Daphné s'endorme, puis je suis monté dans le bureau pour adresser un SMS à Wyome, l'informant de ma découverte.

Elle m'a aussitôt répondu qu'elle était au courant.

Gillian, Malo, Camille et Zoé avaient « successivement » emprunté *Le Grand Dérangement*. C'était exactement l'ordre des disparitions.

Linoa était la dernière. Ce qui était bien sûr inquiétant. Mais le plus improbable était la première personne à l'avoir lu : Lee.

IL FAUT QUE NOUS NOUS VOYIONS DEMAIN, a écrit Wyome. J'ai accepté, le cerveau en ébullition. Elle m'a souhaité une bonne nuit. J'ai répondu par la réciproque et mis fin à l'échange. Puis j'ai allumé l'ordinateur. Et je me suis lancé dans l'écriture, en commençant par ma rencontre avec Fernand Lapointe.

6

Pour échapper à la surveillance de la voisine, j'avais donné rendez-vous à Wyome dans une épicerie fine de la rue principale. L'enseigne, *Aux P'tits Oignons*, s'étalait sur la façade de pierres grises, surplombée d'un étage en briquettes rouges. Le propriétaire était un Corse, arrivé au Québec six années plus tôt. Lorsque nous sommes entrés, il s'affairait à la torréfaction du café. Il s'est écarté de la cuve en étain dans laquelle une pale brassait les grains et m'a étreint d'un *hug* à l'américaine.

– Allô, Roman, comment vas-tu ?

Une agréable odeur de grillé flottait dans l'air.

– Bien, Jean-Luc, je vais bien. Ça fait trop longtemps qu'on ne s'est pas vus.

Il m'a tapoté l'épaule.

– T'inquiète, le cœur y est. On est ensemble même quand on ne se voit pas.

Je lui ai présenté Wyome, habillée d'une jupe et d'un pull noir sous un blouson à carreaux rouges et blancs. Il lui a souri, sans poser de questions.

– Bienvenue, Mademoiselle. Installez-vous à une table en bas, Thomas est au bar. Faut que je surveille la cuisson de près.

Il s'est adressé à moi.

– Passe prendre un café à l'appart vendredi après-midi, si tu peux. On aura le temps de parler. Je viens de finir un formidable bouquin de psycho…

– Promis, lui ai-je assuré, sans savoir si je serais en mesure de tenir parole.

Nos regards ont exprimé l'affection que nous nous portions.

– Il est charmant, a dit Wyome en descendant les marches.

– Oui, Jean-Luc est un homme sensible.

– Comme vous, s'est-elle amusée.

J'ai éludé et posé la main dans son dos pour l'inviter à me devancer.

– Son fils travaille avec lui. Je nous commande deux cafés ?

– Pour moi, ce sera un cappuccino.

Elle s'est installée pendant que je me dirigeais vers le bar.

– Salut Thomas, tu peux nous servir un café allongé et un cappuccino ?

– Avec plaisir, a-t-il souri, elle est bien jolie ton amie.

– Elle est policière.

Il a rigolé.

– Elle est jolie quand même. Je vous apporte ça.

J'ai rejoint Wyome, elle m'a interrogé avant même que j'aie eu le temps de m'asseoir.

– J'espère que vous n'avez parlé de cette Lee à personne d'autre que moi ?

– Vous êtes la seule, avec Daphné.

– Il faut absolument éviter qu'elle l'alerte.

– Je lui ai fait promettre plusieurs fois. Ça la met en position délicate vis-à-vis de son assistante, dont rien ne prouve qu'elle ne soit pas elle-même victime d'un manipulateur.

– Lee est acadienne. Après son exode forcé vers la Louisiane, son arrière-grand-père a traversé l'Amérique du Nord à pied pour retrouver sa femme. Ça lui a pris plus d'une année. En arrivant, elle s'était remariée à un Anglais du Nouveau-

Brunswick. Les deux hommes se sont entretués… Le livre *Le Grand Dérangement* raconte la déportation des Acadiens après l'abandon de la France. Toute son histoire familiale repose sur ces tragiques événements.

– Vous avez vérifié ça en si peu de temps.

– J'ai fait mon travail.

Elle s'est tue pendant que Thomas nous servait. Il avait dessiné un cœur sur la mousse de lait crémeuse.

– Voilà les amoureux, a-t-il dit pour se moquer de moi, avant de s'éloigner en riant.

Wyome n'a pas caché son amusement.

– Vous avez pu réunir d'autres éléments à charge ? ai-je demandé, baissant les yeux pour échapper à son regard.

– Lee possède un abonnement à la bibliothèque que fréquentait Gillian.

– C'est sur le chemin de son travail, elle pourrait répondre que c'est plus pratique d'avoir deux cartes. Et celle de Camille ?

– Elle fait partie du même réseau, mais n'y a jamais retiré de livre, ce qui ne signifie pas qu'elle ne soit jamais allée à Matane. Ce qui est certain, c'est que Camille a restitué le livre une semaine avant de disparaître.

J'ai réfléchi à voix haute.

– Si Lee avait enlevé Malo, Gillian, Camille et Zoé, il est impossible qu'elle puisse les surveiller en continuant à travailler.

– Elle peut avoir un complice. Ou alors ils sont consentants.

– Peut-être. Mais de toute façon, je trouve ces indices insuffisants pour la boucler.

Elle a opiné.

– C'est aussi ce que pense Lapointe.

– Vous l'avez tenu au courant ?

– Évidemment, c'est mon supérieur.

– Bien sûr. Que va faire la Sûreté ?

– Nous avons décidé de ne pas l'arrêter. Si elle se défendait avec un avocat, nous serions contraints de la relâcher sans rien avoir obtenu d'autre qu'une méfiance accrue de sa part.

– Vous la laissez libre de ses allées et venues, malgré le risque qu'elle s'en prenne à ma fille ou à une personne sur sa liste.

– Pas tout à fait. Depuis ce matin, elle est sous surveillance étroite.

J'ai réfléchi quelques secondes.

– Ne me dites pas que Linoa subit le même traitement !

Elle a secoué la tête.

– J'ai convaincu Lapointe que nous perdrions votre collaboration si nous commettions cette erreur.

– Merci, ai-je dit en soulevant ma tasse de café pour me donner du temps.

Elle a redessiné le cœur dans la mousse chocolatée avant de sucer son doigt.

– À charge de revanche…

Cette fois, j'ai soutenu le regard qu'elle plantait dans le mien.

– Le matin, j'attendrai que Linoa rentre dans l'école et je serai dans le hall avant sa sortie. Plus question qu'elle flâne à la bibliothèque, je ne veux prendre aucun risque !

– Si Lee séquestre ces jeunes, sa motivation est une vengeance contre des Français. Soit elle leur a fait du mal, soit elle leur a manipulé le cerveau jusqu'à les persuader de fuguer. Le fait que votre fille la protège m'amènerait à cette conclusion.

J'étais focalisé sur ma peur que Linoa m'échappe.

– Je ne la laisserai plus jamais seule avec Lee, même au karaté.

– C'est prudent. Si vous pouviez obtenir d'autres infos de votre fille, ça nous aiderait…

J'ai botté en touche.

– Et avec le père de Malo, où en êtes-vous ?

J'ai senti qu'elle se remémorait les récents échanges pour en extirper l'essentiel.

– Si je vous dis qu'après avoir reçu les photos un peu suggestives de Jade en uniforme scolaire, il l'a simplement remerciée. Depuis, il parle surtout de ce qui est arrivé à Malo, il s'épanche auprès de celle qu'il prend pour une fan comme il le ferait avec une mère ou une psy.

– Et que raconte-t-il ?

– Il assure que son fils était devenu le souffre-douleur d'une petite allumeuse détraquée qui le harcelait.

– Ça n'apporte pas grand-chose, on sait déjà qu'il déteste Linoa.

– Dans un message, il traite votre fille de sale négresse. C'est passible de condamnation pour propos discriminatoires fondés sur l'origine ethnique. Inutile de dire qu'il est mal tombé avec moi… Mais j'ai surfé sur sa haine pour l'amadouer. Je sens que je m'approche de son jardin secret. Et plus j'approche, plus je pressens qu'il y pousse de mauvaises herbes.

– Que ce tordu soit impliqué ne m'étonnerait pas.

Elle a souri d'une manière qui se voulait indulgente.

– Il m'envoie des messages plusieurs fois par jour. Il dit que la pierre de Jade est sa préférée, qu'il me trouve intelligente et mûre pour mon âge, que notre relation doit demeurer secrète pour préserver sa beauté.

– Il la flatte, c'est ce que font tous les manipulateurs narcissiques.

– Pour l'instant, il ne lui a fait aucune proposition à caractère sexuel. J'en suis la première surprise, mais il n'a même pas cherché à la voir. Aussi longtemps qu'il en restera à ce niveau d'échanges, je ne peux rien intenter contre lui.

– Il est méfiant. N'oubliez pas qu'il a déjà fait l'objet d'une plainte en France.

– Il finira par céder. Ma mère disait que tous les hommes ont leur point faible…

J'ai souri, amèrement.

– C'est une philosophie de vie ?

– C'est ce qu'elle répétait quand j'étais petite.

Mon regard lui a montré que je trouvais cette conviction triste.

– Rien d'autre sur le père de Malo…

– Il signe ses messages : *Ton chevalier blanc.*

– C'est d'une puérilité surréaliste. Ce type est un idiot ou un fou. Vous devriez vous méfier.

– Vous vous inquiétez pour moi, Roman ?

J'ai souri et consulté ma montre. Il était 11 heures et j'avais promis à Daphné d'aller déjeuner avec elle de l'autre côté du fleuve. Wyome a perçu mon embarras.

– Je crois qu'on a fait le tour. Allons-y, j'aimerais profiter de ma journée de repos.

J'ai payé et salué Thomas. Nous sommes repassés par l'épicerie.

– Tu t'en vas déjà ? m'a demandé Jean-Luc, qui venait de finir.

– Il faut que je file…

– Moi aussi, je dois aller à Montréal acheter des fromages pour le magasin.

Nous nous sommes de nouveau étreints, j'ai tu la voix intérieure qui me disait que nous n'allions pas nous revoir avant longtemps. Dehors, je me suis frotté les bras pour me réchauffer, la température n'excédait pas les 5 degrés. J'ai raccompagné Wyome à sa voiture. Avant qu'elle n'ouvre la porte, elle a extrait son téléphone d'une poche extérieure de son blouson, et a observé l'écran.

– Bingo ! Il veut rencontrer Jade !

En arrivant sur le parking de la rôtisserie *St-Hubert* de Grande Allée, j'ai vainement cherché la voiture de Daphné. Elle était attablée, près de l'entrée.

– Tu es venue comment ? lui ai-je demandé en m'asseyant.

– À pied, j'avais besoin de me dégourdir les jambes…

Elle avait l'air épuisée, je me suis excusé pour mon retard.

– Il y avait du trafic sur le pont.

– C'est pas grave, a-t-elle dit calmement, tu as prévenu ta policière à propos de Lee ?

Je n'ai pas rebondi sur son choix du possessif pour qualifier mon lien avec Wyome.

– Nous avons pris un café chez Jean-Luc.

Elle n'a pas caché sa désapprobation.

– Il n'a pas dû comprendre ce que tu faisais avec elle.

Je me suis justifié avec un peu d'agacement.

– Je ne peux pas la recevoir à la maison à cause de la voisine, il fallait bien que je trouve un endroit... Et puis, Jean-Luc se doute bien que si j'avais une maîtresse, ce n'est pas chez lui que j'irais m'exhiber.

– Tu as pensé à tout...

– Daphné, arrête ça, s'il te plaît...

Elle a plongé son regard dans le menu.

– Qu'est-ce qu'ils ont décidé pour Lee ?

– La Sûreté la surveille, ils espèrent recueillir des indices sur son rôle éventuel dans les disparitions. Elle était au boulot ce matin ?

– Elle est arrivée en retard. Je viens de la quitter, quand je lui ai dit que je déjeunais avec toi, elle m'a répondu en riant qu'elle t'attendrait de pied ferme, samedi prochain, à l'entraînement de kempo.

Je n'ai pas accordé d'importance à cette bravade.

– Comment était-elle ?

– En apparence comme tous les jours.

Sa voix suggérait un doute, j'ai relancé pour qu'elle m'explique.

– En apparence...

Son visage s'est légèrement tendu.

– D'habitude, elle me demande des nouvelles de Linoa. Et là, pas un mot. Même lorsque j'ai évoqué notre rendez-vous, son ton sonnait faux...

Elle s'est mordu la lèvre.

– Je ne sais pas si c'est une bonne idée de continuer à vous entraîner avec elle.

– C'est indispensable. Il ne faut pas qu'elle se doute qu'elle est dans le collimateur des flics. Et puis, je veux voir de quelle manière elle se comporte avec Linoa.

Elle s'est passé la main dans les cheveux.

– Vendredi, elle doit me conduire au centre commercial *Eaton de Montréal*, je t'avoue que ces heures, seule avec elle, m'inquiètent. Mais elle ne comprendrait pas que j'annule…

Un serveur est arrivé à notre table, athlétique, un immense sourire aux lèvres.

– Vous avez fait vos choix ?

– Une salade César et une grande bouteille d'eau gazeuse.

J'ai commandé un poulet rôti avec sauce BBQ et une bière.

– Frites ? a-t-il demandé.

– Double ration.

– C'est parti pour le spécial BBQ !

– Eh bien, t'as pas peur pour ta ligne, a commenté Daphné.

– L'hiver est à notre porte, je fais des provisions. Pour tout dire, je m'habitue aux viandes grillées, je finirai peut-être par aimer la poutine.

– Tu vas surtout te transformer en Québécois, a-t-elle raillé, un brin amère.

– Ça t'ennuierait ?

Sa mine est devenue grave.

– J'ai été convoquée par ma cheffe. Elle m'a reparlé de mes « soucis de communication » avec l'équipe, cette fois en termes plus explicites. Selon elle, la direction s'est peut-être trompée en pensant que notre « approche marketing offensive » serait applicable ici.

Sa façon de souligner certaines expressions par des guillemets avec ses doigts m'agaçait, j'ai coupé court à l'exposé qui s'annonçait.

– Conclusion…

– Elle me donne du temps pour « redresser la barre », mais si ça ne va pas mieux dans deux ou trois mois, elle mettra fin à « l'expérience ».

Ses doigts crochetaient toujours certains mots, j'ai caché mon énervement.

– Ils te renverraient à Paris.

– Ils peuvent aussi décider de me virer.

– S'ils reconnaissent que c'est de leur faute, ce serait dégueulasse, non ?

Elle m'a souri avec l'indulgence qu'on réserve à un ado idéaliste.

– Ce n'est pas la question.

– Alors quelle est-elle, cette question que tu sembles vouloir me poser ?

– Je peux lancer des perches pour qu'on me trouve une place au siège, à Créteil. Mais je souhaite connaître ton avis sur l'éventualité d'un retour en France.

Nous nous sommes jaugés quelques secondes.

– Nous avons décidé ensemble de venir ici, je crois que ce serait un échec de rentrer.

Elle a longuement soupiré.

– Si je perds mon travail, tu es conscient que nous allons nous retrouver sans ressources ?

J'ai observé ses traits tirés. Sa carrière avait été ascendante jusqu'à cette promotion, et soudain, le pas de trop, le plafond de compétence qu'elle était peut-être en train de heurter avec fracas. Pour la première fois, je la sentais vulnérable, moins sûre de sa réussite. J'avais l'impression qu'elle avait peur de l'avenir, que je la trompe avec Wyome et que je la quitte, comme je l'avais moi-même redouté tant d'années.

Ce retournement avait quelque chose d'une revanche ironique que je ne souhaitais pas. Je me suis interrogé sur ce qu'elle pensait. Était-il possible qu'elle ne soit pas aussi forte que je l'avais toujours cru ? Était-ce la crainte que tout s'écroule autour d'elle, son métier, son mari et sa fille ? Mes questions sur sa décision de me choisir quand nous étions ados ont ressurgi, suivies de celles sur son infertilité. Daphné m'avait trompé avec un jeune garçon, deux ados français avaient disparu au Québec, puis il y avait eu Camille en Gaspésie, puis Zoé après une dispute avec Linoa, et maintenant, j'avais la sensation que Daphné voulait fuir.

Elle a poursuivi d'une voix défaillante.

– Je pense sincèrement que nous devrions éloigner Linoa de Lee.

– Il n'est pas nécessaire de rentrer en France pour ça… J'ai commencé mon roman, je crois que cette fois je tiens le bon bout.

J'ai eu l'impression de l'avoir giflée avec une réponse qui lui paraissait complètement hors de propos. Le serveur est arrivé avec les plats, il a dû percevoir le malaise entre nous.

– Tout va bien, *icitte* ?

– Ça va, merci… a dit Daphné, les yeux plissés en signe de gratitude.

J'ai arboré un sourire rassurant. Il a posé les assiettes et est reparti à moitié satisfait.

– Alors comme ça, tu écris ton roman, a dit Daphné d'un ton grinçant. Et peut-on savoir de quoi il parle ?

– De l'enquête sur les disparitions.

Sa réaction a été immédiate.

– Tu veux dire que tu y parles de nous ?

– Oui.

– Je pense que tu aurais dû me demander avant.

– Ça reste une fiction.

– Une autofiction, plutôt ! On a vu ce que ça peut donner quand des écrivains se mettent à étaler leur vie sous l'angle de leur unique point de vue. Ce genre de texte a souvent un arrière-goût nauséabond de règlement de comptes.

J'ai senti qu'elle redoutait que j'évoque son adultère avec un mineur. J'ai plongé mon regard dans les pupilles bleu clair de cette femme dont j'avais longtemps redouté l'abandon, avec un sentiment nouveau de totale liberté.

– Est-ce que tu la vois ? ai-je demandé.

Elle n'a pas compris.

– Quoi ?

– L'étincelle magique entre nous, est-ce que tu la vois encore parfois ?

Elle s'est agacée.

– De quoi tu parles ?

– De notre histoire… tout ce que nous avons vécu. L'amour que nous nous étions promis de ne jamais briser.

Je l'ai sentie au bord de hurler.

– Comment pourrais-je la voir alors que tu ne m'as pas touchée depuis des mois ! Pour que j'y croie, il faudrait que nous soyons encore un couple.

L'émotion m'a étreint le cœur.

– J'aurai toujours les mêmes sentiments pour toi, Daphné. Si nous décidions un jour de nous séparer, tu resterais la femme de ma vie.

Elle est demeurée silencieuse à me regarder.

– Parfois, tu me fais peur, a-t-elle dit finalement. Tu es tellement à côté de la plaque des gens normaux. Cette idée d'écrire sur une enquête dont tu ne connais même pas l'issue. C'est du délire pur et simple !

– Au contraire, c'est ce qui rend l'aventure palpitante. Je suis comme un peintre qui se peindrait tous les jours lui-même en train de peindre, sans savoir s'il finira la toile.

Elle a tortillé sa serviette entre ses mains.

– Nous avons déjà dépensé un tiers de la vente de la maison de Paris. Crois-tu que nous pourrons vivre de ton écriture si je perds mon salaire ?

J'ai stoppé l'engrenage de ce prétexte à notre retour en France.

– Hier tu ne voulais pas entendre parler des 30 000 dollars proposés par Auguste, et maintenant tu cries au loup alors que nous avons encore de l'argent de côté… Vendre serait difficile, personne ne choisit d'habiter un lieu imprégné par ce type de drame, certains craindront que l'esprit du garçon hante la maison. Mais si ça peut te rassurer, je ferai en sorte que Linoa et toi ne manquiez jamais de rien. Je te le jure.

– Ce serait plus facile pour toi de retrouver du travail en France, non ?

– Pour l'instant, je souhaite achever mon roman. La Sûreté cherche les ados disparus, s'ils sont encore en vie. Imagine l'angoisse des parents ! Alors si je suis en mesure d'aider ces flics, ma place est à leurs côtés. Tu dois comprendre ça.

J'ai lu dans ses yeux que mon allusion à l'éventualité que les jeunes soient morts l'avait secouée. Mais j'ai eu l'impression que ma détermination avait aussi eu pour effet de la conforter dans son soupçon sur ma relation avec Wyome.

Elle a paru hésiter sur la position à adopter.

– Que crois-tu qu'il leur soit arrivé ?

– Je ne sais pas, ils sont peut-être tombés dans un piège.

Les idées ont semblé se bousculer dans sa tête, elle a répété, le regard dans le vide :

– Un piège… Alors comme ça, ils seraient tous tombés dans un piège.

Si Lee se savait surveillée, elle n'en a rien laissé paraître lorsque Linoa et moi sommes entrés dans le dojo. Ses piercings surplombaient un regard pétillant d'audace. Dès que Linoa s'est approchée, elle l'a attrapée par le cou.

– Viens, ma belle, je suis si heureuse de te voir après toutes ces niaiseries chez les *bœufs*. [26]

---

[26] *Policiers.*

Je les ai guettées du coin de l'œil pendant qu'elles se déshabillaient pour se mettre en tenue. Alors que je finissais de serrer le nœud de ma ceinture, Marc-André s'est planté devant moi, les mains accrochées à sa ceinture noire.

– Pas beaucoup de monde, ce matin, a-t-il constaté, c'est souvent, au début d'hiver.

– Il n'a pas encore neigé.

– Ça s'en vient, les articulations de mes genoux me font mal…

– Il faisait -2 degrés à 6 heures sur la terrasse.

Il a rigolé.

– C'est parti pour le grand froid ! Bon, puisqu'on n'est pas nombreux, j'ai envie de vous essayer aux combats. Ça te va de te lancer ?

– Si les jeunes sont indulgents avec l'ancien…

Il m'a adressé un clin d'œil.

– T'as la trouille…

– Je préférerais m'épargner une humiliation devant ma fille.

– C'est elle qui pourrait bien te l'infliger…

J'ai instantanément objecté.

– Oublie ça ! Je ne combattrai pas contre Linoa.

J'ai remarqué que Lee lui parlait à l'oreille. Elles ont échangé des messes basses et se sont mises à rire.

– On forme un cercle, a lancé Marc-André. Assouplissez vos muscles, c'est important pour ne pas se claquer en combat.

La tension est instantanément montée. Les élèves se sont évalués. Lee et Linoa n'y faisaient pas exception. Après une série d'exercices, il nous a fait asseoir pour donner ses instructions.

– Soyez précis dans vos attaques, je ne compterai que les touches portées, mais ne mettez pas de force dans les coups. Deux assauts ou deux parades avec un contre offriront la victoire. Le gagnant reste au centre pour affronter le suivant.

Son ton montrait qu'il était passé à un niveau de concentration martial.

– Linoa, tu commences avec Henri.

L'intéressé s'est levé, sourire confiant aux lèvres. C'était un gamin de l'âge de Linoa, un peu plus petit et d'un grade qui résultait de trois années de pratique. Il s'est avancé nonchalamment. Ils se sont salués, les traits de Linoa avaient perdu toute trace amicale. À peine le signal donné par l'entraîneur, le gamin a lancé un large coup de pied circulaire à hauteur du visage de Linoa. Elle a plié les genoux pour le laisser passer au-dessus de sa tête, puis elle a balayé le pied de l'ado au moment où il reprenait appui. Il a lourdement chuté sur le dos, elle lui a asséné un coup de poing maîtrisé au plexus, un genou au sol.

– Marque ! a sanctionné Marc-André visiblement pas mécontent que l'ado trop sûr de lui se soit fait rabattre l'orgueil.

Il s'est relevé, le visage rouge de honte. Sans manifester d'émotion, Linoa a regagné sa place, sous les encouragements de Lee.

– Vas-y ma belle ! Montre-lui, à ce péteux !

La deuxième joute a été encore plus expéditive, Linoa s'est jetée sur le gamin échaudé qui hésitait à lancer une attaque. Avant même qu'il n'ait réagi, il a reçu un coup de poing au ventre.

– Match ! a crié l'entraîneur en nivelant l'air des mains pour marquer la fin du combat.

Il a ensuite tenté d'amoindrir la déception du garçon qui se rasseyait, tête basse.

– Certains sont faits pour les katas, d'autres pour le combat. Il semble que Linoa connaît désormais sa voie. Vas-y, Alice, à toi... Montre-nous que t'es capable !

La jeune fille un peu boulotte s'est avancée avec dans les pupilles la certitude d'une défaite qu'elle a effectivement subie en deux assauts gagnants de Linoa. Lee la couvait littéralement des yeux.

– Je t'aime, ma belle, t'es la meilleure !

– Eh bien, a commenté Marc-André, j'ai idée que nous tenons une graine de championne. Voyons ce que cette force de caractère donnera contre toi, Lee.

Elle s'est levée, un peu contrainte. Après le signal, elles se sont observées, aucune ne se résolvant à prendre l'offensive. Placée de côté, Lee sautillait en relevant la jambe gauche pour maintenir la distance. À l'inverse, la posture de Linoa s'apparentait à celle d'un félin prêt à bondir. Elles se sont tournées autour pendant deux minutes.

– Oubliez qui est en face, s'est agacé Marc-André, imaginez qu'un voyou vous tombe dessus dans la rue !

Cette façon d'aiguillonner leur agressivité m'a déplu. J'ai senti l'adrénaline monter, partagé entre l'envie que Linoa gagne et celle d'affronter Lee. S'il y avait une chose que la pratique m'avait enseignée, c'est que la nature d'une personne se révélait en combat. Linoa a balancé un coup de pied direct un peu court que Lee a dévié de l'avant-bras, s'enroulant sur elle-même pour finir son mouvement par un coup de coude à la base de la nuque.

– Joli point ! a salué Marc-André.

– Oui, joli, a confirmé Linoa, en se frottant la nuque.

Son regard de biais m'a prévenu qu'elle allait me laisser combattre contre Lee.

Je me suis demandé si cette chronologie avait été préméditée entre elles, peut-être même avec Marc-André. Elles se sont saluées, Linoa les coudes trop écartés, Lee sautillait en l'observant. D'un geste ultrarapide, son pied a claqué les joues de Linoa d'un aller-retour.

– Fin du combat, a statué l'entraîneur en riant, tu t'es carrément essuyé le pied sur elle.

Elles se sont tombées dans les bras, front contre front. En d'autres circonstances, j'aurais apprécié cette saine réaction, mais Lee était suspecte dans des enlèvements, avec une complicité possible de ma fille. Lee s'est adressée à moi, à peine essoufflée.

– C'est à ton tour, *frenchy* !

Le rire de Linoa m'a désarçonné, il confirmait les reproches contre les Français qu'elle avait formulés chez nous. Je n'aimais pas l'ambiance hostile qui régnait dans le dojo.

– Tu n'es pas obligé, si tu as peur de perdre, a dit Marc-André d'un ton provocateur.

Je me suis doucement levé. Avant que je me courbe pour la saluer, Lee m'a adressé un sourire hostile. Il m'a semblé qu'elle attendait ce moment depuis longtemps. Malgré sa stature svelte et ses membres fins, elle dégageait une agressivité excessive.

– C'est parti, a dit l'entraîneur en abaissant son bras.

J'ai pris la posture qui m'avait été enseignée, les pieds écartés de la largeur des épaules, celui de devant ne portant que 30 % de mon poids, coudes serrés sur les côtes et les poings mi-fermés à hauteur de visage. Lee sautillait comme un jouet sur ressort, son pied gauche remontait à hauteur de sa taille à chacune de mes approches. Cette façon de défendre qu'adoptait Marc-André en combat ressemblait à celle des pratiquants de taekwondo aux JO, dangereuse selon moi en situation réelle en raison de la facilité qu'offrait la saisie du bas du *gi*. [27]

Lee a lancé l'attaque qu'elle avait réussie sur Linoa, j'ai eu le réflexe de reculer le visage.

– Pas mal, pour un vieux, a-t-elle persiflé, les yeux illuminés d'une lueur teigneuse.

– On ne parle pas, a tenu à rappeler l'entraîneur. En compétition, je serais obligé de te disqualifier.

J'ai feinté une attaque frontale, elle a relevé sa jambe, j'en ai profité pour accrocher son pantalon que j'ai monté jusqu'à lui faire perdre l'équilibre, pendant que je fauchais le mollet de l'autre jambe. Elle est tombée sur les fesses, interloquée. Ma jambe a décrit un arc de cercle pour finir par un coup de talon en douceur sur le haut de son crâne.

– C'est interdit ! a-t-elle crié, en colère.

---

[27] *Pantalon de karaté.*

– Out ! a décrété l'entraîneur. Tu n'as pas le droit de saisir son pantalon.

– C'est ce que tu dirais à un voyou dans la rue une fois qu'il t'aurait cogné ?

– On est en club, il y a un règlement pour le comptage des points.

– Je croyais qu'on apprenait à se défendre pour le cas où on se ferait agresser…

Il a pris sur lui, vexé par l'humiliation que je venais de faire subir à sa meilleure élève.

– Bien sûr, mais il faut aussi respecter les consignes. Tu n'es pas autorisé à combattre de cette façon. Ou tu l'acceptes, ou alors tu ne participes pas aux combats.

J'ai tendu la main à Lee, pour l'aider à se remettre debout.

– Ça va ?

Elle a sèchement tapé dessus pour se relever seule.

– On continue ? a-t-elle demandé, le visage buté.

– T'es d'accord pour respecter cette règle ? a voulu savoir Marc-André.

J'ai hoché la tête, en souriant.

– À condition qu'elle n'agite pas trop son joli petit pied sous mon nez.

J'ai vu qu'elle devenait folle de rage. Et j'ai jugé que c'était le moment.

– Il paraît que tu conseilles la lecture du *Grand Dérangement* ?

Le regard qu'elle m'a jeté était si intense qu'on aurait dit qu'elle était prête à me tuer.

– Allez-y, a dit l'arbitre, qui avait entendu.

Je me suis incliné pour saluer. Lee m'a expédié un coup du tranchant du pied d'une telle violence que j'ai senti ma côte s'enfoncer.

– Point, a statué Marc-André, on doit toujours rester sur ses gardes. Dans la rue, un adversaire n'attendra pas que tu aies fini de le saluer.

– C'est de bonne guerre, ai-je accepté, la main sur les côtes.

L'adrénaline masquait la douleur, mais je savais que les heures et les jours à venir seraient éprouvants. Le regard de Lee exprimait sa satisfaction.

– Ça va ? m'a-t-elle demandé, ironique.

Linoa observait sans que je puisse déceler ce qu'elle pensait. J'ai conservé mon calme.

– Ça pique un peu… On finit ce combat ?

J'ai vu qu'elle se sentait soudain moins confiante.

J'ai fait le vide, me concentrant sur elle au point que l'environnement n'était plus qu'un brouillard dont je n'aurais perçu qu'un mouvement inattendu. Les muscles en alerte, je scrutais Lee sautillante. Au bout d'une minute, j'ai imperceptiblement écarté ma garde pour lui laisser entrevoir une ouverture. Son poing est aussitôt parti, j'ai creusé mon torse, saisi les pans de sa manche de *gi*, en me jetant en arrière. Je l'ai soulevée avec le genou et j'ai roulé sur le dos pour me retrouver à califourchon sur elle, serrant les pans de la veste pour opérer un étranglement.

Après trente secondes de résistance acharnée, elle a frappé le sol du plat de la main.

– Point, a admis Marc-André. Mais attention, Roman, cette technique est dangereuse.

Lee s'est relevée, les mains sur la gorge. Elle s'est remise en garde avec un regard qui portait une envie de meurtre. Sa réaction disproportionnée face à l'enjeu confirmait mes soupçons qu'elle avait perdu toute lucidité. D'évidence, la haine qu'elle éprouvait dépassait ma seule personne. Dans cet état, il lui était impossible de vaincre.

Elle s'est ruée sur moi au « go ! » de l'entraîneur. Je me suis décalé avec l'agilité d'un torero esquivant la charge d'un taureau. Au passage, je l'ai atteinte à la nuque du tranchant de la main, mon pied frappant simultanément le pli derrière son genou.

Elle est tombée à genoux, étourdie, sous les murmures ébahis des élèves, et a jeté un regard honteux vers Linoa, qui m'observait, déçue et désapprobatrice.

– Beau combat, a conclu Marc-André, avec une gêne perceptible. La prochaine fois, nous nous essaierons tous les deux…

Wyome conduisait vers le bar qu'elle avait choisi. Je venais de lui raconter les réactions de Lee pendant le combat, et le mutisme de Linoa au retour de l'entraînement.

– Je ne comprends pas ce qui lui arrive. Elle était méconnaissable…

– À cet âge, les ados sont influençables, a modéré Wyome, votre fille défendait son amie, c'est normal. Pour moi, cette Lee est tordue. Il faudrait qu'on puisse la coincer. Malheureusement, la surveillance ne donne rien.

Je me suis massé la côte douloureuse.

– Linoa tourne comme un lion en cage, j'ai parfois l'impression qu'elle m'en veut personnellement. Le directeur de son école m'a prévenu qu'elle ne participe plus en classe et s'est éloignée de la plupart de ses copines.

Elle réfléchissait lorsqu'un appel radio a résonné : *Message pour le sergent détective Beausoleil. Se rendre immédiatement aux chutes Montmorency, le lieutenant Lapointe l'attend sur place.*

Elle a décroché le micro.

– Bien noté, j'y serai dans une trentaine de minutes.

Elle a mis la sirène et fait demi-tour sur la voie principale.

– Pourquoi croyez-vous qu'il vous convoque ?

– Je l'ignore, mais c'est inhabituel. Je vais prendre le traversier, on ira plus vite.

– Vous voulez que je vous accompagne ?

Elle m'a jeté un regard grave.

– Quelque chose me dit qu'il faut que vous soyez là.

Une file de voitures attendait au péage de l'embarcadère. Wyome a informé la femme chargée des billets de l'urgence et doublé les véhicules. Malgré l'autorité que lui conférait l'inscription *Police* sur la carrosserie, certains conducteurs se pliaient de mauvaise grâce à lui céder la priorité. Un préposé au quai en blouson d'hiver nous a fait franchir la passerelle d'accès au bateau.

Deux minutes plus tard, le ferry a démarré dans un fort bruit de moteur.

– On en a pour dix minutes, a dit Wyome, vous voulez faire un tour sur le pont ?

Sur la plateforme, plusieurs touristes prenaient des photos du Château Frontenac, de l'autre côté du Saint-Laurent. Le vent froid me piquait les joues. Nous nous sommes appuyés contre la rambarde à l'avant du bateau qui se frayait un chemin à travers l'eau où flottaient des blocs de glace.

– Dans quelques jours, la neige va s'installer, a prédit Wyome. Je ne vois pas comment les ados pourraient survivre dehors.

J'ai observé le majestueux château en pierre de taille grise et en briques orange, la toiture en cuivre verdi.

– S'ils ont pu tenir jusque-là, c'est que quelqu'un les a aidés. Je ne crois pas que le froid changera leur situation.

Elle n'a pas commenté. Intuitivement, je sentais qu'elle évitait le sujet du rendez-vous avec le père de Malo.

– Comment vous êtes-vous organisée avec lui ?

Elle a plissé les lèvres.

– Je dois le voir demain à la station de ski de Stoneham. Évidemment, il pense rencontrer une ado, alors si je décide d'impliquer la vraie Jade, je vais devoir informer Lapointe. Nos échanges sont trop vagues pour justifier une arrestation s'il vient au rendez-vous. C'est même moi qui suis susceptible de subir une plainte de sa part.

– Qui est cette Jade pour vous ?

– La petite sœur du *chum* de ma sœur.

– Jade sait que vous avez utilisé son identité ?

– Je lui ai dit que c'était un jeu entre nous mais je n'en ai pas parlé à ma sœur.

J'ai mesuré les emmerdes dans lesquelles elle s'était mise.

– Où vous a-t-il donné rendez-vous exactement… ?

– Dans un hôtel-restaurant au pied des pistes. La station n'est pas encore ouverte, il n'y aura personne.

– Écrivez-lui que vous connaissez un des serveurs et que vous préférez aller chez lui.

– Je ne crois pas qu'il acceptera.

– Vous répondrez que c'est ça ou rien. Il signe toujours : *Ton chevalier blanc* ?

– Oui…

– Alors entrez dans son jeu, dites-lui que vous êtes sa Blanche-Neige qui attend qu'il vienne l'embrasser pour la réveiller.

Elle a tourné la tête pour intercepter mon regard.

– Je trouve ça sacrément vicieux…

Ses cheveux flottaient dans le vent, son sourire exprimait la surprise que j'aie pu lui faire une telle suggestion. Nous approchions de la ville basse. J'ai observé les immeubles en pierre, les gens qui circulaient sur le quai, et souri moi aussi.

– À vicieux, vicieux et demi. S'il accepte, vous pourrez en parler à Lapointe.

Elle a sorti son téléphone et rédigé le message.

Sirène hurlante, nous avons laissé le pont suspendu de l'île d'Orléans sur notre droite. Plusieurs voitures de police stationnaient à l'abord des chutes de Montmorency. J'ai levé les yeux sur les quatre-vingts mètres de la cascade. Des escaliers au flanc de la falaise et un téléphérique permettaient d'atteindre une passerelle qui reliait les deux berges. Le périmètre avait été bouclé et cerné de Rubalise, noir et jaune, de mauvais augure. Une quarantaine de curieux observait depuis cette limite.

– Il est avec moi, a annoncé Wyome à un policier.

Il nous a laissés avancer. Dans un vacarme assourdissant, nous nous sommes approchés de l'esplanade au bord des rochers. Le dos d'un corps émergeait d'une eau calme, loin des remous provoqués par la chute.

– Quelqu'un s'est jeté de là-haut, a dit Wyome.

Elle a désigné deux hommes en train d'enfiler des tenues de plongeurs.

– Ils vont aller le chercher.

Les hommes ont nagé vers le corps, dérivant sur le ventre. Ils ont mis cinq minutes à le ramener sur la berge où des ambulanciers attendaient avec une civière. Ils ont étendu le garçon nu, le crâne s'était en partie disloqué sous le choc. Le visage était méconnaissable, le cerveau sortait par le nez broyé. Une rumeur de dégoût a couru dans l'attroupement de badauds. Avant que les ambulanciers ne le recouvrent d'une bâche, j'ai aperçu une cicatrice au coude sur la peau blanche fripée.

– C'est Gillian, a dit Wyome qui avait repéré la marque.

– C'est bien lui, a confirmé Lapointe, derrière nous.

– Vous êtes là depuis longtemps ? a demandé Wyome.

– La Sûreté a été prévenue qu'un gamin au comportement bizarre se baladait sur la passerelle. J'étais dans le coin lorsque l'alerte a été donnée, je suis arrivé le premier sur les lieux. Je lui ai parlé dix minutes, mais il ne paraissait pas vraiment m'entendre. Quand je me suis approché, il a enjambé le garde-corps. Il a pris le temps de se déshabiller et de plier ses affaires. J'ai tout tenté pour l'en empêcher, mais il s'est jeté tête la première.

Il a claqué des doigts.

– Comme ça, il n'a même pas hésité une seconde.

Mon esprit s'est absenté, j'ai revu le gamin dans la cour du 36, qui lui non plus n'avait pas hésité à se suicider. L'émotion m'a étreint.

– Quels vêtements portait-il ?

– *A priori*, ceux du jour où il a disparu. Propres et repassés…

Il m'observait, pensif, réticent à parler devant moi.

– Et ? a insisté Wyome.

– On a trouvé un Opinel dans sa poche. Un couteau français du modèle qui correspond à celui de la liste des objets que possédait Malo, selon la déclaration du père.

– Les deux garçons ont donc vécu ensemble, a commenté Wyome.

Lapointe a approuvé.

– Physiquement, il n'avait pas maigri. On en saura plus après l'autopsie.

– Vous avez prévenu les parents ? a demandé Wyome.

– À dire vrai, je comptais sur vous pour cette démarche pénible… Dans la mesure où vous êtes celle qui les a rencontrés le plus.

– J'irai.

– Je vous charge de l'enquête sur ce suicide, sous ma supervision.

Le visage de la policière a exprimé une pointe d'orgueil. Lapointe s'est tourné vers moi.

– Écoutez, Roman, nous en sommes au point que nous redoutions. Je voudrais que vous secondiez le sergent détective Beausoleil. Pour commencer, accepteriez-vous de l'accompagner chez les parents ? La présence d'un compatriote les réconfortera un peu. Posez-leur des questions avec votre œil neuf, des éléments nous ont peut-être échappé.

J'étais réticent, partagé entre la réaction de Daphné, l'envie d'être au plus près de l'enquête pour mon roman et la sensation que je pourrais effectivement les aider.

– Je vais faire en sorte qu'une indemnité vous soit octroyée pour votre temps, a précisé Lapointe, mettant mon hésitation sur le compte d'une réclamation financière.

– Il faut que je puisse disposer des dossiers, ai-je demandé, sans le contredire.

Il a tiqué du coin de la bouche et j'ai insisté.

– Je veux m'imprégner de chaque détail sur leurs habitudes, leur passé, la relation avec les parents. Je dois fouiller leur intimité jusqu'à trouver pourquoi quelqu'un les a sélectionnés.

– Le choix de cet endroit est un signe, est intervenue Wyome.

Lapointe et moi l'avons regardée, elle a ajouté pour lui.

– Mathilde et Louis… ça ne vous fait penser à rien ?

Il a hoché la tête.

– La légende, bien sûr… Mais comment Gillian aurait-il connu cette fable québécoise ?

– Peut-être n'est-ce pas lui qui a eu l'idée de ce lieu. Peut-être est-elle née dans l'esprit machiavélique du ravisseur. Celui qui les nourrit depuis des mois.

J'ai voulu qu'ils m'éclairent.

– Vous pouvez me faire un rapide topo… ?

C'est Wyome qui s'en est chargée.

– Une légende entoure la chute de Montmorency. À l'époque de la Nouvelle-France, vers 1760, la jeune Mathilde et Louis allaient se marier. Malheureusement, les Anglais lancèrent une attaque contre la milice favorable à la France, dont faisait partie Louis. Des heures de combats s'ensuivirent, l'armée anglaise fut repoussée. Mais Louis avait été tué. Après avoir découvert le corps, Mathilde retourna à la ferme de ses parents, enfila sa plus belle robe et se jeta dans cette chute. Aujourd'hui encore, certains habitants du coin affirment voir en automne une forme blanchâtre se jeter dans les flots.

– Quel lien y aurait-il avec notre affaire ? a récusé Lapointe, dubitatif.

– La haine, s'est empressée d'expliquer Wyome, si les Français avaient mieux soutenu les rebelles, Louis serait en vie et Mathilde ne se serait pas suicidée.

– Ma fille a tenu ce raisonnement décousu après la lecture du livre sur la déportation des Acadiens.

– Lee ! s'est exclamée Wyome. Nous sommes certains qu'elle a conseillé *Le Grand Dérangement* aux disparus. Hier, vous la battez dans un combat qu'elle pensait gagner. Aujourd'hui, Gillian se suicide ici. Elle se venge, elle se venge de l'humiliation en nous narguant. Et elle vous adresse une menace contre votre fille !

Wyome a sonné à la petite maison ancestrale du quartier nord de Saint-Joseph. Le bardage en bois était d'une couleur ocre proche de la brique, la toiture se composait de carrés métalliques posés à la manière d'ardoise. Une femme a écarté un rideau, puis elle a ouvert la porte. Son regard dur s'est arrêté sur le visage attristé de Wyome, elle a levé la main pour lui interdire de parler, cherchant à retarder l'inéluctable.

– Venez, a-t-elle dit sans même jeter un œil sur moi.

Elle nous a fait entrer, replacé un plaid d'un blanc douteux sur une banquette avant de nous la désigner. Une table couverte de miettes de pain, des sacs-poubelle dans un coin de la petite cuisine, l'intérieur reflétait un manque total d'entretien.

– Du café ? a-t-elle proposé.

Nous avons poliment accepté, elle nous a servis dans des mugs publicitaires, puis s'est assise sur le rebord d'un fauteuil, les mains sur les genoux.

– Qu'est-ce qui s'est passé ? a-t-elle demandé de façon presque abrupte.

Wyome lui a raconté les circonstances du suicide de son fils. Lorsqu'elle a eu fini, la femme s'est pris le visage à deux mains.

– Nous sommes désolés, ai-je dit presque pour justifier ma présence.

Elle a repéré mon accent, relevé la tête et s'est adressée à moi :

– Mon mari ne s'en remettra jamais…

Elle a laissé sa phrase en suspens.

– Où est-il ? ai-je demandé.

– À son travail, il est opérateur de production dans une usine chimique.

J'ai remarqué qu'elle s'appliquait à utiliser le terme professionnel. Une larme a roulé sur sa joue, mais elle gardait la tête droite, les traits tendus, prête à faire face à des accusations. Je l'ai abordée en douceur.

– L'acte de Gillian comporte des points que nous ne nous expliquons pas. Nous aurions besoin de savoir s'il avait déjà commis une tentative par le passé.

– Jamais, a-t-elle répondu sur la défensive.

Le regard qu'elle m'a jeté montrait qu'elle avait perçu dans mes mots l'insinuation qu'elle n'avait pas su déceler de signes dépressifs chez son fils. J'ai délibérément utilisé une tonalité neutre.

– Merci, c'était important pour nous.

Elle m'observait à travers des yeux pleins de larmes retenues.

– Je ne vous ai jamais vu. Qui êtes-vous ?

Wyome est intervenue :

– Monsieur Kermarec est un policier français, nous lui avons demandé de participer à l'enquête sur une série de disparitions que nous considérons potentiellement liées. Il aurait besoin que vous nous parliez un peu plus de Gillian.

Mon patronyme breton a eu l'air de l'interpeller. Elle a mécaniquement répété ce qu'elle avait dû indiquer plusieurs fois à la Sûreté.

– Gillian a toujours été solitaire, plongé dans ses bouquins et ses cours de maths. Il était très doué. On se demande de qui il tenait ça…

J'ai tenté de donner à ma question une allure amicale de compatriotes.

– Vous n'avez jamais songé à lui faire un petit frère ou une petite sœur ?

Elle a été surprise avant de se rembrunir.

– Pour ça, faudrait qu'on en ait les moyens…

Une rage contre leur situation financière bouillait en elle. J'ai joué la corde bretonne.

– De quelle région arrivez-vous ?

– Morlaix dans le Finistère.

– Je suis né à Rennes.

– Alors vous savez aussi qu'il y a plus de 15 % de chômage… a-t-elle dit pour justifier leur migration.

Elle a essuyé le reste de larmes d'un revers de main. Il y avait chez elle une imperméabilité affective qui m'a fait penser au granit.

– Ici, c'est pas beaucoup mieux, a-t-elle poursuivi, mais au moins personne ne nous traite d'assistés. Mon mari a même réussi à se faire des amis au travail. Il faut dire qu'il est drôle, quand il s'y met… Un vrai amuseur public.

Il y avait dans ce faux compliment une forte dose de mépris. Wyome a bu une gorgée de café et posé son mug sur la table basse. J'ai cherché son regard pour l'avertir que j'allais lui passer le relais, puis j'ai interrogé la femme.

– Gillian possédait-il un Opinel ?

Elle a paru surprise.

– Non.

– Il n'y en a pas dans cette maison ?

– Pas à ce que j'en sais.

– Ça vous ennuie si je jette un coup d'œil à sa chambre ?

Elle a désigné une porte.

– Faites comme chez vous.

Je me suis levé pendant que Wyome captait l'attention de la femme.

– Il faudra attendre un peu pour récupérer ses affaires…

Les gonds rouillés ont grincé, j'ai refermé pour m'isoler. La pièce n'excédait pas huit mètres carrés, la moquette était tellement usée que la colle était visible par endroits. Un drapeau québécois et un breton orné d'hermines étaient punaisés au-dessus du matelas. Ni bureau ni salle d'eau, je me suis approché d'une commode sur laquelle était posée une série de livres, pour la plupart des romans sur le Moyen Âge. J'ai pris le temps de les feuilleter, aucun ne portait de message inséré ou de phrases surlignées. J'ai fouillé le reste de la chambre sans rien trouver. Une fenêtre donnait sur le mur de la maison voisine. J'ai ouvert et enjambé le rebord. En me courbant, j'ai marché sans être visible jusqu'au coin de la rue.

En face, un parc avec des balançoires et un jeu avec un toboggan accueillaient quelques gamins. Je les ai observés une minute, puis j'ai fait demi-tour et je suis rentré par la même fenêtre. Un silence m'attendait à mon retour. Les deux visages interrogateurs se sont tournés vers moi. Le regard que m'a lancé Wyome signifiait qu'elle ne savait plus quoi raconter.

– Votre fils ne possédait pas d'ordinateur ? me suis-je enquis auprès de la femme.

– Vous savez ce que ça coûte, un truc pareil. Quand il en avait besoin, il utilisait ceux de la bibliothèque ou de la salle d'étude du lycée.

– Il était féru d'histoire, ai-je dit d'un ton élogieux.

– Ouais, il dévorait les bouquins.

– Depuis longtemps ?

– Ça lui a pris il y a trois ans. Pour Noël, mon mari lui a offert une BD sur la conquête du far west. Il s'est passionné pour les invasions coloniales. L'Amérique du Nord surtout. À force de vanter ce foutu pays, il nous a convaincus d'y venir.

– Invasion, c'est un mot à vous ou c'est lui qui l'utilisait ?

Elle a baissé les yeux pour réfléchir.

– C'est lui. Pourquoi ça vous intéresse ?

– Ça signifie qu'il s'était placé du côté des peuples indigènes.

– C'est sûr ! s'est-elle exclamée amère. Il détestait les Anglais, ils les appelaient les envahisseurs.

– Et les Français, il les détestait aussi ?

Elle a paru embarrassée, j'ai eu l'impression que j'abordais le sujet qu'elle voulait éviter. Elle a pris une longue respiration.

– Il ne les portait pas dans son cœur… Pour lui, ils ont agi ici comme en Bretagne. Il disait que les Québécois et les Bretons devaient lutter pour leur indépendance.

– Vous partagez cet avis ?

Elle a haussé les épaules.

– Moi vous savez, ces histoires, pour c'que j'en ai à faire… ça remplit pas la gamelle.

– Votre mari, il en pensait quoi de ces idées ?

Elle a gloussé, d'un rire méprisant.

– Il est de l'Orne, le trou du cul du monde, comme il l'appelle pour faire marrer. Alors le génocide breton…

J'ai une nouvelle fois estimé qu'il s'agissait d'un terme emprunté à son fils.

– Il leur arrivait de se disputer sur ce sujet ?

– Qui ?

– Votre mari et Gillian.

Son visage est devenu livide.

– Comment savez-vous ça ?

– Parce que je suis devin ! Je vais vous poser une question et je veux que vous me répondiez par la vérité.

J'ai laissé passer un silence, porteur de pression sur les conséquences d'un mensonge.

– Tout à l'heure, vous avez dit que votre mari ne s'en remettrait pas, serait-ce possible qu'ils se soient querellés quelques jours avant la fugue de Gillian ? Au point de se sentir responsable quand il va apprendre la nouvelle de son suicide ?

Elle a bredouillé une phrase en guise d'excuse.

– Peut-être, je me souviens plus… Mais peut-être que ça leur est arrivé, oui. Gillian et lui, ils étaient souvent comme chien et chat. Vous savez ce que c'est avec les ados.

Elle a montré des signes d'impatience.

– Bon, c'est tout ! Parce que là, vous voyez, j'aimerais rester seule.

– Bien sûr, est intervenue Wyome, nous allons vous laisser.

Elle nous a raccompagnés, dans un lourd silence. Son insensibilité avait fini par me la rendre antipathique.

– Vous ne téléphonez pas à votre mari ?

Elle a formulé sa réponse avec une absence complète de bonté :

– Pour quoi faire ? Il le saura bien assez tôt.

Puis elle a claqué la porte.

Wyome m'a regardé avec un reproche dans les pupilles.

– Vous y êtes allé un peu fort avec elle, non ?

– C'était la seule façon de la faire parler.

– Sans doute, a-t-elle convenu, elle m'avait caché les disputes entre Gillian et son mari.

– Vous l'aviez toujours rencontrée avec lui ?

– Oui, a-t-elle admis, gênée.

Je n'ai pas enfoncé le clou.

– Rien ne vous a frappée dans la chambre de Gillian ?

– Non…

– Le drapeau breton associé au québécois n'a pas titillé vos neurones…

– Pour être sincère, avant de vérifier sur *Google*, je croyais que la famille était belge.

J'ai souri à cette honnêteté désarmante.

– Vous n'êtes pas la première à vous tromper. Depuis que je suis ici, ça m'est arrivé souvent… Après tout, c'est assez normal, il y a encore un an, je n'aurais pas su placer Vancouver sur une carte du Canada.

Elle a paru apprécier ma franchise, puis a inspiré la bouffée d'air qui lui avait manqué en présence de la mère.

– Quelle force de caractère, elle est restée de marbre pendant tout le temps où nous étions seules.

J'ai commenté doucement.

– Une Bretonne. Un peuple solide face à l'adversité.

– Vous voulez qu'on convoque le père ?

– Je ne crois pas que ce soit nécessaire. Je préfère qu'on se penche sur celui de Camille, la gamine de Matane.

– Pourquoi lui et pas celui de Gillian ?

J'ai souri.

– Parce que le père de Gillian vient du *trou du cul du monde* ! Plus sérieusement, ce type n'a pas le profil à manipuler des ados. Ce qui est intéressant, c'est que Malo et Gillian entretenaient des rapports conflictuels avec leur père. Pour relier la disparition de Camille aux autres, il faudrait valider que c'était également son cas. Nous devons aussi savoir si elle avait développé le même… syndrome *anti-Français*.

– En tout cas, ça conforte la thèse de fugues préméditées avec l'assistance d'un tiers.

– Je pense que quelqu'un utilise la période fragile de la puberté qu'ils traversent pour prendre possession de leur mental. C'est un processus graduel qui n'a pas pu se faire par de brèves rencontres dans une bibliothèque. Dans le cas de Gillian, je ne serais pas surpris qu'il ait fait le mur pour retrouver ce « nouvel ami » dans ce parc.

Elle a dirigé son regard vers les jeux, hoché la tête pour montrer qu'elle adhérait et désigné une caméra sur un feu de signalisation en regrettant :

– Nous avons vérifié les enregistrements aux heures où Gillian est censé avoir disparu. Malheureusement, les images sont effacées après quatorze jours, nous ne pourrons plus récupérer celles des semaines précédentes.

– Tant pis, ai-je déploré.

Elle a repris d'une voix pleine de conviction.

– Lee pouvait facilement retrouver Gillian ici, elle peut lui avoir conseillé le livre pour renforcer sa haine des Français. Elle connaissait Malo au kempo, elle était aussi une amie de Zoé et a noué une relation privilégiée avec votre fille. Ça fait beaucoup d'éléments convergents.

– C'est exact… Allons à votre bureau pour que je lise les dossiers.

Nous avons regagné la voiture de police. Durant le trajet, j'ai observé ses lèvres scellées, son menton déterminé et son visage résolu. Wyome était une femme légitimement ambitieuse, certainement pas prête à se faire marcher sur les pieds. Elle semblait pourtant accepter la forme de hiérarchie que je lui imposais sur l'enquête. Elle s'est tournée vers moi.

– Selon vous, pourquoi Gillian s'est-il donné la mort ?

– À ce stade, je ne peux formuler que des hypothèses. Il s'est échappé du lieu où il était retenu. Peut-être a-t-il été abusé et refusait d'affronter le regard de ses parents. Il s'est senti acculé, il a préféré cette fuite extrême.

– C'est le fait qu'il se soit déshabillé qui vous amène à ça ?

– Entre autres…

– Pourquoi choisir les chutes de la légende ?

J'ai développé mon raisonnement.

– Les pervers narcissiques veulent dominer leurs proies. Leur jouissance provient de cette prise de pouvoir. Ils dévalorisent leurs victimes, ils les font se sentir inférieures… Au bout du compte, ils leur font subir un véritable lavage de cerveau. Si Gillian est tombé sous la coupe d'un prédateur de ce genre, il est envisageable qu'il ait été poussé au suicide. Peut-être à l'aide de substances psychotropes.

– Qu'est-ce qui vous fait penser qu'il a été drogué ?

– Le comportement décrit par Lapointe : Gillian n'entendait pas, ne semblait même pas le voir. Il a sauté sans un brin d'hésitation.

Elle m'avait écouté, un peu perplexe. J'ai repris avec circonspection.

– Le légiste éclaircira ces différents points.

Inconsciemment, elle a palpé la cicatrice à son poignet, puis elle a parlé d'une petite voix.

– C'est horrible de mourir comme ça...

Un quart d'heure plus tard, elle a posé les dossiers sur la table du bureau où Linoa avait été interrogée.

– Tout ce que nous avons est là.

À la PJ, j'avais l'habitude de laisser vagabonder mon regard sur les indices jusqu'à ce que des impressions émergent. J'aurais préféré le faire seul, mais Wyome a approché une chaise sans me laisser le choix.

– OK, ai-je accepté sa présence, ne cherchez pas de logique dans mes observations et mes questions. C'est ma façon de tâtonner pour déterminer des actions prioritaires.

J'ai ouvert une chemise cartonnée au nom de Camille et étalé les clichés de la jeune fille, mince et sportive. Si je n'avais pas connu sa date de naissance, je lui aurais facilement attribué 17 ou 18 ans. La première photo la montrait en tenue de ski, une autre en écolière, la dernière près du fleuve Saint-Laurent, un jour ensoleillé. Elle arborait le même joli sourire, mais en observant bien, une fêlure émergeait du profond de ses pupilles.

J'ai glissé le bout de l'index sur ses yeux.

– J'ai rarement vu un regard aussi expressif, il en dit long sur son état de colère rentrée. C'est le père qui a pris les photos ?

– Il me semble, oui, pourquoi ?

– Parce qu'on peut presque entendre Camille lui répondre d'aller se faire foutre après qu'il lui a demandé de poser. Cette colère, vous l'aviez décelée, n'est-ce pas ? C'est l'élément qui vous a amenée à rapprocher sa disparition des autres, bien qu'elle ne soit ni Française ni habitante de Québec.

– Pas seulement. Elle est fille unique, sa mère a quitté le foyer, elle vit donc seule avec son père. Ça me paraissait des conditions propices à la fragilité que recherchent les pervers.

J'ai adhéré à l'explication.

– Savez-vous pourquoi la mère est partie ?

Elle a secoué la tête.

– Je n'ai pas osé demander par téléphone.

– Alors il va falloir aller sur place pour tirer ça au clair.

– Vous ne préférez pas faire venir le père pour lui mettre la pression ?

– Il vaut mieux que vous débarquiez chez lui au prétexte de rechercher des éléments nouveaux. Imprégnez-vous de l'ambiance de l'habitation, demandez à visiter la chambre… C'est une petite ville, interrogez la police locale et le voisinage, sans oublier les enseignants et les élèves de son école.

Elle a levé les yeux vers moi.

– Je vais devoir passer au moins deux jours à Matane…

– C'est le prix à payer pour confirmer le rapprochement de ce cas aux autres. Les fugues en raison d'une mésentente avec un des parents sont courantes, on doit démontrer qu'elle avait aussi développé une antipathie contre les Français.

– C'est tout pour aujourd'hui ? a-t-elle souri, provocatrice.

– Je crains que non…

J'ai décalé les photos de Camille, ouvert le dossier de Gillian qui comportait la photo que j'avais déjà vue dans le bureau de Lapointe. Une autre avait été prise devant la maison. Gillian ne souriait pas, il levait la main en signe de refus d'être photographié.

– Rien ne vous saute aux yeux ?

Elle l'a observée un moment.

– Lui aussi, il a l'air en colère contre le photographe.

– C'est vrai, mais c'est souvent le cas chez les ados. Ils détestent les modifications de leur physique et refusent de les voir figées en photo. Mais celle-ci nous dit autre chose sur Gillian.

Elle l'a étudiée à nouveau.

– Je ne vois pas…

– Regardez les traits de son visage. Indéniablement, Gillian avait un fort caractère. Les proies des psychopathes possèdent en général une personnalité influençable. Notre coupable a pu convaincre Gillian de fuguer en raison de leur convergence d'hostilité contre les Français, mais ensuite, ça ne s'est pas passé comme il le prévoyait, le gamin s'est montré revêche, peut-être asocial. C'est la raison pour laquelle il a été… exclu du groupe…

Elle a reposé la photo.

– Je me demande comment vous arrivez à déduire ça de ce simple cliché…

– J'émets les hypothèses qui me viennent à l'esprit… Autre chose, les visages nous parlent toujours de l'histoire familiale. Parfois ancrée sur des générations.

Elle a paru touchée par cette réflexion qui la renvoyait à ses origines. J'ai continué avec une question.

– Selon vous, à qui ressemble Gillian ?

Elle a souri devant l'évidence.

– À sa mère, c'est même son portrait craché.

– Vous qui l'avez rencontré, décelez-vous des similitudes avec le père ?

Elle a réfléchi.

– À part la couleur des cheveux, je ne vois rien.

– Les cheveux noirs sont courants…

J'ai relu la déposition du père, à aucun moment il n'envisageait qu'une dispute puisse être à l'origine de la fugue. Je me suis frotté le menton.

– Il faudrait que Lapointe demande à Jérôme de diligenter une enquête à Morlaix. Nous verrons si le chômage justifie à lui seul le départ de cette famille…

Elle a semblé un peu étonnée.

– Tout à l'heure vous disiez que…

– Tout à l'heure, c'était tout à l'heure… Même si c'est une piste improbable, je souhaite valider que la famille ne cache pas un secret.

J'ai tendu la main vers le dossier de Malo.

Le cellulaire de Wyome a bipé, elle a consulté l'écran.

– C'est un message de son père, a-t-elle constaté, incrédule devant cette synchronicité.

J'ai commenté en la gratifiant d'un sourire.

– Ou ce type a un sixième sens. Ou l'enquête nous envoie un signe…

J'ai attendu qu'elle finisse de lire.

– Qu'est-ce qu'il raconte de beau ?

– Il refuse une rencontre chez lui. Il explique que c'est précipité, qu'on ne se connaît pas assez… Je crains que ce soit fichu.

– Il signe toujours au nom du *Chevalier Blanc* ?

– Oui…

– Alors vous ne l'avez pas perdu, il est simplement méfiant. Attendez demain pour lui répondre que vous êtes déçue mais que vous comprenez. Et laissez-le revenir vers vous.

– Et s'il ne me recontacte pas ?

– Il le fera. Je peux vous assurer qu'il le fera avant votre retour de Matane.

Le dossier de Malo n'apportait rien que je ne sache déjà. Lorsque j'ai ouvert celui de Zoé Chauvin, Wyome m'a jeté un regard lourd de sens sur l'implication de Linoa dans cette fugue. J'ai consulté ma montre et me suis empressé de désamorcer.

– Zoé a laissé un mot qui sous-entend un mal-être datant d'avant sa dispute avec Linoa, nous sommes peut-être en présence d'un cas sans aucun lien. Croyez-vous que je puisse emporter son dossier ? Je souhaiterais prendre le temps de le passer au peigne fin.

Elle a hoché la tête, mais son attention était ailleurs depuis le message du père de Malo.

– Bon, ai-je dit en me levant, si je veux être à l'heure à la sortie de l'école, il faut qu'on parte maintenant.

Elle a émergé de son songe.

– Vous ne voudriez pas venir avec moi à Matane ?

J'ai aussitôt décliné.

– Tant que tout ne sera pas tiré au clair, je refuse de quitter Linoa. En attendant votre retour, nous échangerons par téléphone.

Elle a approuvé, sans dissimuler une pointe de déception.

Lapointe arrivait au moment où nous allions grimper dans le véhicule de police.

– Comment ça s'est passé chez les parents de Gillian ?

La question s'adressait à Wyome, elle a résumé l'entrevue et nos déductions en utilisant à dessein un « nous » qui attestait notre convergence. Lapointe m'observait attentivement, il a tourné un regard amusé vers Wyome.

– Heureux de constater votre parfaite entente, ce dont je ne doutais pas une seconde…

Elle a légèrement rougi, il a poursuivi à mon intention.

– Merci de votre contribution. Je suis certain que vous allez réussir à retrouver ces ados.

– Je souhaite votre autorisation pour me rendre deux jours à Matane, lui a demandé Wyome, nous cherchons un rapprochement possible avec une autre disparition sur place.

Il l'a dévisagée quelques secondes.

– Très bien, si ça peut faire avancer l'enquête.

Il a repéré le dossier sous mon bras.

– Vous serez de la partie ?

– Non, je dois rester à Lévis. Nous pensons de plus en plus que Lee est la personne qui a poussé Malo et Gillian à fuguer. Premièrement, son histoire familiale lui donne un mobile de haine contre les Français. En deux, son agressivité contre moi au karaté le prouve aussi. Trois, elle apprécie les jeunes ados, comme sa relation avec Linoa le montre. Alors je ne veux pas que ma fille soit seule tant qu'on n'aura pas bouclé le coupable…

Il a passé la main sur son crâne.

– Pour l'instant, nous ne pouvons que poursuivre la surveillance de cette Lee.

J'ai brièvement approuvé de la tête.

– Selon moi, elle a entretenu un lien avec Malo et Gillian des semaines avant leur fugue. Il faudrait ordonner la saisie de son ordinateur, de son cellulaire et de tous les objets connectés pouvant contenir des preuves.

Il a refusé d'un signe.

– À ce stade, inutile d'espérer obtenir l'accord d'un juge. N'oubliez pas que Gillian s'est donné la mort.

J'ai accepté l'objection, identique à celle que j'aurais reçue d'un juge français.

– Sa mère nous a révélé qu'il se servait des ordinateurs de l'école et de la bibliothèque, serait-il quand même possible de retracer les sites qu'il a consultés ? Vérifier s'il s'était créé une boîte mail, sous son nom ou un pseudo…

Il a hésité avant d'agréer.

– Je veux bien coller un policier là-dessus, c'est tout ce que je peux faire.

Je l'ai remercié d'un regard.

– Quand pensez-vous que nous aurons les résultats de l'autopsie et des analyses ?

– Demain en fin de journée. Je me suis arrangé pour que ça passe en urgence.

– Vous pourrez me faire adresser le rapport par mail ? est intervenue Wyome.

– Bien sûr. Je vous mettrai également en copie, m'a-t-il précisé avant que j'en fasse la demande.

Il a montré des signes d'impatience. J'ai présumé que mon ton directif l'agaçait et pris des précautions pour lui suggérer de contacter Jérôme afin d'obtenir les informations sur la famille de Gillian. Il a maugréé une acceptation et nous a regardés tour à tour.

– Autre chose…

J'ai tenté d'assouplir ma façon de m'adresser à lui.

– Avez-vous interrogé la personne qui a donné l'alerte ? Elle a peut-être été témoin de l'arrivée de Gillian, près des chutes.

Cette fois, il a paru carrément emmerdé.

– Nous n'avons pas réussi à retracer l'appel. Sans doute le numéro temporaire d'un touriste qui ne voulait pas se faire connaître.

– Vous avez songé qu'il pourrait s'agir de celui que l'on cherche ?

Il m'a regardé droit dans les yeux.

– Bien sûr qu'on y a pensé, vous croyez que vous avez affaire à des incompétents ?

7

Linoa fixait le paquet de cigarettes et le mouchoir, sur la table de la cuisine. Sa lèvre inférieure recouvrait l'autre dans une moue cadenassée. J'ai répété, certain qu'elle connaissait le propriétaire.

– À qui est-ce ?

Elle n'a pas bougé. J'ai haussé la voix :

– Si tu ne me dis pas à qui ils appartiennent, je vais les remettre aux policiers et ils trouveront de l'ADN, tu peux en être sûre !

J'avais appuyé mes mots d'une détermination inflexible. Elle a relevé vers moi des yeux pleins de défiance mêlée de crainte. Visiblement, ma victoire contre Lee avait modifié son regard sur son « gentil papa manipulable ».

– Je sais que tu as déjà fumé du pot, ai-je dit calmement. Je t'ai vue, avec tes copines. Je veux connaître le nom de celui ou celle qui vous y a incitées…

Elle me fixait, imperturbable. Le sifflement du vent dans les arbres amplifiait l'électricité qui flottait entre nous. Elle a croisé les jambes sur la chaise, les pieds sous ses cuisses, et s'est mise à se balancer. J'ai décidé de frapper plus fort.

– Gillian est mort ! Tu comprends, il s'est tué !

Son visage a reflété un changement à peine perceptible, une émotion retenue, mais elle est restée muette.

– La police pourchasse la personne qui est à l'origine de ce nouveau malheur. Quand elle sera confondue, elle ira en prison. Tu es mineure, rien ne te sera reproché si tu parles maintenant.

Le mouvement de son buste continuait. Il fallait qu'elle ait subi un véritable labourage mental pour qu'elle soit dans un tel état. Un travail d'orfèvre en manipulation. J'ai commencé à douter qu'il puisse s'agir de Lee. Je me suis penché sur elle.

– Dis-moi qui c'est, Linoa, dis-le-moi avant que les choses tournent mal.

Je pouvais presque entendre son cœur battre à mille à l'heure sous sa poitrine. Elle a tendu la main vers le mouchoir et l'a posé contre sa joue. L'effort qu'elle faisait pour mettre de l'ordre dans ses pensées était visible. Je n'arrivais pas à imaginer ce qui allait jaillir du volcan au bord de l'éruption en elle.

– À qui appartient ce sang ? Dis-moi ce qui s'est passé dans le jardin !

Elle s'est mordu la lèvre, puis elle a secoué la tête, les yeux au bord des larmes.

– Qu'est-ce qui ne va pas ? Tu as peur, c'est ça ? Tu as peur de la personne qui te regardait par la fenêtre, celle qui m'a frappé dans le bas du terrain. Je ne crois pas que ce soit Malo, alors dis-moi qui c'est, tu n'auras rien à craindre, je te le promets.

Elle a reposé le mouchoir, la main tremblante. J'ai hésité, puis repris.

– J'aime beaucoup Lee, moi aussi, tu sais. Si elle a des problèmes, je l'aiderai. Tout le monde sera prêt à l'aider, même si elle s'est mise dans le pétrin.

Elle a dégluti et respiré fort, semblant manquer d'air. J'ai pris ses mains dans les miennes. Ses pupilles étaient deux billes noires, brillantes. Je l'ai tirée vers moi.

– Parle, Linoa, je t'en supplie, parle-moi ! Dis-moi ce qui ne va pas !

Une larme a roulé sur sa joue. Elle a eu un haut-le-cœur, un jet de vomi a giclé et s'est répandu sur la table et ma chemise. Je l'ai fusillée du regard, sur le point d'exprimer ma colère. Son cri de désespoir m'a transpercé.

– Papaaaaa ! Je suis désolée Papa… Pardon, pardon ! Je t'aime, Papa !

J'arpentais la salle d'attente, jetant des coups d'œil à la porte derrière laquelle Linoa était avec le médecin. Assise sur une chaise, Daphné avait les bras croisés. L'homme en blouse blanche nous a rejoints. Il a replacé ses lunettes à double foyer sur son nez.

– Bon, a-t-il dit, votre fille est enceinte.

J'ai eu l'impression que le monde s'écroulait. En un éclair, mon esprit s'est mis à remonter le temps pour chercher comment cela avait pu arriver. Je me suis tourné vers Daphné, son visage témoignait du choc. Elle a fait un signe de croix.

– Mon Dieu, protège-nous.

Pendant un moment, le médecin n'a pas ouvert la bouche, nous détaillant tour à tour. Il m'était difficile de le regarder dans les yeux, j'ai devancé ses questions.

– Vous êtes en mesure d'établir depuis combien de temps ?

– Douze semaines environ.

J'ai remonté cette période des vacances pour déterrer la faille dans ma surveillance.

– Elle vous a donné le nom du père ?

Son regard s'est sévèrement planté dans le mien.

– Votre fille prétend qu'elle n'a jamais eu de relation avec aucun homme. Ce qui est bien sûr impossible. Selon moi, il est probable qu'elle veuille taire son identité.

Il s'est adressé à Daphné.

– Mais vous, vous avez peut-être une idée ?

– Aucune… a difficilement articulé Daphné.

J'ai posé une main apaisante sur son épaule.

– Docteur, croyez-vous que ma fille ait été abusée ?

Il a poussé un soupir.

– Je vous ai dit tout ce que je pouvais vous dire… Le reste lui appartient…

– Quand pourrons-nous la voir ?

– Elle a demandé à dormir. Même si je pense qu'une partie d'elle se doutait de son état, elle était bouleversée lorsque je lui ai annoncé. De toute façon, il faut que je fasse un rapport. Étant donné son âge, je dois informer les autorités. Dans ce genre de cas, un psychologue clinicien devra donner son accord pour un retour de l'enfant au domicile.

Il ne faisait nul doute que cette suspicion à peine voilée découlait de notre différence de couleur de peau attestant que je n'étais pas le père biologique de Linoa. Je me suis senti à la fois insulté et sali. J'ai retenu mon indignation.

– Et ça va prendre combien de temps ?

– Je ne peux pas vous dire. Pour l'instant, elle va passer la nuit ici.

Dehors, il régnait un noir opaque, j'ai ramené Daphné, sans que nous échangions un mot. Nous sommes entrés par la terrasse, chacun englué dans nos pensées.

– Je nous prépare à dîner ? ai-je proposé.

Elle semblait complètement dans les vapes.

– Pas pour moi, je vais me coucher. Nous parlerons de ça demain.

Je l'ai accompagnée jusqu'à la chambre, j'ai attendu qu'elle se mette au lit. Des larmes ont perlé à travers ses paupières. Inquiet, j'ai laissé la porte entrebâillée, puis je suis monté au bureau.

Lapointe a décroché à la dixième sonnerie.

– Monsieur Kermarec, vous savez quelle heure il est ?

– Vingt-deux heures, je vous réveille ?

– Non, bien sûr que non. Que voulez-vous ?

J'ai résumé la situation et conclu.

– Je pense que ma fille a été victime d'un viol. Soit elle l'a occulté, soit elle a tellement peur qu'elle ne donne pas le nom de l'auteur.

– Vous pensez que cette agression est en lien avec notre affaire.

– Ça me paraît évident, je suis persuadé qu'il s'agit du même psychopathe.

Il a marqué un temps.

– Parfois, les jeunes filles sont dans un tel état de honte qu'elles refusent d'en parler à leurs parents.

J'ai été tenté de l'envoyer promener, tant il était clair qu'il noyait le poisson. Mais j'ai formulé ma demande le plus calmement possible.

– Une recherche de paternité par l'ADN du fœtus est-elle envisageable ?

Il a confirmé mes pires craintes.

– Pas avant la naissance de l'enfant, si elle décide de le garder… Et de toute façon, il vous faudra une longue démarche pour obtenir les autorisations.

– Vous ne pourriez pas la demander pour l'enquête ?

– Sans un témoignage concret de votre fille, ce sera très difficile. Je vais aussi vous dire quelque chose alors que je ne devrais sans doute pas. Si elle exige un test ADN pour confondre un violeur, il sera reconnu en tant que père légitime. Il pourra obtenir un droit de visite. Peut-être même une garde partagée quand il aura purgé sa peine.

J'étais abasourdi, mais j'ai persisté.

– Il sera impossible de démontrer une culpabilité sans cette preuve.

– Je sais, c'est très difficile, sauf si l'intéressé admet les faits… Ce qui est rare. Sinon, sans l'ADN, les violeurs s'en sortent avec une durée de prison écourtée.

Je me suis retenu de hurler, dépassé par l'horreur du dilemme.

Un silence de plomb s'est installé.

– Pour l'instant, a continué Lapointe, il faut que nous démêlions les fils de cette affaire, avant que le coupable ne fasse d'autres victimes…

Sa façon de parler prouvait qu'il possédait de nouveaux éléments.

– Vous avez reçu les résultats du légiste.

– Je vous ai adressé un mail, il y a deux heures.

– Je n'ai pas eu le temps de me connecter. Faites-moi un résumé.

Il a pris une inspiration.

– Le corps de Gillian ne comportait pas d'hématome ou d'ecchymose. Le seul ADN relevé sur ses vêtements est le sien. Ils avaient vraisemblablement été lavés…

Il s'est arrêté.

– C'est peu, ai-je soufflé plein de dépit.

Il a soupiré et appuyé sur chaque mot.

– Le légiste a constaté des fissures anales prouvant qu'il y a eu pénétration.

Mon regard s'est voilé devant l'insoutenable vision de l'autopsie.

– Des lésions sur plus de quinze centimètres, a ajouté Lapointe, l'abus est caractérisé.

Sous le choc, j'ai ouvert la fenêtre malgré le froid mordant, la voisine était en train de rentrer chez elle, sous une fine pluie glacée. J'ai laissé passer un douloureux silence.

– C'est le même homme ! Nous avons affaire au pire des pervers…

Lapointe est resté un moment à réfléchir, je l'imaginais l'oreille collée à l'écouteur.

– Ce n'est qu'une possibilité, Roman. Il y a un élément supplémentaire que je dois vous donner. Le légiste a établi que Gillian avait consommé des substances psychotropes. Peut-être n'était-il même pas conscient de son geste lorsqu'il a sauté ! Il est urgent de trouver qui est derrière ces atrocités. Si la presse est informée, le battage médiatique alertera l'auteur que nous sommes sur sa piste. Cela pourrait réduire nos efforts à néant.

À raison, Lapointe voulait garder la maîtrise de l'enquête. Il a ajouté.

– Vous aurez certainement la visite des services sociaux. Je vais passer un ou deux coups de fil pour que ce ne soit qu'une formalité.

Je n'ai pas eu envie de le remercier. Mon regard a été attiré par une silhouette qui se dessinait à travers la bruine pluvieuse. Auguste avançait vers la maison de la voisine. Il a observé dans notre direction, avant de sonner. Pour deux personnes qui se méfiaient l'une de l'autre, voir cette femme ouvrir sa porte et le laisser entrer m'a procuré une étrange impression.

– Souhaitez-vous prendre quelques jours pour être près de votre fille ? m'a suggéré Lapointe, que mon silence déroutait.

– Non, merci, ce ne sera pas la peine.

– Excellent, si seulement nous pouvions résoudre cette affaire.

J'ai songé à la menace de sanction qui pesait sur lui.

– Est-ce que je peux vous demander un service ?

J'ai senti qu'il dressait l'oreille.

– Oui…

– Accepteriez-vous d'effectuer une analyse ADN du sang sur un mouchoir… et accessoirement sur un paquet et des mégots de cigarettes ?

– Il me faudrait un peu plus d'explication.

Je me suis raclé la gorge.

– Je les ai trouvés dans notre terrain.

– Vous pensez qu'il pourrait s'agir…

Je l'ai coupé.

– C'est ce que je veux vérifier.

– Très bien, je dois me rendre à Montréal demain, je dirai à Wyome de les récupérer chez vous à son retour de Matane et de les apporter au labo.

Je l'ai remercié et j'ai demandé :

– Vous avez eu des nouvelles d'elle ?

– Pas depuis qu'elle est partie.

Linoa était enceinte, et Gillian avait été abusé. S'agissait-il forcément du même monstre ? J'ai tenté d'éloigner l'image d'un fou en train de violer ma fille, durant mon sommeil.

J'ai avalé un litre d'eau, sans parvenir à chasser le dégoût dans ma bouche. Jusque-là, nous avions focalisé notre attention sur Lee, mais le responsable était forcément un homme. Le cerveau en surchauffe, j'ai refermé la fenêtre. Pas de Ford devant la maison de la voisine. J'ai tenté de me remémorer ce que j'avais vu tout à l'heure. La voiture d'Auguste n'y était pas, il avait donc pris soin de se garer ailleurs. Un appel sur mon portable m'a sorti des idées qui en découlaient.

– C'est Wyome, je viens de parler à Lapointe…

Sa voix était lointaine.

– Il vous a informée ? ai-je dit pour crever l'abcès.

– Je suis désolée, Roman. Vous en savez plus ?

– Linoa n'a rien dit au médecin, mais je penche pour un viol qu'elle a effacé de sa mémoire.

J'entendais le ronronnement d'un moteur.

– Où êtes-vous ?

– Sur la route du retour.

– Vous ne poursuivez pas l'enquête à Matane ?

– Ce que j'ai trouvé m'a convaincue de rentrer. Je suis arrivée chez le père en fin de matinée. C'est un pompier à la retraite qui habite une petite maison ancestrale. Pour tout vous dire, il était passablement enivré à la Molson…

– Il est alcoolique ?

– Il ne s'en cache pas. Je crois qu'il ne voit personne. Alors, il était enclin à *placoter*.

J'ai imaginé l'effet qu'avait eu la policière sur cet homme imbibé de bière.

– Que vous a-t-il dit sur sa fille ?

– Il avait déjà 50 ans quand Camille est née. Il dit qu'elle est la perle de sa vie. Aussi belle que sa mère, mais tellement plus intelligente.

– Et la mère ?

Elle a soufflé.

– Si vous me laissiez parler, Roman, on irait plus vite, vous ne croyez pas ?

– Pardonnez-moi…

– La mère a quitté le foyer un an après la naissance de Camille. Elle n'a jamais donné de nouvelles. Il m'a raconté qu'elle avait été séduite par un ingénieur français employé dans une ferme biologique. Ils se seraient mariés, avant de déménager en Bretagne… Camille a donc passé son enfance près d'un père qui déteste les Français !

Elle s'est tue pour me laisser digérer.

– Ça vous donne raison sur le lien avec les autres ados, l'ai-je félicitée.

Elle a apprécié le satisfecit.

– J'en suis convaincue depuis le début.

Je me triturais toujours les méninges sur sa décision de rentrer. Si elle avait appelé Lapointe, ce n'était pas uniquement pour lui faire part de cette découverte, il devait y avoir autre chose, autre chose qui nécessitait sa présence à Québec.

– Pourquoi ne restez-vous pas sur place pour interroger le voisinage et la police ?

– Parce qu'il y a plus urgent…

Elle a eu un moment de silence. Ses louvoiements m'ont fait monter en pression.

– Vous avez visité la chambre de Camille ?

J'ai eu la certitude qu'elle m'attendait là.

– Une pièce minuscule, joliment décorée. Elle a laissé des tenues suggestives et de la lingerie fine, de prix.

– Vous pensez qu'elle avait une relation avec un homme qui l'entretenait ?

– C'est ça ou pire. Au Québec, la prostitution ne se limite pas aux grandes villes, certains proxénètes recrutent sur Internet, mais la majorité des travailleuses du sexe ne fait pas partie d'un réseau, elles chassent sur *Facebook*, des sites de rencontres et publient même des annonces dans des journaux. Elles se déplacent chez leurs clients.

– Son père était au courant de l'activité de sa fille ?

– Il n'en a pas fait état, mais la façon dont il parle de ses charmes m'amène à penser qu'il s'en doutait…

– Vous pensez que Camille avait un client régulier à Québec. Et c'est lui que vous cherchez. Ou alors, vous l'avez identifié !

Elle a continué à jouer avec mon cerveau tel un chat avec une pelote de laine.

– Son ordinateur…

– Quoi, son ordinateur, vous l'avez récupéré ? Vous voulez faire analyser les données qu'il contient.

– C'est encore mieux que ça…

J'étais sur le point d'exploser, je ne comprenais pas pourquoi elle agissait de cette façon qui était en train de me rendre dingue.

– Qu'est-ce qui est mieux que ça ? Soyez claire, arrêtez de tourner autour du pot et dites-moi tout !

Elle a pris son temps.

– J'étais surprise que Camille ne possède pas d'ordinateur. J'ai interrogé le père. Il m'a dit qu'elle venait de le vendre, qu'elle était contente d'avoir tiré un bon prix de ce vieux machin. Je lui ai demandé s'il savait à qui. Il m'a répondu que non, mais qu'il croyait bien qu'elle n'avait pas eu le temps d'encaisser le chèque. Nous avons cherché dans les tiroirs de sa commode et dans les poches de ses vêtements.

– Et ?

– Nous ne l'avons pas trouvé dans sa chambre.

Wyome s'était remise à aiguiser ma curiosité, me ramenant vers elle, poisson accroché à l'hameçon. Quelque chose clochait dans cette façon d'agir alors qu'elle savait ce que je vivais avec Linoa. Elle m'en a envoyé la raison d'une question agressive :

– Pourquoi ne pas m'avoir parlé du mouchoir plein de sang ?

Surpris, j'ai bredouillé sans réfléchir.

– Je n'y avais pas accordé une énorme importance, avant ce soir. Je pensais à l'égratignure d'un promeneur… ou à quelqu'un qui aurait saigné du nez. Je l'ai récupéré machinalement avec le paquet de clopes, pour nettoyer le terrain.

L'explication vaseuse a paru dissiper une partie de sa rancœur, elle a laissé échapper un soupir.

– Le chèque était caché dans le fond d'un paquet de cigarettes… Roman, l'émetteur est le père de Malo ! C'est lui qui a acheté l'ordinateur à Camille ! Ce qui signifie qu'il l'a rencontrée quelques jours avant qu'elle disparaisse.

Mes yeux se sont embués de rage.

– Qu'avez-vous convenu avec Lapointe ?

– On s'occupe de lui demain à la première heure. D'autant que vous aviez raison, il a adressé un message à Jade disant qu'il était désolé de l'avoir déçue et qu'il acceptait de la recevoir chez lui. On le tient, Roman, on le tient !

Nous avons partagé un silence victorieux.

Wyome a retenu un bâillement, j'ai vérifié l'heure sur mon téléphone.

– Il est presque minuit, vous devriez vous arrêter dans un motel pour vous reposer un peu.

– Pas le temps… J'arrive dans trois heures, je passerai chez vous récupérer le mouchoir et les cigarettes pour le labo. Je veux être présente quand on interpellera ce salaud !

Dès qu'elle a raccroché, ma colère contre le père de Malo est ressortie d'un coup. Je suis allé vérifier que Daphné dormait, puis je suis remonté, j'ai consulté l'annuaire internet, attrapé mon manteau et pris les clés du Saturn.

Ma détestation de celui qui avait abusé de Linoa s'était rallumée. Et maintenant, je pouvais lui donner un visage !

Il ne m'a fallu que quinze minutes pour rejoindre la rue où habitait Malo. J'ai stationné à cent mètres de la maison. Mes sens en alerte, j'ai sauté par-dessus les plaques de verglas en train de se former. Les lumières du rez-de-chaussée étaient allumées.

J'ai fait le tour vers le jardin. La porte arrière était fermée. Je me suis accroupi pour inspecter à travers une lucarne grillagée. Un congélateur diffusait un halo vert sur un sous-sol encombré d'un établi couvert d'outils, de plusieurs luges suspendues à une poutre et de trois armoires. Deux portes délimitaient d'autres pièces, un escalier droit menait à l'étage.

J'ai enfoncé ma clé de démarreur dans le bois poreux de la lucarne, délicatement arraché le grillage, puis j'ai poussé avec mon talon jusqu'à ce que le loquet cède. J'ai enjambé le rebord, glissé à l'intérieur et coincé le battant avec un éclat de bois. Je suis resté attentif aux pas sur le plancher au-dessus. J'ai relevé le couvercle du congélateur qui ne contenait que de la viande et des plats préparés. Je suis passé aux armoires sans trop savoir ce que je cherchais, si ce n'était que je ne pouvais pas attendre la police pour valider que c'était lui, le pourri qui avait violé Linoa. J'ai écarté des cintres, fouillé des vêtements de garçons devenus trop petits pour Malo, puis j'ai ouvert des boîtes de chaussures et inspecté de vieux jouets.

Dans la pénombre, j'ai avancé vers une porte sous l'escalier. La poignée rouillée a grincé, j'ai tâtonné et allumé l'interrupteur. Une ampoule suspendue à une douille a éclairé plusieurs sacs de golf. J'ai éteint et refermé, l'oreille aux aguets. La serrure de l'autre porte était verrouillée. J'ai placé mon œil dans le trou de la serrure sans discerner quoi que ce soit.

Je brûlais de défoncer la porte, mais ça aurait alerté le père de Malo. La sonnerie de mon portable a retenti dans ma poche, j'ai décroché.

– Oui…

– Tu es où ?

La voix de Daphné exprimait un mélange d'inquiétude et de colère. J'ai réfléchi à la vitesse de l'éclair et murmuré.

– J'avais besoin d'air, je suis sorti marcher un peu.

– Sous la pluie ! Ne me prends pas pour une idiote, Roman, ta voiture n'est plus là et il fait un froid de canard, alors dis-moi tout de suite où tu es !

– Écoute, je rentre dans une demi-heure, je t'expliquerai, mais pour l'instant, je ne peux pas te parler.

– Arrête tes mensonges ! Et d'abord, pourquoi tu chuchotes ? C'est ridicule !

– Daphné, je t'en supplie, cesse de crier. Je te jure sur la tête de notre fille que je te raconterai tout en arrivant.

C'était la première fois que je promettais de cette façon. Elle s'est tue, alertée par une alarme intérieure. J'ai profité de son silence pour abréger :

– Il faut que je raccroche.

J'ai éteint le portable. Mon cœur tambourinait dans ma cage thoracique, encore douloureuse du coup porté par Lee.

Sous une rafale de vent, le battant du soupirail a claqué.

J'ai entendu des pas se diriger vers la porte de l'étage. Une clé a tourné dans la serrure.

Le père de Malo est apparu, debout, en haut de l'escalier.

– Il y a quelqu'un ?

Je suis resté figé, dans le noir. Il a répété plus fort.

– Il y a quelqu'un ? Montrez-vous parce qu'autrement ça va barder !

Il a éclairé. Je me suis glissé derrière une armoire. Il a descendu quatre marches et s'est penché, visiblement nerveux. Mon angle de vue était restreint, mais j'ai aperçu le pistolet qu'il tenait dans la main gauche. Il s'est parlé à lui-même d'une voix qui m'a paru embrumée d'alcool.

– T'es trop con, mon pauvre vieux, voilà que t'entends des voix…

Il a rejoint le sous-sol. Je retenais ma respiration. Il s'est rendu vers la porte verrouillée et l'a ouverte avant d'allumer. La pièce était lambrissée de bois sur lequel plusieurs photos de femmes dénudées étaient punaisées. Un bureau métallique contre le mur, un ordinateur portable éteint, j'étais certain qu'il s'agissait de l'endroit qui lui servait à prendre contact avec les adolescents.

Il a de nouveau parlé.

– Je t'ai manqué, ma petite Blanche-Neige…

Seule une partie de la pièce m'était visible, j'ai senti le sang me monter à la tête. Il s'est assis et a posé l'arme. L'image d'une île sur une mer turquoise est apparue sur l'écran.

– Alors ma chérie, qu'est-ce qu'on va se raconter de beau ce soir ?

J'ai fermé les poings, avec une soudaine envie de tuer ce type. La lucarne a cogné sous un souffle de vent. Il a tourné la tête, s'est levé d'un bond et a saisi son pistolet. Il a marché vers le soupirail, jetant des regards à droite et à gauche.

– C'est quoi cette connerie, putain ?

Lorsqu'il est arrivé à mon niveau, j'ai saisi son poignet pour dégager l'arme. Je l'ai frappé d'un coup de coude sur le bord de la mâchoire. Il a beuglé et s'est écroulé.

Une partie de moi voulait le cogner jusqu'à ce qu'il perde connaissance. Mais une autre m'a averti que je devais prévenir Wyome. J'ai foncé vers l'escalier, gravi les marches deux par deux, sous ses insultes :

– Enfoiré ! Attends-moi ! Je t'ai vu, je sais qui tu es !

Il ne m'a fallu que quelques secondes pour atteindre l'entrée. Par chance, la clé était dans la serrure, j'ai ouvert et couru jusqu'à ma voiture. Je me suis installé au volant, et j'ai démarré, hors d'haleine. Au bout d'une centaine de mètres, j'ai relevé les yeux sur le rétroviseur. Au milieu de la route, le père de Malo me poursuivait, arme en main, en hurlant. Il a glissé sur une plaque de verglas, son bras a opéré un moulinet au-dessus de sa tête. Il a chuté, le coup de feu s'est perdu dans le ciel obscur.

Daphné m'avait écouté en silence. Je lui ai fait promettre de ne rien dire de mon infraction chez le père de Malo. Elle s'est levée, le visage fermé. Elle m'a prévenu qu'elle allait dans le bureau adresser un mail à sa responsable pour se faire porter pâle, puis elle est retournée se coucher, sans prononcer un mot. Inquiet, j'ai guetté l'arrivée de Wyome.

À peine une demi-heure plus tard, elle s'est garée en trombe devant la maison. Je suis sorti la rejoindre pendant qu'elle baissait sa fenêtre.

– Vous avez le mouchoir et les cigarettes ?

Je lui ai remis le plastique contenant le tout. Elle l'a observé à hauteur d'yeux, puis posé sur le siège passager.

– Demain, j'irai les porter au labo, vous auriez dû utiliser des sacs individuels.

– J'ignorais que ces objets prendraient une telle importance. De toute façon je les avais manipulés sans gants. J'ai joint un coton-tige avec ma salive pour différencier mon ADN.

Son visage fatigué montrait qu'elle était un peu à l'ouest.

– Vous avez l'air éreintée, vous voulez boire un café ?

Elle a secoué la tête.

– Il me reste juste le temps de passer chez moi prendre une douche et dormir une ou deux heures avant de retrouver Lapointe devant le domicile de Malo.

– Il sera de la partie ?

– Il tient à procéder personnellement à l'arrestation.

– Pourquoi n'est-il pas intervenu après votre coup de fil ?

– Il voulait disposer du mandat d'un juge. Il estime qu'il y a encore une chance que le père puisse fournir une explication à cet achat d'ordinateur.

– Il a besoin de se couvrir. Il n'a rien dit sur l'utilisation de l'identité de Jade ?

– Il a commencé par chialer que j'étais folle, il m'a demandé si vous étiez à l'initiative de ce piège. Je lui ai assuré que c'était mon idée et que je ne vous en avais pas parlé. Après que je lui ai raconté les derniers échanges, nous avons convenu que la version officielle serait que j'avais agi sous ses ordres en raison de fortes présomptions.

Son regard me signifiait que je ne devais pas la trahir. J'aurais dû lui avouer ma visite chez le père de Malo, mais quelque chose m'en empêchait. J'ai tenté de plaisanter.

– Je ne suis pas convié à la fête ?

Elle a semblé trouver la décision injuste.

– Lapointe pense que votre présence risquerait d'attirer les projecteurs, il préfère rester discret tant que l'enquête ne sera pas complètement élucidée. Ensuite, il fera son tour des médias. Vous et moi ne serons pas invités à la célébration destinée à sauver sa place.

Sa dernière phrase avait été prononcée avec une forte dose d'amertume. Intérieurement, je rageais de ne pas faire partie de cette arrestation. J'ai désigné les objets du menton.

– Quand aurons-nous les résultats ?

– Dans deux ou trois jours. D'ici là, j'espère que nous aurons accumulé assez de preuves pour inculper le père de Malo.

– Et surtout qu'il vous mènera à son fils, à Camille… et à Zoé, s'il la détient aussi.

– Bien sûr. Notre premier objectif est de retrouver ces jeunes.

Elle a consulté sa montre, prête à partir. Je me suis penché et lui ai murmuré :

– Le sous-sol, commencez par le bureau au sous-sol…

Elle a marqué un recul. Ses yeux furieux m'ont harponné.

– Roman, ne me dites pas que vous êtes allé sur place !

J'ai souri en soutenant ce regard qui me plaisait.

– Bien sûr que non. Mais vous savez bien que je suis un *profiler*…

8

Le lendemain matin, nous avons eu la visite d'une assistante sociale, une petite femme au visage rond, tailleur strict, des cheveux gris mi-longs séparés par une raie au milieu. Elle a demandé à voir la chambre de Linoa, puis à s'entretenir avec nous. Plus compréhensive qu'accusatrice, elle a insisté sur l'écoute et la patience dont nous devrions faire preuve. Elle a évoqué la décision que Linoa aurait à prendre de garder l'enfant ou d'avorter, avec notre consentement étant donné son âge. Daphné n'a pas donné son avis, mais j'ai senti une nouvelle tension entre nous. Je connaissais la position qu'exigerait sa foi chrétienne, mon point de vue était différent, en raison du viol. L'assistante a semblé percevoir notre désaccord.

– C'est un choix qui doit être mûrement réfléchi. Votre fille aura besoin que vous soyez soudés.

Son regard s'est tourné vers Daphné.

– Tout va bien dans votre couple ?

Daphné a marqué un recul et mis une seconde de trop à répondre.

– Nous sommes une petite famille unie.

L'assistante sociale a plissé le front et fixé Daphné.

– Si j'autorise le retour de votre fille chez vous, je veux être certaine qu'elle ne court aucun risque, vous comprenez ?

J'ai voulu me montrer rassurant.

– Nous allons redoubler de vigilance.

Son regard restait sur Daphné.

– Je m'en remets à vous pour qu'elle ne soit plus jamais à la merci du père de l'enfant.

L'émotion est montée aux yeux de Daphné, une tristesse que je partageais, mais qui, exprimée à ce moment-là, envoyait un message ambivalent à l'assistante. Sa question pour moi en a été la conséquence immédiate.

– Vous étiez policier, c'est bien ça ?

– J'ai travaillé à la brigade criminelle de Paris…

– Ce doit être horrible, tous ces meurtres… Comment réussit-on à ne pas se laisser atteindre ?

Pour désamorcer sa suspicion criante, j'ai répondu avec sincérité.

– Il faut se mettre à l'abri. Chaque flic se protège comme il peut. Dans mon cas, j'y suis parvenu grâce à notre couple.

La bouche de Daphné s'est tordue aussi brusquement que si je l'avais giflée. Par chance, elle s'est reprise avant que l'assistante ne le remarque. Elle a conclu sur un ton laconique.

– Espérons que votre fille réussira à parler de son agresseur…

Elle nous a quittés en confirmant que nous pouvions aller chercher Linoa à l'hôpital.

Je m'y suis rendu dans la demi-heure suivante. Elle m'attendait, assise sur son lit, fixant la fenêtre, le visage hermétique. J'ai respecté son silence sur le chemin du retour, avec l'impression que la relative insouciance du monde d'avant ne nous serait plus jamais accordée.

En entrant dans la maison, elle a fixé sa mère, puis elle est descendue dans sa chambre.

Daphné s'est adressée à moi d'une voix anxieuse.

– Elle a dit quelque chose ?

– Non, rien.

– Tu penses vraiment que c'est cet homme, son prof de sport, qui lui a fait ça ?

– Tout porte à le croire, mais je n'en suis pas certain…

– Comment peut-elle avoir oublié une chose aussi horrible ?

– Je l'ignore, il faudrait connaître les circonstances de l'abus qu'elle a subi.

Elle a soupiré.

– En fin de compte, tu ne sais rien du tout.

Je lui ai adressé un sourire désarmé, étrangement calme. Elle a haussé les épaules, puis elle est partie tromper son stress en préparant le dîner.

Sans nouvelles de Wyome, j'ai passé les deux heures suivantes sur mon roman, honteux de n'être en mesure que d'écrire sur notre histoire, de déverser ma détresse face à la situation que nous vivions et mon désarroi quant à la décision que Linoa devrait prendre.

J'étais en train de me relire lorsque Linoa est apparue en chemise de nuit sur le seuil du bureau. Elle m'a sondé du regard, avant de refermer la porte. Malgré moi, j'ai jeté un œil sur son ventre. Sans réfléchir, elle a enrobé une rondeur invisible de ses mains. J'ai reculé mon siège à roulettes et écarté les bras.

– Viens avec moi deux minutes.

Elle a hésité, les yeux sur ses pieds nus, et s'est finalement assise sur mes genoux, comme elle le faisait, enfant. J'ai caressé ses cheveux. Nous sommes restés sans bouger.

Après un moment, j'ai posé un baiser sur son front.

– Tu peux tout me dire. Jamais je ne te jugerai.

Je l'ai sentie se raidir. Elle a glissé son bras autour de mes épaules, niché sa joue dans mon cou, me serrant plus fort. Je lui ai parlé doucement.

– Tu peux me raconter, ça te fera du bien.

Sa voix était à peine perceptible.

– Je ne me souviens pas…

Elle me dévisageait, le regard rempli d'une totale incompréhension. Elle paraissait ne pas s'expliquer mes questions. J'ai réessayé avec précaution.

– Ça s'est passé dans ta chambre ? Dans le terrain, en bas ?

– Je ne sais pas. C'était un rêve au milieu d'étoiles de toutes les couleurs.

J'ai avancé doucement.

– Celui qui t'a fait ça est une brute, Linoa, une brute assez maligne pour réussir à te faire croire que tu étais consentante… Mais ce qu'il a fait est très mal. Tu n'es pas responsable. Il faut le stopper avant qu'il recommence avec d'autres jeunes. Tu es d'accord, n'est-ce pas ?

Elle a fait oui, d'un signe de tête contraint. Deux larmes ont coulé de ses yeux. Je les ai effacées du pouce.

– La police pense que le père de Malo est l'auteur de plusieurs kidnappings…

Elle n'a pas réagi, mais j'ai senti son cerveau se mettre en route.

– Tu as droit à ton jardin secret, Linoa. Si tu souhaites garder certaines choses pour toi, c'est compréhensible. Tu n'as rien à raconter que tu ne veuilles pas. Mais pour protéger d'autres enfants, pourrais-tu me dire si c'est lui qui était avec toi cette nuit-là ?

Elle a ouvert des lèvres tremblantes.

– C'était personne. Il n'y avait personne. C'était un esprit. Il a fait comme dans la Bible avec Marie. Maman dit que le Saint-Esprit lui a fait son bébé.

– Tu n'es pas Marie, mon amour.

– Je sais, Papa. Pour moi, c'était un esprit mauvais. Il était venu me punir.

Je lui ai suggéré ce que je croyais probable.

– Peut-être était-ce une personne masquée ? Il portait un masque pour te faire peur. Pour que tu ne puisses pas le reconnaître, qu'en penses-tu ? C'est possible, non ?

Elle a secoué la tête en dénégation.

– Tu ne comprends pas. Ce n'était pas lui, Papa. Le père de Malo, il n'est pas méchant.

Elle s'est arrêtée avant de répéter en retrouvant un peu d'aplomb.

– Ce n'était pas lui. L'esprit avait une crinière, il riait, il avait des dents noires et d'énormes trous dans la bouche. Il a dansé avec une perche magique. Quand il m'a touchée avec le bout de la perche, j'ai eu très mal. Ensuite il a disparu et je me suis réveillée.

Elle semblait tellement sincère que je n'ai pas voulu la contredire.

– Il n'y avait personne d'autre ?

– Lee était là, tout le temps. Elle a essayé de me protéger, mais elle n'a pas pu…

Son histoire ne tenait pas debout, j'ai réfléchi à la façon de le lui démontrer, mais Daphné a cogné à la porte, et Linoa s'est refermée d'un coup.

– Je t'en prie Papa, ne dis rien à Maman.

J'ai acquiescé, nous nous sommes levés et j'ai ouvert la porte. Daphné nous a regardés, une défiance et des reproches dans les yeux. Elle a parlé d'une voix froide.

– J'ai préparé des steaks avec un gratin. On peut manger quand vous voulez.

Nous nous sommes retrouvés autour de la table. Daphné redoublait d'efforts pour entretenir une conversation banale à laquelle Linoa et moi ne participions que par des réponses brèves. J'observais ma fille en train de mâcher, son regard s'échappait par moments.

Son insistance à dédouaner le père de Malo avait instauré un doute dans mon esprit : ce golfeur de haut niveau n'était pas fumeur, son gabarit ne correspondait ni à celui de mon agresseur dans la forêt, ni à celui de la personne que j'avais vue rejoindre Linoa et ses amies près du fleuve.

L'idée a commencé à se forger qu'il était innocent. Mais dans ce cas, qui pouvait être assez fou et audacieux pour venir cueillir notre fille sous notre fenêtre ?

Le lundi matin, Wyome ne m'avait toujours pas contacté. J'ai prévenu le directeur que Linoa serait absente. Je lui en ai donné les raisons. Après un lourd silence, il m'a assuré qu'il tairait la situation aussi longtemps que ce serait possible. Puis il m'a informé de l'arrestation du père de Malo, avec les plus grandes réserves.

– Je vais vous parler en toute sincérité, monsieur Kermarec, cela fait quinze ans que je recrute des enseignants, j'ai l'habitude de repérer les spécimens détraqués de l'espèce humaine, et je ne crois pas une seconde qu'il en fasse partie.

J'ai pris un ton accusateur.

– Vous connaissiez ses déboires avec une élève en France ?

Il est resté étonnamment calme.

– Il m'avait averti lors du premier entretien. J'ai moi-même appelé la directrice de l'école, elle m'a entièrement rassuré sur ce qui n'était qu'une fausse rumeur d'une gamine qui s'est rétractée. Visiblement, la réaction des parents, des autres enseignants et le manque de soutien académique l'ont affligé au point qu'il quitte la France. Il espérait trouver ici un environnement plus humain, c'est pourquoi ce qu'il subit en plus de la disparition de son fils me paraît si immérité. J'ignore qui a mené la Sûreté du Québec dans cette direction, mais je crois qu'une grave injustice est en train d'être commise…

J'ai eu la certitude qu'il m'adressait un message personnel. Après avoir raccroché, j'ai été contraint d'admettre que sa source d'informations était plus proche que celle de Jérôme, au rectorat. J'aurais été amené à penser que j'avais envoyé Wyome sur la piste d'un innocent s'il n'y avait eu son comportement chez lui, ajouté à l'achat de l'ordinateur de Camille. Malgré ça, je sentais qu'un doute subsistait, et j'espérais que Wyome serait bientôt en mesure de me donner les résultats de l'interrogatoire qu'elle avait dû lui faire subir.

Sous pression, j'ai composé le numéro de téléphone pour prendre le rendez-vous d'échographie recommandé par le médecin. L'assistante n'avait de possibilité que deux jours plus tard, j'ai accepté l'horaire imposé, certain que Daphné me reprocherait d'avoir choisi une heure qui l'empêcherait d'être présente.

Je me suis assis dans le fauteuil face au fleuve. Les nuages annonciateurs de la première tempête de neige couvraient le ciel. Le téléphone fixe a sonné, j'ai décroché avec le vague espoir que ce serait Wyome.

– C'est pour c'te nuit ! a proclamé une voix que j'ai aussitôt reconnue.

– Auguste… vous auriez pu appeler sur mon portable.

– Pour quoi faire ? Vous êtes toujours chez vous à ce moment de la journée ! Comme promis, je serai là demain de bon matin pour vous apprendre à manier la déneigeuse. Météo Québec annonce trente centimètres, vous serez content d'avoir le coup de main d'un gars rodé, croyez-moi !

Sa présence alors que Linoa serait à la maison m'embarrassait, mais la perspective de me dépatouiller seul avec l'engin m'a contraint à accepter.

– Pouvez-vous venir après 9 heures ? Ma fille est malade, je ne voudrais pas la réveiller avec le bruit du moteur.

Il m'a montré qu'il n'était pas dupe.

– Votre blonde sera au travail, hein Roman ! Ça va comme ça, mais pas plus tard, sinon même la souffleuse ne suffira pas. Et à ce moment-là, il faudra pelleter ! Un gars de votre trempe se cassera le dos !

Il est parti d'un rire gras et a raccroché. Je suis allé à la cuisine me servir un café, puis je suis retourné sur la terrasse. Mon regard s'est plongé dans l'horizon des nuages chargés de neige. Je me suis demandé dans quel refuge Malo, Camille et Zoé pourraient se mettre à l'abri pendant la tempête. Si c'était le père de Malo, il lui avait fallu trouver une planque facile à ravitailler. Il s'était également procuré la drogue prise par Gillian. Toute cette gestion paraissait compliquée pour un prof, fraîchement arrivé au Québec. Ajoutées aux dénégations de Linoa, les mailles du filet s'effilochaient.

J'ai observé l'endroit où le fils d'Auguste avait été retrouvé mort. La vision de ce gamin en train de geler m'est apparue avec une netteté effrayante. Des premiers flocons se sont mis à virevolter avec la légèreté d'une âme quittant un corps. La musique *The Sound of Silence* que j'avais sélectionnée pour les appels de Wyome a résonné. J'ai écouté les paroles de Paul Simon : *Hello darkness, my old friend, I've come to talk with you again,* [28] puis j'ai placé le portable contre mon oreille.

– Comment va votre fille ? m'a-t-elle demandé.

– Elle dort, en ce moment.

– Elle vous a confié quelque chose ?

– Rien d'utile, elle croit que c'est un « esprit malin ».

J'étais trop pressé de savoir ce qu'elle avait à dire pour m'étendre sur le sujet.

– Vous avez trouvé l'ordinateur dans la cave ?

– Oui, oui, téléphone, ordi, tout son matériel a été saisi et envoyé au labo.

---

[28] *Bonjour obscurité, ma vieille amie, je suis encore venu parler avec toi.*

– Il a avoué ?

– Il a reconnu avoir rencontré Camille, la veille de sa fugue.

Je sentais au ton de sa voix qu'il y avait un accroc.

– Alors qu'est-ce qui ne va pas ?

– Il affirme qu'il a été mis en contact avec Camille par son fils, il y a plusieurs mois. La gamine l'a relancé pour cet achat d'ordinateur. Elle n'en voulait pas cher. Il a demandé à le tester, d'où le rendez-vous dans un bar. Les échanges de SMS ne démentent pas cette version.

– Il n'y a rien de compromettant dans le disque dur ?

– Des dizaines de photos de Camille, dénudée. Mais l'analyste informatique affirme qu'elles ont été supprimées avant la date de la vente, le père de Malo ne les aurait jamais consultées.

Je sentais monter mon exaspération.

– Ce type vit seul, dites-moi qu'il visitait quelques sites cochons de temps en temps !

– Même pas… Certains hommes doivent pouvoir survivre sans ça…

J'ai éludé et tenté l'autre cartouche, pressentant déjà qu'elle allait avorter.

– Pour le rendez-vous chez lui avec Jade, il dit quoi ?

– Il ne nie pas l'évidence…

Je savais que c'était cuit, alors j'ai poursuivi pour elle.

– Il vous a servi son traumatisme à cause de Malo, son besoin de se confier à une oreille attentive, son regret de ne pas avoir songé que cette façon d'entretenir une relation avec une mineure était condamnable.

– C'est à peu près ça, il dit aussi qu'il avait de nombreux fans quand il jouait encore au golf, qu'il n'a donc pas été étonné qu'une jeune passionnée le contacte. Il prétend qu'il a accepté de la voir uniquement pour lui donner quelques conseils techniques.

– *Ton chevalier blanc*… Il signait *Ton chevalier blanc* !

Elle n'a pas répondu.

– Vous avez raison, ai-je reconnu, c'est insuffisant pour le coller en examen.

– D'autant que ses arguments tiennent debout.

– Le pire, c'est que je ne suis même pas surpris.

– Soyez plus clair.

– Je ne saurais pas vraiment vous dire pourquoi, mais je ne crois pas que ce gars ait la puissance psychologique pour manipuler tous ces ados.

Elle a approuvé.

– C'est assez vrai… Dans ses rapports avec Jade, il se plaçait quasiment en infériorité, il faisait preuve de naïveté, voire de fragilité. Par ailleurs, l'hostilité envers les Français a été injectée dans le cerveau des jeunes, c'est un ressentiment que doit porter le coupable. Nous devons reconnaître qu'aucun motif ne pousse le père de Malo à ressentir ce type d'animosité.

– Il s'est quand même fait accuser de harcèlements en France… Mais vous avez raison, j'ai du mal à imaginer un homme développant une haine envers ses compatriotes pour si peu.

– Nous avons trouvé une arme de défense chez lui, il assure l'avoir achetée parce qu'il avait peur.

– Peur de quoi ?

– Il n'a pas su le dire, mais selon lui, il est espionné depuis des mois.

J'ai laissé passer un silence.

– À propos de surveillance, que donne celle de Lee ?

Elle a soupiré.

– Elle vaque à ses occupations comme si de rien n'était. À part ses courses, son travail et ses déplacements à Montréal, avec votre épouse, elle s'entraîne beaucoup au kempo, c'est tout... Sa défaite contre vous l'a peut-être boostée.

J'ai posé la main sur mes côtes sensibles.

– Elle prépare sa revanche...

L'introspection réciproque qui a suivi portait l'évidence que j'ai exprimée.

– On doit chercher ailleurs.

– Et vite... Lapointe est très remonté, il m'a fait sentir que le boulet n'était pas passé loin de nos têtes. Moi, parce que j'ai illégalement tenté de piéger le père de Malo. Vous, pour vous être introduit chez lui par effraction !

– Il m'a dénoncé.

– Évidemment, qu'espériez-vous ? Heureusement qu'il n'était pas en position de porter plainte. On a obtenu un *statu quo* en le libérant cet après-midi.

J'ai eu un moment de découragement.

– Alors qui, mon Dieu, qui ? Qui peut retenir ces gamins ?

– Je ne sais pas, Roman. Mais il est urgent de les trouver. On entre dans l'hiver, chaque jour qui passe nous dirige vers un dénouement dramatique.

Dehors, la chute de neige s'était épaissie au point de masquer le fleuve.

– Vous êtes où ?

– Chez moi, je vais prendre un bain chaud et me coucher. J'ai dormi à peine une heure.

Mon cerveau bouillonnait sous mon crâne. Trop de choses étaient en train de mal tourner et j'avais besoin de remettre mes pensées en ordre. J'ai mis fin à la conversation.

– Reposez-vous. Je vous appelle demain.

– Merci, Roman. Prenez soin de votre fille.

J'ai pris une inspiration en observant le Saint-Laurent. Plusieurs images ont défilé : le livre sur les Acadiens que les ados avaient lu sous le conseil de Lee, le rêve de Linoa où elle était présente la nuit du viol, son comportement le soir d'Halloween, sa violence lors de notre combat… Son gabarit correspondait à celui de mon agresseur et de l'inconnu qui avait fumé de la drogue avec Linoa et ses amies. Trop d'éléments s'assemblaient pour être des hasards. Pourtant, elle ne pouvait pas être à l'origine de l'enfant que Linoa portait.

Je me suis concentré sur son visage. Et un détail m'est apparu : après la disparition de Zoé, Lee avait ajouté une quatrième bille au piercing sur ses sourcils.

Je m'étais assoupi sur la banquette. Un mouvement m'a réveillé, Linoa se tenait devant moi, un couteau de cuisine à la main.

– Il a bougé, Papa ! Je l'ai senti bouger, j'en suis certaine !

Elle a appuyé la pointe sur son ventre, une étoile de sang a rougi sa chemise de nuit.

J'ai hurlé.

– Arrête, Linoa ! Nous avons rendez-vous pour l'échographie. Si tu ne veux pas le garder, je te promets que tu n'y seras pas obligée !

Elle avait des larmes plein les yeux.

– Quand ?

– Après-demain ! Nous irons ensemble, je te le promets.

– Tu me le jures ! Maman ne pourra pas me forcer à le garder !

– Je t'en donne ma parole.

Elle a lâché le couteau et elle est venue se blottir contre moi. Le vent sifflait dans la toiture, les flocons se déposaient sur une couche déjà épaisse. Elle m'a fixé dans les yeux.

– Papa… qu'est-ce que tu veux que je fasse ?

J'étais complètement désemparé.

– Je ne sais pas, ma chérie, nous en parlerons après l'échographie. Je te dirai ce que j'en pense et tu prendras ta décision. Ne t'inquiète pas, je resterai près de toi.

Je lui ai caressé la joue.

– … Après-demain, mon amour. Tu dois te montrer forte d'ici là.

À 1 heure du matin, des questions insolubles me maintenaient éveillé. J'ai abandonné Daphné endormie, je suis allé vérifier que Linoa était dans sa chambre. Elle paraissait plongée dans un sommeil profond, sa peluche dans les bras. Mon cœur s'est serré devant son visage encore enfantin dont la délicatesse prendrait bientôt les traits d'une femme enceinte. J'ai replacé la couverture sur ses épaules, puis je suis allé dans la cuisine observer les déneigeuses en action.

Sous leur ballet de gyrophares sonores, l'amoncellement qu'elles créaient sur le terre-plein est rapidement monté à plus d'un mètre. Un mètre de plus aurait pour conséquence de rendre notre maison invisible depuis les fenêtres de la voisine. Plutôt réjoui de la perspective qu'elle ne puisse plus nous espionner, j'ai commencé à réfléchir à propos de sa mise en garde contre Auguste. Vers 2 heures, je suis retourné me coucher près de Daphné.

Il avait cessé de neiger avant que les premiers rayons de soleil n'apparaissent. Je me suis levé sans faire de bruit et je suis monté préparer le petit déjeuner. Une demi-heure plus tard, Daphné est partie sans que nous ayons échangé plus de dix mots. Le malaise grandissait, ajoutant des parpaings au mur existant entre nous. La voiture s'est éloignée sur un matelas de neige, jaunie de sable, j'ai anticipé notre affrontement si Linoa refusait de garder l'enfant. Une nouvelle épreuve dont j'ai craint qu'elle sonne le glas de ce que nous avions tenté de reconstruire en venant au Québec. Dehors, le soleil brillait au milieu d'un ciel azur. J'ai observé le lit blanc sur la terrasse, certains tas regroupés par le vent dépassaient les quatre-vingts centimètres. L'ampleur du boulot m'est apparue considérable.

À 10 heures, lassé d'attendre Auguste, j'ai enfilé un surpantalon, un blouson matelassé à capuche, des moufles et des bottes montantes. J'ai dégagé l'amas de neige du seuil de la porte et je suis sorti. Le froid m'a cinglé au visage, mes paupières se sont scellées par le gel. J'ai cligné des yeux pour les libérer, senti l'air s'infiltrer dans mes narines et donner un coup de fouet à mon cerveau. Le seul bruit audible était celui des pulsations de mon cœur, j'ai observé les branches pliées par la neige, le lent débit des premiers blocs de glace charriés par le courant du fleuve en contrebas.

Je me suis à nouveau interrogé sur l'endroit où pouvaient être Malo, Camille et Zoé. Un instant, je me les suis représentés en train de mourir de faim, mais j'ai refusé d'envisager ce sort abominable. De la même façon, j'ai chassé le pressentiment que d'autres disparitions n'avaient pas été suspectées par la Sûreté. J'ai aspiré l'air, le regard perdu dans l'immensité de la nature. Malgré ma nervosité, je ne me souvenais pas d'avoir ressenti une telle sensation de liberté. Je suis allé chercher les pelles suspendues dans l'appentis. J'ai jeté un œil aux cartons d'Auguste et à la déneigeuse, finalement pas mécontent de me passer de cet engin dont le moteur briserait la quiétude du moment.

J'achevais de déblayer l'extrémité du parking quand le Ford est apparu. Je me suis massé les côtes douloureuses pendant qu'Auguste stationnait le long du jardin. Il a marché vers moi en laissant des traces de pas dans la neige glacée.

– Allô Roman, vous auriez dû m'attendre…

– On avait parlé de 9 heures. Je me suis dit que vous aviez changé d'avis.

– Pas du tout, mais il fait plus froid que prévu. À -20 degrés, il vaut mieux attendre que le soleil attendrisse la croûte. C'est maintenant qu'elle sera le plus facile à manier. Dans une heure, elle fondra, et là, elle va devenir trop lourde pour l'engin.

Il m'a tapé sur l'épaule à la façon d'un patron reprenant son apprenti, puis il a sorti la déneigeuse en la poussant à la manière d'une tondeuse à gazon. Je me sentais déjà éreinté, la transpiration froide collait à ma chemise et me pénétrait jusqu'aux os.

– Ça va nous prendre combien de temps ?

– Une bonne heure, si on ne s'arrête pas.

J'ai passé la manche de mon blouson sur les gouttes de sueur en train de geler sur mon front. J'avais envie d'une douche chaude et de vérifier si Linoa s'était réveillée. Auguste a bidouillé dans le moteur, ajouté de l'huile et du carburant. Il a renfoncé son bonnet.

– Prêt pour le baptême ?

– Ai-je le choix ?

Il a rigolé, démarré en tirant sur le filin. Le vacarme m'a paru assourdissant, nul doute que Linoa devait l'entendre. Auguste m'a succinctement expliqué le maniement des manettes de freins et d'embrayage. Il s'adressait à moi avec l'indulgence excessive qu'on destine à un attardé. Je me suis demandé s'il s'agissait d'un stratagème pour m'amadouer afin que j'accepte sa proposition d'indemnisation.

Cette interrogation en tête, j'ai manœuvré l'engin vers la terrasse. Les pales métalliques avalaient la neige, un éjecteur propulsait une gerbe régulière qu'Auguste orientait de façon à arroser les herbes jaunies pas entièrement recouvertes durant la nuit.

Parvenu près de la rambarde en verre, Auguste m'a hurlé aux oreilles :

– Laissez tomber les gros tas, on sera obligés de les évacuer à la pelle !

Il se tenait devant l'engin. J'ai tenté de dévier la course de la machine, mais elle a accéléré en raison d'un manque de neige. Auguste s'est jeté sur le côté pour éviter les lames aiguisées.

J'ai tiré sur le bracelet de sécurité pour arrêter le moteur.

Les fesses dans la neige, Auguste s'est mis à gueuler, le visage rouge de colère.

– *Tabarnac !*[29] Vous avez failli me broyer ! Ça vous avale une jambe en deux secondes, une bête comme ça !

Ses yeux ivres de rage étaient ceux d'un homme capable de crises violentes. Il s'est aussitôt ressaisi.

– Désolé, Roman, j'ai eu peur…

J'ai renoncé à l'idée d'éviter le sujet brûlant.

– Écoutez, Auguste, vous n'êtes pas obligé de m'aider. Ma femme et moi n'avons pris aucune décision sur votre offre. Vous devez comprendre que ça ne m'influencera en rien.

Il s'est relevé.

– Qu'est-ce que j'en ai à foutre ! Pour nous autres, ça ne changera plus rien du tout !

Il a tiré un paquet de Macdonald d'une poche de blouson, l'a allumé avec un vieux briquet, protégeant la flamme de sa main. Je ne l'avais jamais vu fumer, la marque de cigarettes m'a aussitôt frappé l'esprit. Il a recraché la fumée et découvert ses vilaines dents gâtées. J'ai pensé à la description de Linoa : *D'énormes trous dans la bouche.*

Une montée d'adrénaline m'a paralysé les mains sur les poignées. Ma question a fusé.

– Quel genre de relation entretenez-vous avec la voisine ?

Nous avons échangé un rapide regard, j'étais sûr d'y déceler ce que je croyais. Il a grogné.

---

[29] *Juron grossier.*

– En quoi ça te concerne ?

– Beaucoup d'événements se sont produits autour de cette maison, je veux vérifier que vous n'avez rien à y voir !

Malgré lui, il a jeté un œil à l'endroit où son fils avait chuté.

– Ce qu'il y a entre elle et moi, c'est pas ton affaire. Ni à toi ni à personne !

Une hypothèse m'est venue sur le destin qu'avait connu l'adolescent.

– C'est ce que vous avez répondu à votre fils lorsqu'il a découvert que vous trompiez sa mère avec la voisine. C'est ça ! Hein Auguste ? C'est ça qu'il avait découvert !

Ses yeux sont devenus deux billes étincelantes. Il a avancé vers moi.

– J'va te fracasser ! *Ostie* de Français !

Il s'est jeté sur moi de tout son poids. J'ai chuté au sol, mon crâne a heurté le plancher que je venais de déneiger. Il a atterri les genoux de chaque côté de mes hanches. Son poing arrivait sur mon visage, j'ai tourné la tête. L'impact sur ma pommette a failli me sonner. Dans les rayons du soleil, j'ai vu qu'il récidivait. Ma ruade l'a déséquilibré, son poing s'est écrasé au sol. Il a hurlé pendant que je me dégageais. Nous nous sommes relevés, face à face.

J'ai adopté une garde haute.

– Vous l'avez tué, c'est ça ? Vous avez tué votre propre fils pour ne pas qu'il cafarde votre adultère à votre épouse !

Il est resté interdit à reprendre haleine, les yeux hagards.

J'ai crié ma fureur contre lui.

– Qu'est-ce que vous avez fait à ma fille ?

Il m'a dévisagé une seconde. J'ai planté mes yeux fous de rage dans les siens, et vu la détermination de son regard se transformer en crainte. Il s'est précipité dans les escaliers.

J'ai rouvert la barrière qu'il venait de claquer et sauté les marches. Il me devançait d'une dizaine de mètres. Je me suis lancé dans la poudreuse qui m'arrivait au mollet. En raison de son poids, il s'enfonçait aux genoux, rendant sa foulée moins rapide. Je l'ai saisi par l'épaule au moment où il atteignait le dénivelé. Il s'est retourné en balançant son bras. Le coup au visage m'a propulsé au sol. Le temps que je me redresse, il avait bondi dans la pente. Son souffle exhalait une vapeur blanche. Il a percuté un tronc d'arbre, une averse de neige décrochée des branches lui est tombée dessus. Il s'est ébroué avec la fureur d'un cheval enragé, puis s'est remis à courir. Sans hésiter, je me suis précipité à ses trousses.

Auguste était un homme costaud, mais qui ne s'entretenait plus depuis des années. Il s'est très vite arrêté, inspirant profondément, les mains sur les genoux. Obsédé par l'idée qu'il était l'assassin de son fils et le violeur de Linoa, je l'ai facilement rejoint. Il s'est redressé, il a lancé une série de crochets que j'esquivais. Il était si concentré sur ses attaques qu'il en oubliait de respirer. Je l'ai laissé avancer, en reculant, j'avalais de l'air glacé pour conserver mon souffle.

Il s'est soudain figé, pris d'un vertige, la bave aux commissures des lèvres. Il s'est palpé le bras gauche. Son regard a perdu de l'intensité. Il est tombé à genoux. Son buste a basculé, tête la première dans une poudreuse craquante. Je l'ai retourné sur le dos, il grimaçait, en train de faire une crise cardiaque. Je l'ai saisi sous les épaules et j'ai commencé à le tirer. J'ai remonté la pente en évitant les anfractuosités et les racines d'arbres. Avec toute l'énergie qui me restait, je suis parvenu à le hisser dans le jardin. Je lui ai retiré son bonnet que j'ai placé sous sa tête. J'ai penché mon oreille sur sa bouche, un mince filet d'air confirmait qu'il était vivant.

Un cri strident a retenti. J'ai levé les yeux. Depuis le salon, Linoa nous fixait, le visage blême d'une terreur palpable.

À travers la vitrine du bar, Wyome a jeté un regard sur les quelques voitures qui attendaient que leurs propriétaires les débarrassent des vingt centimètres de poudreuse tombés durant la nuit. Elle a avalé une gorgée de bière Boréale blanche du Québec.

– Auguste va s'en sortir ? ai-je demandé, incertain.

Elle a remis sa chevelure en place et toussé dans son poing.

– Heureusement que vous avez eu le réflexe de pratiquer un massage cardiaque. L'artère coronaire était bouchée par un caillot de sang. À cette température, il serait mort en quelques minutes au même endroit que son fils. Les chirurgiens lui ont posé un stent, il en aura pour trois mois au moins de convalescence.

– Que dit-il ?

– Il prétend que vous l'avez agressé en raison de l'absence de mention du décès de son fils sur le document de vente, vous seriez devenu violent d'une façon soudaine.

J'ai vidé ma tasse de café, sans juger utile de répéter ma version de ce qui s'était passé.

– Il faudrait réussir à savoir si sa femme connaissait la relation extraconjugale entre Auguste et la voisine.

– Lorsque je l'ai croisée à l'hôpital, elle semblait complètement déboussolée…

– Son mari a fait une crise cardiaque, on dira que ça paraît logique qu'elle soit bouleversée. Mais ça pourrait aussi confirmer qu'elle était au courant.

– C'est possible. Elle pleurait, mais… comment dire… je n'ai pas eu l'impression qu'elle avait eu peur de le perdre. La mort de son fils l'a plongée dans une grave dépression.

– Vous lui avez redemandé ce qu'elle pensait du drame.

– Elle m'a répété ce qu'elle avait déjà dit à l'époque. Elle prend des somnifères depuis des années. Cette nuit-là, elle dormait profondément et n'a rien entendu.

– Résumez-moi le rapport du légiste qui a procédé à l'autopsie de leur fils.

Elle a réfléchi et est allée à l'essentiel.

– Pas de trace d'étouffement de la victime. Tout ce qu'il pouvait affirmer, c'est que la chute n'avait pas été mortelle. Le gamin est resté inconscient et il a fini par succomber d'un arrêt du cœur. Rien ne permettait d'être catégorique sur les circonstances de la chute.

– Il estimait qu'il pouvait s'agir d'un meurtre ?

– Il a plutôt émis l'hypothèse d'un suicide. J'y avais aussi songé. Le corps a été retrouvé à environ quatre mètres de la maison. Une distance plus proche d'un saut que d'une glissade.

– Vous auriez dû le mentionner.

– L'enquête à l'école n'avait pas révélé de comportements suicidaires. Ça n'aurait servi à rien d'accabler davantage la famille avec cette supposition.

– Bien sûr… mais maintenant, c'est différent, nous devons valider que si suicide il y a, celui de Gillian n'y est pas relié.

J'ai palpé l'ecchymose sur ma joue laissée par le poing d'Auguste.

– Son fils détenait un secret qui s'est avéré mortel. Auguste l'a sacrifié pour sauver son couple, il est monté là-haut et l'a poussé. C'est une version très possible.

– Une théorie difficile à démontrer.

– Vous avez interrogé la voisine ?

– Lapointe s'en est personnellement chargé. Il estimait qu'elle lui parlerait plus facilement qu'à moi, pour tout un tas de raisons… Elle a admis avoir eu une liaison avec Auguste. Il y a mis fin à la mort de son fils. Il se serait montré brutal, selon elle.

– Comment justifie-t-elle la visite d'Auguste l'autre jour ?

– Il serait venu s'excuser.

– Pourquoi ai-je l'impression que c'est faux…

Elle a souri, de son joli sourire complice.

– La luxure est partout dans ce monde.

Elle a fait tourner sa bière entre ses mains. J'ai respiré un grand coup.

– Bon, passons à l'analyse des objets que je vous ai confiés.

– J'y arrivais. Les empreintes d'Auguste ont été relevées sur le paquet et un mégot de cigarette. C'est entre autres ce qui vous a sauvé… parce qu'avant ça, Lapointe était partant pour vous chercher des noises. Il commence à en avoir marre de vous retrouver en conflit direct avec les suspects… Mais ces résultats étayent votre affirmation qu'Auguste est venu la nuit espionner votre fille. Ajouté au fait que vous portez un hématome et pas lui…

Je ne l'ai pas laissé terminer.

– Et les analyses du mouchoir ?

Elle a marqué un blanc, consciente de l'impact qu'allait produire ce qu'elle avait à dire.

– Le sang est celui de votre fille, le laboratoire mentionne qu'il pourrait s'agir de celui d'une première relation sexuelle. Mais rien ne relie ce mouchoir à Auguste. Le fait que vous l'ayez trouvé sur votre terrain ne prouve rien !

Je me suis retenu d'exploser.

– Linoa a été violée. Celui qui a fait ça a volontairement laissé cette trace.

– Encore une fois, rien ne démontre la culpabilité d'Auguste. Quand bien même il aurait tué son fils, on est peut-être en présence de trois affaires distinctes : la mort de ce gamin, les disparations et l'abus sur votre fille.

J'ai baissé les yeux sur le fond de ma tasse de café.

– Elle m'a dit qu'elle avait eu peur parce que le visage d'Auguste convulsé par la crise cardiaque s'était mélangé au masque d'épouvante de son rêve. Mais depuis ce matin, elle répète que ce n'est pas lui le père de son enfant.

– Comment peut-elle être catégorique si en même temps elle prétend ne pas savoir qui c'est ?

Malgré moi, ma voix trahissait mon émotion.

– Elle assure qu'elle le sent au fond d'elle… Que si je l'aime, je dois la croire.

Elle m'a fixé avec une grande empathie dans le regard.

– Roman, nous devons garder la tête froide et réfléchir à la poursuite de l'enquête.

– Vous avez raison, bien sûr… Lapointe a-t-il demandé des recherches sur les parents de Gillian à Jérôme ?

– Oui, mais votre ancien patron n'a pas montré d'entrain particulier. Pour lui, c'est une affaire hors de son périmètre, Lapointe craint qu'il ne la fasse pas passer en priorité.

J'ai enchaîné sur l'autre point laissé en suspens.

– Les ordinateurs des bibliothèques et des écoles, ça a donné quelque chose ?

– Rien pour l'instant, Lapointe m'a promis d'y affecter une personne supplémentaire.

– Il faudrait trouver un lien entre le coupable et les disparus. Des échanges durant lesquels il amorcerait sa manipulation.

– Vous pensez toujours que Lee est complice ?

– Si le père de Malo et Auguste ne sont pas impliqués, c'est notre unique piste…

Elle a versé le reste de bière dans son verre, bu plusieurs gorgées en se donnant du temps.

– Où est votre fille en ce moment ?

– À la maison, je l'ai laissée devant la télé.

– Vous avez évoqué avec elle la possibilité d'une recherche en paternité ?

– Pas encore. Elle doit passer une échographie cet après-midi, je verrai en fonction de sa réaction.

Elle a jeté un coup d'œil à sa montre.

– Votre femme, comment supporte-t-elle tout ça ?

– C'est difficile. Elle côtoie Lee tous les jours. Je crains que si Linoa choisit de ne pas garder l'enfant, Daphné tente par tous les moyens de l'en dissuader.

Wyome me dévisageait. Elle a posé sa main sur la mienne.

– Qu'est-ce qui ne va pas entre vous et votre femme ?

J'ai décidé de lui raconter le suicide au 36, l'adultère de Daphné, avec un môme qui avait l'âge d'être son fils. Elle m'a écouté, le visage exempt de jugement. J'avais l'impression que mon histoire trouvait un écho en elle.

– À votre tour, ai-je dit après avoir fini.

Elle a tenté de se défiler.

– Quoi ?

J'ai retourné sa main et caressé sa cicatrice au poignet.

– Ça… c'était pour un homme ?

– J'avais 18 ans quand mon père est mort. Ma mère m'a laissée seule à Montréal pour rentrer dans sa réserve. Pendant quelques semaines, j'ai partagé la vie d'un Hells Angels rencontré dans le bar où je servais. Un motard qui traficotait de la drogue sur la frontière, du côté des Grands Lacs. Un soir, il a débarqué tard avec ses potes, ils avaient beaucoup picolé et s'étaient shootés. Il les a autorisés à « monter sa squaw », ce sont les mots qu'il a utilisés. Ils se sont donné du bon temps. Quand ils ont eu fini, je suis allée prendre un bain… Je me suis tailladé les veines. C'est lui qui m'a trouvée, il a entouré mon poignet d'un torchon et m'a jetée devant les urgences d'un hôpital.

Ses yeux s'étaient embués, elle s'est forcée à sourire.

– Vous avez porté plainte ? ai-je voulu savoir.

– Il aurait écopé d'une courte peine et ensuite il m'aurait tuée. Lui, ou un de ses amis.

– Vous l'avez revu ?

Elle a fait un signe négatif.

– J'ai déménagé à Québec, puis j'ai repris mes études… Et me voilà.

Elle a fini son verre et souri.

– Eh bien, on a fait un sacré progrès entre nous, partenaire… Il sera bientôt midi, si nous en restions là pour aujourd'hui ? Il va être temps pour vous d'aller retrouver votre fille.

Malgré nos différences, j'avais rarement éprouvé une telle sensation de communion avec quelqu'un. Elle a tenu à payer sa bière et mon café. Au moment où nous sommes sortis, le froid glaçant nous a enrobés.

– J'allais oublier, a-t-elle paru se souvenir. La mère de Zoé m'a contactée après avoir reçu un appel de sa fille. La gamine n'aurait rien dit, mais la mère prétend qu'elle a reconnu sa respiration. Je vais aller la voir cet après-midi.

J'ai répété ce que je sentais sans pouvoir l'expliquer.

– Le coupable se joue de nous, Wyome. Il se moque délibérément de nous !

Linoa est montée dans la voiture, les bras chargés de livres, dont *Le Grand Dérangement*.

– On pourra s'arrêter à la bibliothèque au retour ?

– Elle n'est pas fermée pour travaux ?

– Ils ont mis en place un point dépôt. Je dois rendre ceux-là et j'en ai commandé deux.

– Qui sont ?

– *1984* d'Orwell et *Caligula* de Camus.

– Tu ne préférerais pas *L'Étranger* ?

– Papa, je te signale que je l'ai déjà lu.

Nous avons atteint l'hôpital avec une demi-heure d'avance. Après quelques formalités à l'accueil, nous nous sommes installés dans la salle d'attente où trois futures mères et leurs maris patientaient. Le tableau dépareillé que Linoa et moi formions nous a valu des regards appuyés suivis de messes basses. La technicienne en radiologie est arrivée dix minutes après, en blouse bleue à manches courtes. C'était une quadragénaire au visage souriant d'où émergeaient des yeux gris clair. Elle a observé autour d'elle, réprimé un bâillement, avant d'articuler un : *Venez, Mademoiselle*. Nous l'avons suivie dans son cabinet et nous sommes assis. Elle a jaugé Linoa, évaluant sa capacité à porter un enfant.

– Le docteur Turcotte m'a prévenue du cas de votre fille.

Linoa fixait ses chaussures. J'ai posé une main rassurante sur ses avant-bras croisés.

– Je dois vous informer que Linoa songe à interrompre sa grossesse.

La femme s'est levée, a fait le tour du bureau et s'est mise à genoux pour capter son regard.

– C'est vraiment ce que tu souhaites ? Parce que si c'est le cas, il faudra en discuter avec une travailleuse sociale.

Le combat intérieur qui se livrait en elle était visible sur son visage fermé.

– Je ne sais pas encore…

– Veux-tu quand même savoir comment il se présente ?

Linoa a opiné.

– Alors allonge-toi sur ce lit, relève ton pull et défais les premiers boutons de ta jupe.

Linoa a suivi les instructions. La femme a enduit le bas du ventre d'un liquide gélifié, puis elle a déplacé une sonde en observant un écran. Il lui a fallu trente secondes pour figer l'image noir et blanc du fœtus.

– Le voilà, a-t-elle dit, veux-tu savoir si c'est un gars ou une fille ?

La question ne m'était pas destinée, mais j'ai hoché inconsciemment la tête, avant d'entendre la voix timide de Linoa.

– Oui…

– Très bien, on connaîtra ça dans un instant. Mais avant je dois vérifier qu'il n'a pas d'anomalies morphologiques. Tu vois, là, c'est son crâne, ici, ses bras et ses jambes. Ici, ce sont ses mains, tu peux même deviner l'ébauche de ses doigts. Tu les vois ?

Linoa a répété « oui » d'une voix d'enfant, pétrifiée par le spectacle.

– Parfait, a approuvé la femme, si je remonte, tu peux apercevoir son cœur. À ce stade, il émet entre 140 et 160 pulsations par minute, alors que le tien bat à 80. Tu ne pourras sans doute pas le voir, mais c'est un garçon. Nous allons maintenant déterminer son âge.

En jouant avec un curseur, elle a mesuré le fœtus, s'est livrée à des calculs à haute voix, avant de conclure en lisant un calendrier punaisé sur le mur blanc.

– Six centimètres… On peut estimer qu'il a été conçu début juillet.

J'étais certain que le viol avait eu lieu le 1er juillet, le jour de la fête nationale.

Linoa n'a pas réagi, le regard plongé sur l'image.

– On va écouter son cœur et ce sera fini, a décrété la femme d'un ton professionnel.

Lorsque les battements ont retenti, j'ai su qu'elle venait d'infliger le coup de grâce à la décision d'avorter de Linoa. J'ai pensé aux arguments que j'avais prévu de déployer : *Tu es beaucoup trop jeune. Garder ce bébé serait une grave erreur. Tu risques de gâcher ta vie. Ce sera toujours l'enfant d'un violeur !*

J'ai observé ce fœtus de 12 semaines. Pendant quelques secondes, j'ai tenté de discerner le visage du monstre à l'origine du viol, persuadé de trouver une ressemblance avec Auguste ou le père de Malo. Je n'ai réussi qu'à voir un bébé, si minuscule qu'il aurait pu tenir au creux de ma main.

– La clarté nucale est normale, *a priori*, aucun risque de malformation sévère. Voilà, c'est fini. Tu vas pouvoir nettoyer le gel.

Elle lui a tendu un rouleau de papier. Linoa s'est essuyée et rhabillée.

– Si je ne garde pas le bébé, qu'est-ce qu'il devient, après ?

Le visage de la femme a exprimé sa surprise.

– Rien, il part avec le placenta…

– À la poubelle ?

– En quelque sorte, oui. Mais à ce stade, la science considère que ce n'est pas encore une personne avec des pensées. Ne te préoccupe pas trop de ça.

J'ai tenu à intervenir.

– Si Linoa décidait de conserver l'enfant, pensez-vous qu'il y ait un danger pour elle ?

Elle a pris du temps pour répondre.

– Le corps de votre fille est bien développé pour son âge. Pour moi, il n'y a pas plus de risques que pour une femme au bassin un peu étroit.

Il s'était remis à neiger. Nous avons pris la direction de la bibliothèque. Linoa tenait les livres contre son ventre, à la manière d'un bouclier. J'ai stationné sur le parking devant l'église. Ma fille n'a pas bougé, le regard figé sur les gros flocons tourbillonnants. J'ai posé un baiser sur sa tempe.

– Si tu souhaites garder cet enfant, ta mère et moi serons toujours là pour toi et lui.

Elle a murmuré sa phrase avec un pétillement d'espoir dans les pupilles.

– Si on aime quelqu'un assez fort, tu crois qu'il peut devenir bon ?

– Être entouré d'amour sera le meilleur cadeau pour ce bébé.

Des larmes ont jailli. Elle s'est jetée dans mes bras.

– Papa ! Il bouge beaucoup, tu sais. Ce sera un garçon turbulent.

Sa décision brillait dans ses yeux. Je l'ai enveloppée de mes bras protecteurs. Mon portable a vibré sur le tableau de bord, l'écran affichait un message de Daphné : COMMENT ÇA S'EST PASSÉ ?

– Que dois-je lui répondre ? ai-je demandé.

– Ce que tu veux ! En attendant, je vais rendre les livres.

Elle m'a embrassé, avec un regard dont je n'ai pas compris toute la profondeur, puis elle est restée indécise avant d'ouvrir la portière. L'air vif m'a saisi au visage.

– Dépêche-toi, je laisse le moteur tourner, pour garder la chaleur.

Une petite voix intérieure m'a suggéré de l'accompagner. Un peu anxieux, je l'ai observée disparaître dans l'ancienne église, conscient que l'émotion qu'elle avait ressentie devant le fœtus n'était pas bonne conseillère, qu'elle me reprocherait peut-être un jour de l'avoir laissée décider, lorsque la ressemblance avec le père apparaîtrait. Pour cette raison, retrouver le responsable me semblait la seule façon de la libérer de ses divagations sur la nature occulte de l'être qu'elle portait dans son ventre.

J'ai téléphoné à Daphné.

Après lui avoir raconté l'échographie, je lui ai exposé mes craintes et j'ai proposé :

– Nous devrions lui faire rencontrer une psychologue.

Daphné a maintenu la position que lui dictaient les principes religieux inculqués par sa mère.

– Ce n'est pas à nous de décider de la vie ou de la mort. Encore moins à une psy ! Les lois divines sont supérieures à celles des hommes.

J'ai raillé ce qui me paraissait digne d'une croyance moyenâgeuse.

– Et ses desseins sont impénétrables ! Ainsi soit-il ! Si tu veux mon avis : *Dieu est peut-être éternel, mais pas autant que la folie humaine.*

Cette façon de détourner Pierre Desproges l'a indignée.

– La vérité, c'est que tu n'acceptes pas son choix parce qu'il n'est pas conforme au tien.

– Pas du tout, je souhaite seulement que nous l'aidions à prendre la meilleure décision.

– Et l'enfant, tu y penses une seconde ?

Je continuais à regarder la porte par laquelle Linoa était entrée.

– Bien sûr, et j'imagine la difficulté d'un tel passé pour qu'il se construise sereinement.

– Dieu y pourvoira, si nous lui faisons confiance…

Une bouffée de colère m'a embrasé. Mon poing a cogné le volant.

– Dieu n'a rien à voir là-dedans ! C'est l'acte d'un détraqué ! Il a satisfait son plaisir en toute indifférence de la souffrance qu'il a infligée à Linoa. Je veux mettre la main sur ce salopard ! J'empalerai sa tête sur un pic !

– Tu me fais peur, j'ai l'impression de me retrouver au temps de tes enquêtes. Je refuse de revivre ça.

– Il s'agit de notre fille, là, c'est très différent.

– C'est justement pourquoi j'ai aussi peur de toi…

Nous sommes restés sans prononcer un mot de plus, conscients qu'il aurait pu être celui de trop. La bibliothécaire amérindienne arrivait, elle a emprunté la rampe d'accès, épousseté la neige sur son blouson et ouvert la porte vitrée. J'ai choisi de changer de sujet.

– Quand penses-tu rentrer ?

– En toute fin d'après-midi.

– Tu es où ?

– Au bureau, et toi ?

– Devant la bibliothèque, Linoa avait des livres à rendre.

Je commençais à trouver le temps long.

– Où allez-vous, après ?

Son ton exprimait autre chose : *As-tu prévu de rencontrer cette policière ?* Sa jalousie devenait agaçante. J'ai actionné les essuie-glaces pour effacer la neige qui brouillait ma visibilité sur cette porte qui s'entêtait à rester close.

J'ai lâché une question en l'air.

– Comment va Lee ?

– Figure-toi qu'elle est absente. Elle ne m'a même pas prévenue…

Une tension imprécise est montée. J'ai levé les yeux sur le ciel en réfléchissant, puis mon regard s'est de nouveau posé sur la porte.

– Y a un truc qui cloche, il faut que j'aille vérifier ce qu'elle fait.

– Lee ? m'a interrogé Daphné.

– Linoa, elle devrait être revenue. Je vais la chercher, on te rappelle de la maison.

J'ai rejoint l'église. Une femme qui sortait m'a tenu la porte, je l'ai remerciée et j'ai pénétré dans le hall. J'ai avalé les marches vers le sous-sol.

Derrière l'accueil, l'amie de Wyome était accroupie à ramasser des livres.

– Je cherche ma fille, vous l'avez vue ?

Elle s'est relevée, m'a lancé un sourire et rejeté ses cheveux en arrière.

– Pas depuis que j'ai pris mon service.

– Où est votre collègue ?

– Elle vient de partir, vous l'avez sûrement croisée.

Un début de panique s'est emparé de moi.

– Pouvez-vous vérifier si Linoa a retiré des livres ?

Son visage s'est refermé devant la fébrilité de mon ordre.

– Donnez-moi le numéro de sa carte.

Je le lui ai récité si vite qu'elle m'a demandé de répéter.

Après plusieurs clics, elle a hoché la tête.

– Elle a rendu des livres et récupéré sa commande, il y a dix minutes…

– Y a-t-il une autre issue ?

Elle a désigné une porte de la main.

– Il y a la sortie de secours. Mais personne ne l'utilise, je ne suis même pas certaine qu'elle ait été déneigée.

Je me suis rué vers la porte que j'ai tenté d'ouvrir en appuyant sur la barre métallique. Elle ne s'est écartée que de dix centimètres, bloquée par la neige. J'ai jeté un coup d'œil à l'extérieur, aucune trace n'indiquait que quelqu'un soit passé par là. Je suis retourné vers la jeune Amérindienne qui m'observait, dubitative.

– Vous êtes certaine qu'il n'y a aucune autre issue ?

Elle a hoché la tête et cligné des yeux.

– Il y a bien les toilettes, là-bas…

J'ai pénétré dans celles réservées aux femmes.

– Linoa ! Linoa, tu es là ?

J'ai ouvert les portes une par une. Bredouille, j'ai observé autour de moi. Une large lucarne mal fermée au-dessus du lavabo. Je me suis précipité et j'ai poussé sur le verre. La neige fraîche venait d'être souillée par des traces de genoux qui devenaient des pas. Je suis ressorti et j'ai ordonné à la bibliothécaire de contacter sa collègue pour lui demander si elle avait vu ma fille se diriger vers ces toilettes, seule ou accompagnée.

– Voilà mon numéro de cellulaire, prévenez-moi dès que vous l'aurez eue. Ou mieux encore, dites-lui de me rappeler d'urgence.

Elle a hésité. J'ai insisté d'une voix ferme.

– Dépêchez-vous ! Ma fille vient d'être enlevée !

– Très bien, je lui téléphone.

J'ai trébuché dans les marches, je me suis rattrapé *in extremis* et j'ai fait le tour de l'église en courant. Devant la lucarne, la taille des pas confirmait qu'il s'agissait des bottes de Linoa. Ils traçaient un chemin direct vers des marques de pneus assez larges pour faire penser à celles d'un 4×4. J'ai appelé Wyome.

– Roman, vous allez bien ?

J'ai résumé la situation en quinze secondes. Elle m'a demandé :

– Vous voulez que je lance un avis de recherche ?

– Oui, immédiatement. Linoa porte un blouson gris, une jupe bleue et des bottes de neige. Je vais tenter de la trouver dans le quartier. Contactez le policier qui surveille Lee, rappelez-moi tout de suite après !

Avec mon téléphone, j'ai photographié les traces de pas et les empreintes de pneus. Les dents serrées, j'ai couru jusqu'au Saturn. J'ai dessiné un croquis pour répertorier la position de chacune des photos. Mon portable a vibré sur le siège passager, affichant le numéro de Wyome.

– Lee n'a pas quitté son domicile depuis hier soir, c'est le collègue de nuit qui vient de me renseigner. Le policier qui a pris le relais ce matin n'a pas répondu à mon appel. Je le connais, il est probable qu'il dorme dans la voiture.

J'ai quasiment hurlé dans le téléphone.

– Donnez-moi l'adresse !

Dans un brouillard de neige, j'ai freiné au dernier moment en apercevant la voiture de police. Le Saturn a glissé et s'est arrêté, dix centimètres avant de la percuter. Les rafales brouillaient la visibilité, réduite à deux ou trois mètres, mais j'ai reconnu l'immeuble en brique décrit par Wyome. La neige m'a fouetté le visage, j'ai remonté le col de mon blouson, couru jusqu'au véhicule et toqué à la vitre couverte de buée. Joufflu avec une moustache rousse, le flic roupillait comme un bienheureux. J'ai vainement tiré sur la poignée, puis placé mes mains en corolle. L'homme avait les paupières closes, un thermos de café était renversé sur le siège.

J'ai crié pour le réveiller, animé d'un terrible pressentiment. En observant à nouveau, j'ai constaté que la clé n'était pas sur le démarreur. Le vent me cinglait le visage, le rythme de mon cœur s'est mis au diapason de mon stress. L'espace d'une seconde, j'ai évalué mes chances de casser la vitre d'un coup de poing et conclu qu'elles étaient nulles. Mon regard a fait le tour de l'étendue de neige sans rien repérer qui me permette de la briser. Je suis retourné à ma voiture et j'ai sorti du coffre la manivelle qui m'avait servi à changer ma roue. J'ai frappé de toutes mes forces. Le verre a explosé en milliers d'éclats *Securit*. J'ai dégagé les débris du coude, débloqué le bouton de verrouillage intérieur.

J'ai secoué le policier. Le corps a glissé sur le côté, la casquette en vrac. D'une plaie à la nuque, une coulée poisseuse maculait son uniforme. Il avait dû être poignardé par-derrière et s'était étouffé dans son sang. Le tueur avait volé les clés et fermé la voiture. L'odeur âcre m'a révulsé l'estomac. J'ai reculé, pris une inspiration d'air froid et rappelé Wyome. Sa voix marquait sa nervosité.

– Que se passe-t-il, Roman, vous êtes chez Lee ?

Je l'ai avertie du meurtre de son collègue, puis je lui ai demandé d'envoyer des renforts, le regard rivé sur l'immeuble. Le ton de la policière était catégorique.

– Attendez-moi. Je suis au niveau de la ligne des ponts, je serai là dans quinze minutes.

J'ai crié, malgré moi.

– Je n'ai pas le temps ! Linoa est peut-être à l'intérieur. Je vais entrer quoi qu'il en coûte.

J'ai ignoré ses protestations et raccroché. Ma colère enflait. J'ai ouvert l'étui du policier et sorti son Glock 17. Les lourds flocons continuaient à tomber, la lumière déclinait. Arme en main, j'ai sonné à l'interphone, sans obtenir de réponse. J'ai appuyé sur le bouton d'un autre appartement. Une voix de femme méfiante a grésillé.

– C'est pour quoi ?

J'entendais les cris d'un bébé.

– Votre voisine du bas est-elle chez elle ?

– Lee, j'en sais fichtre rien, pourquoi ? Qui êtes-vous ?

J'ai parlé avec le maximum de conviction.

– Un ami du kempo. On ne l'a pas vue depuis le début de la semaine. Elle ne décroche pas son téléphone. L'entraîneur,

Marc-André Bergeron, m'a demandé de passer prendre des nouvelles.

La femme a hésité, le marmot criait de plus belle, elle a finalement décidé d'abréger.

– Je vous ouvre, mais si elle n'a pas répondu, c'est qu'elle ne doit pas être là.

Le déclenchement de la gâche m'a permis d'entrer. J'ai descendu une dizaine de marches et collé mon oreille contre la porte. Aucun bruit ne parvenait de l'intérieur. J'ai pris un peu d'élan et envoyé un coup de pied au niveau de la serrure. La porte s'est ouverte dans un craquement de bois. Je suis resté sur le seuil, à écouter. Le silence était complet, j'ai avancé dans l'étroit couloir sombre, tenant le pistolet à deux mains à hauteur de visage. Il régnait une odeur de vêtements sales et de bouffe avariée. J'ai ignoré les toilettes, marchant lentement. Je suis arrivé dans la cuisine-séjour d'une cinquantaine de mètres carrés. Les stores des lucarnes étaient baissés, une lampe diffusait un éclairage tamisé par un abat-jour. La porte de la chambre était entrouverte. Je suis entré, Lee était allongée sur le lit, en position fœtale, les mains sur les oreilles.

– Ça va ? ai-je murmuré.

Elle n'a pas fait mine de bouger. La bouche ouverte, sa respiration saccadée trahissait un état de choc. Son regard fixait un point invisible. Je me suis approché, mon cerveau cogitait à mille à l'heure.

– Où est Linoa ? Lee, réponds, je t'en prie, réponds !

J'ai entendu le grincement d'une latte. Avant que je n'aie le temps de me retourner, j'ai reçu un coup sur la nuque. Une douleur fulgurante m'a anesthésié.

II

LA CÔTE-NORD

J'étais un enfant dépossédé du monde.

Anne Hébert – Le Torrent

1

Un bruit sourd ronronnait dans mes oreilles. Mon cerveau était plongé dans une léthargie brumeuse. Un mélange d'odeur d'essence et de terre humide m'est monté aux narines. J'ai ouvert les yeux, j'étais allongé dans un noir impénétrable. Je sentais le frottement des pneus sur la route. J'ai tenté de remettre de l'ordre dans les événements. Un soubresaut m'a fait rebondir. Le choc m'a fouetté les neurones. Tout s'est replacé en ordre : le premier rendez-vous avec Lapointe, les disparitions de Malo, Camille, puis Zoé, le suicide de Gillian, la grossesse de Linoa, son enlèvement à la bibliothèque de Lévis, le cadavre du policier, Lee tétanisée sur son lit, le craquement du plancher avant le coup porté à ma nuque.

J'ai remué mes membres courbaturés. Mes poignets et mes mollets étaient entravés. J'ai tenté de me mettre à quatre pattes, mon crâne a heurté le plafond du coffre. Un frisson de froid m'a traversé. Je me suis palpé le corps. J'ai réalisé que j'étais nu. Je me suis mordu la lèvre, persuadé d'avoir été kidnappé par l'ordure qui avait enlevé les jeunes et violé Linoa. Les kilomètres ont continué à s'égrener, il s'est mis à faire de plus en plus froid, au point que j'étais certain que j'allais mourir gelé…

J'ai ouvert les yeux, transi. Le moteur était arrêté, j'ignorais depuis combien de temps. L'unique bruit que je percevais provenait du cliquetis de ma mâchoire. Une voix m'est parvenue à travers le capot.

– J'espère que t'es pas trop *magané*[30] par la route ?

J'ai reconnu ce fort accent. Lee a ouvert la malle et braqué la lumière d'une puissante torche sur moi. J'ai cligné des paupières, ébloui. Je pouvais à peine discerner son visage derrière la lampe, seule la nuit étoilée resplendissait au-delà du spectre formé par le contour de son corps.

– Où est Linoa ? suis-je parvenu à articuler.

– Tu te poses certainement un tas de questions, Roman. Chaque réponse viendra en son temps.

L'absence de bruit indiquait que nous étions loin d'une route. Il avait cessé de neiger, le froid me semblait encore plus intense, nous avions dû rouler des heures vers le nord.

– Pourquoi ? Pourquoi fais-tu ça ?

– Quand tu sauras, je suis certaine que tu approuveras.

Je tremblais de la tête aux pieds, la faim et la soif me dévoraient, je me suis forcé à parler doucement.

– Alors, explique-moi…

– Pas maintenant. C'est lui qui te guidera.

– Lui ?

– Oui, lui, notre Maître.

J'ai tenté de la raisonner.

– Qui qu'il soit, il faut que tu comprennes qu'il te manipule.

– Tais-toi ! Tu n'es qu'un esprit endoctriné par la civilisation. Laisse-lui le temps de te libérer, tu jugeras après.

---

30 *Fatigué.*

C'était inutile de poursuivre, il me serait impossible de défaire en quelques minutes un embrigadement qui avait certainement nécessité des mois.

– Alors annonce-moi la suite du programme.

– On va attendre *icitte* une heure, puis on reprendra la route.

– Où sommes-nous ?

– Dans un endroit magique, je t'offre l'occasion de voir le spectacle. Ce sera peut-être l'unique fois de ta vie.

J'ai reculé jusqu'à réussir à m'asseoir contre le rebord du hayon du Dodge Dakota. J'ai renversé ma tête en arrière, les millions d'étoiles formaient un plafond lumineux. J'ai soupiré.

– Pourquoi tuer ce policier ? Tu réalises les conséquences ?

– Je devais prendre le large.

J'ai secoué la tête de dépit.

– Je n'arrive pas à croire que tu l'aies assassiné.

– Ce n'est pas moi.

– Celui qui a fait ça, c'est le même qui a abusé de Linoa.

Elle m'a regardé d'une façon étrange.

– Ce n'était pas un viol. C'était un acte d'unification.

J'ai retenu ma colère.

– Linoa m'a raconté que tu étais présente et que tu as essayé de la protéger.

Elle n'a pas répondu. Mes lèvres se sont crispées sous la douleur liée au froid.

– Dis-moi si elle va bien, je t'en prie.

– Bien sûr, elle a retrouvé le Maître.

– C'est lui qui m'a assommé ?

Elle a opiné.

– Il t'a aussi chargé dans le pick-up. Il possède une force colossale qui lui vient des esprits.

– Je suis en train de crever de froid, laisse-moi au moins remettre mes vêtements.

– C'est ta première épreuve. Ton sang doit se renouveler.

Dans la pénombre, j'essayais de déchiffrer les expressions de son visage.

– Où sommes-nous ? ai-je répété dans un souffle.

– Manic-5, le plus grand barrage du monde.

Je n'ai pas contredit son erreur. La variation de luminosité a annoncé l'imminence du jour, les premiers rayons se sont répandus sur la surface de l'eau glacée, illuminant les îles boisées et les montagnes environnantes. Lee a éteint sa lampe.

– Regarde !

L'immensité bétonnée de la centrale dotée de contreforts en arcs est apparue. Les couleurs sont passées du rouge orange, puis jaune et enfin au blanc pur. Je n'avais jamais rien vu de tel, un véritable rempart fortifié retenant l'eau d'un gigantesque lac glacé. L'illumination de l'édifice sur cette nature immaculée était à couper le souffle.

Lee a commenté.

– Deux cents mètres de haut, mille trois cents de longueur, sa construction a pris dix ans, le réservoir Manicouagan est visible depuis l'espace. On l'appelle l'œil du Québec !

Elle parlait d'une voix exaltée, le Glock 17 enfoncé à l'avant de son jean. J'ignorais si elle savait s'en servir, mais entravé et dans cet état de faiblesse, tenter quoi que ce soit aurait été une pure folie. Je me suis frotté le visage.

– Qu'est-ce que tu veux Lee, qu'est-ce que tu veux de nous ?

Elle a laissé passer un silence, l'œil perçant.

– J'aurais dû te tuer pour les fautes commises par les tiens ! Ces Français qui nous ont abandonnés aux Anglais ! Mais le Maître nous a appris la patience…

Elle a souri, ses piercings brillaient dans la luminosité matinale.

– Il t'a épargné pour Linoa. Tu peux t'estimer chanceux.

La rage impuissante m'a redonné de l'énergie.

– Cet homme est un assassin. Il a tué Gillian. Il l'a tué parce qu'il n'obéissait pas !

Elle s'est agacée.

– Gillian ne s'entendait avec personne, il s'est exclu lui-même. Il a choisi son destin !

– Alors si je résiste, je subirai le même sort.

– Si quelqu'un doit prononcer ta condamnation, ce sera le Maître. Le Maître, et personne d'autre.

Elle a regardé sa montre.

– Je vais te servir un café, ça te fera du bien. Nous allons reprendre la route.

Malgré ma méfiance, j'ai avalé le liquide chaud qui s'est aussitôt disséminé dans mon estomac vide. Très vite, mes jambes se sont ramollies, ma langue s'est empâtée, je venais de commettre une nouvelle erreur.

Lee m'avait rhabillé et installé à côté d'elle, une main menottée à la poignée de la portière. Le Dodge roulait sur une route déserte, encadrée d'arbres dénudés, que seuls les camionneurs devaient emprunter pour acheminer les matières premières minières extraites du Grand Nord.

Je me suis frotté la nuque, étourdi par la substance soporifique mélangée au café. Lee a tourné la tête et désigné un sac en papier kraft sur mes genoux.

– Du bœuf séché, rien de mieux pour te remettre d'aplomb. Tu t'en es très bien tiré jusque-là, un vrai karatéka ! Je dirai au Maître que tu ne t'es pas plaint, il appréciera. Il déteste les chialeurs, je te conseille de t'en souvenir.

J'ai mâché la viande salée accompagnée de frites graisseuses. Manger m'a revigoré, la chaleur dans l'habitacle rétablissait la motricité de mes muscles. Avec les calories, la vitesse de cogitation de mon cerveau est revenue.

– On arrive dans combien de temps ? ai-je demandé d'un ton qui laissait entendre que j'acceptais mon sort.

– Encore trois bonnes heures… Je suis certaine que l'endroit te plaira.

J'ai choisi de me moquer.

– Super ! On va sûrement y séjourner plusieurs jours, je dois prévenir Daphné que je ne serai pas là ce soir. Sinon, tu la connais, elle va s'inquiéter.

Elle a ri.

– Bien sûr, ton téléphone est dans ta poche.

Je l'ai sorti, prêt à composer le numéro. Mon élan a été stoppé pas l'évidence : aucune antenne ne desservait cet endroit !

Lee a rigolé.

– Je te l'ai dit, Roman, tu as de la chance, tu vas pénétrer un territoire encore vierge… C'est bien pour ça que tu es venu au Québec, le mythe des grands espaces !

J'ai demandé la seule chose qui m'importait.

– Linoa sera là ?
– Elle t'attend.

La forêt boréale se raréfiait, les arbres s'espaçaient, ne laissant entrevoir que leur pointe émergeant de la neige. Nous étions restés silencieux plusieurs heures, Lee bâillait de fatigue et vérifiait régulièrement les kilomètres sur le compteur.

Elle a bifurqué sur un chemin où deux voitures n'auraient pas eu la place de se croiser.

– Les sociétés forestières ont construit cette route, il y a cinq ans, a-t-elle commenté. Avant, on ne pouvait venir qu'en hydravion sur les lacs. À part les bûcherons en été, personne ne s'aventure jamais jusqu'ici.

J'ai enregistré l'information destinée à me montrer que quitter le lieu où nous allions serait déraisonnable. Une dizaine de kilomètres plus loin, elle a ralenti et s'est engagée sur une voie étroite entre deux murs de glace. J'ai lancé des regards à la recherche d'indices qui me permettraient de me repérer. Après vingt minutes à la vitesse d'une limace, elle s'est garée sur un espace déblayé par une souffleuse à chenilles Caterpillar.

Deux motoneiges nous attendaient, Lee a éteint le moteur.

– On va laisser le truck et finir la route en Ski-Doo. Tu sais t'en servir ?

– J'ai fait une semaine dans les Laurentides avec des amis.

Elle avait les yeux creusés par les heures de conduite.

– Parfait. Voilà les clés des menottes, libère-toi et remets-les à tes poignets. Inutile d'essayer de courir, t'aurais aucune chance d'aller nulle part.

Elle est descendue et a sorti l'arme de sa ceinture. J'ai contenu ma rage et obtempéré, puis je lui ai renvoyé le trousseau qu'elle a attrapé au vol. Elle a entouré le Dodge d'un grillage d'un mètre cinquante de hauteur.

– Ces saloperies de porcs-épics bouffent tout ce qu'ils trouvent. L'hiver dernier, ils ont grignoté les câbles du démarreur. Impossible d'allumer le moteur ! T'imagines la galère sans bagnole ?

Pendant qu'elle déchargeait et harnachait les bidons d'essence, les cartons de nourriture et une tronçonneuse sur les motoneiges, j'ai cherché un plan pour m'échapper avec Linoa, mais rien n'a surgi de mon chaos mental, si ce n'est l'impératif de garder mon sang-froid.

– C'est bon, a décrété Lee. Tu restes dans mes traces, le moindre écart et tu pourrais finir dans un trou.

J'ai tendu mes mains captives.

– Je ne voudrais pas me montrer exigeant, mais avec ces pinces, je crains de ne pas être en mesure de manœuvrer facilement.

Elle a ri et ressorti les clés de sa poche.

– Je vais devoir te faire confiance. De toute façon, t'es assez futé pour savoir que tu n'irais pas loin. La nuit tombe vite, on ne partirait pas à ta recherche avant demain matin…

Elle m'a lancé le trousseau, puis elle a enfourché la motoneige.

Le grondement des moteurs devait s'entendre à des kilomètres, j'étais pourtant certain que pas une âme ne les percevrait.

J'ai suivi ses slaloms entre les arbres et les pointes de rochers. La pente était si raide qu'il a fallu me mettre debout pour diriger la motoneige. Les muscles de mes cuisses se sont durcis, je sentais le sang battre contre mes tempes. J'étais harassé de fatigue et de stress, mais le désir de retrouver Linoa l'emportait sur tout.

Nous sommes arrivés aux abords d'un lac gelé sur lequel trois jeunes pêchaient près d'un trou creusé dans la glace. Nous étions trop loin pour discerner les visages, mais j'aurais donné ma main à couper qu'il s'agissait de Malo, Camille et Zoé, visiblement en bonne santé.

Sur les hauteurs de la berge, on apercevait deux chalets en rondins, montés sur billots. La vision de Robert Redford dans certaines scènes de *Jeremiah Johnson* m'a traversé l'esprit, celle d'un monde darwinien à mille lieues de toute civilisation, où seuls les plus robustes survivaient.

Nous avons suivi les traces sur un kilomètre et nous sommes arrêtés à côté de deux motoneiges, près des chalets. Un escalier permettait d'accéder aux petites terrasses devant la porte d'entrée. Assise dans une chaise à bascule, Linoa lisait, chaudement vêtue, une couverture sur les épaules. Elle a levé la tête et refermé son livre.

Je suis descendu pendant qu'elle venait vers moi. Elle m'a serré dans ses bras.

– Papa, je suis si heureuse…

J'ai posé une main sur sa nuque. Les larmes aux yeux de la revoir saine et sauve, j'étais incapable de dire un mot, noyé dans une émotion trop forte. Elle m'a pris la main.

– Viens. Il t'attend.

J'ai su que j'allais rencontrer le fumier qui l'avait violée.

– Allez-y, a confirmé Lee, je décharge et je vous rejoins.

Linoa m'a tiré vers la plus importante des cabanes. Équipés de tuques qui leur couvraient les oreilles, les trois jeunes nous observaient depuis le lac glacé.

– Maintenant que je t'ai récupéré, je te lâche plus, a dit Linoa de sa voix enfantine.

Nous avons gravi les marches. Avant d'ouvrir la porte, elle m'a glissé tout bas.

– Je t'en supplie, Papa, ne le mets pas en colère.

Elle m'a poussé à l'intérieur. La pièce était meublée d'une longue table, flanquée de deux bancs et d'une chaise à chaque extrémité, dont une plus large sculptée d'un emblème autochtone. Au fond, je voyais une cuisine rustique, un réchaud à gaz, une cafetière à filtre, des assiettes et des bols, des garde-mangers remplis de conserves. Le sol était fait de planches sur lesquelles plusieurs peaux de bêtes commençaient à s'user. Des bûches brûlaient dans un poêle émaillé dont je me suis demandé comment il avait été possible de l'amener jusqu'ici. La chaleur diffusée était presque excessive, l'odeur qu'il répandait couvrait en partie celles des chaussures et des vêtements humides.

Au-dessus d'un lit qui devait servir de banquette, un râtelier, garni de fusils et de carabines, était accroché au mur.

– Tu veux du café ? m'a proposé Linoa.

J'ai hoché la tête, une question dans les yeux à laquelle elle a aussitôt répondu.

– Il doit dormir. Il fait souvent des siestes lorsqu'il part chasser tôt. Camille, Malo, Chloé et moi habitons l'autre chalet. Lee aussi, quand elle est là... Je ne sais pas où il va t'installer.

Je me suis assis sur la chaise sculptée.

– Parce que c'est lui qui décide ?

Elle venait d'ajouter de l'eau, tirée d'un jerrican, dans la cafetière.

– Ne commence pas, je t'en prie. Je préfère aussi que tu t'asseyes sur le banc.

J'ai respiré un grand coup pour ravaler ma frustration.

– Sa décision, sa chaise... Tu te rends compte de ce que tu dis ?

Elle s'est légèrement mise en colère, les poings dans ses hanches.

– Sans lui, nous ne pourrons pas survivre.

Je me suis levé, le regard fixé sur les armes cadenassées. J'allais m'asseoir près d'elle sur l'autre chaise, mais elle m'a arrêté.

– Le banc, Papa, s'il te plaît !

Je me suis demandé à qui pouvait être réservée cette deuxième chaise dans un univers dont la hiérarchie était dictée par celui qui se faisait appeler *Maître*. J'ai décalé le banc, sans laisser la colère m'embrumer l'esprit.

Des cris de joie ont retenti à l'extérieur, Linoa a observé par la fenêtre.

– Malo vient d'attraper une truite grise ! Une grosse, elle doit peser au moins vingt livres.

Il y avait dans sa prononciation une pointe d'orgueil, une façon de me signaler qu'elle en savait déjà plus que moi. Visiblement, elle voulait s'intégrer à ce clan de gamins à la merci d'un monstre.

– Comment va le bébé ?

Elle a placé les mains sur son ventre.

– Il a bien supporté la route.

– Espérons qu'il en sera de même au retour.

Elle a planté ses yeux dans les miens.

– Arrête Papa, changeons de sujet…

– Linoa, pourquoi t'es-tu sauvée pour retomber sous la coupe de ce maniaque ?

Elle a vivement secoué la tête.

– Tu sais très bien pourquoi… Tu comprendras quand tu le verras.

Un bruit a résonné derrière une des portes. J'ai senti mon corps et celui de Linoa se raidir. Un géant tout en muscles a ouvert et s'est baissé pour franchir le seuil. Il portait un pantalon épais et une chemise écossaise boutonnée jusqu'à la glotte. Ses cheveux blancs cintrés d'un bandeau en tissu brodé de perles lui tombaient sur les épaules. La peau tannée et ridée d'un homme de 50 ans, des yeux bleus qui n'ont pas semblé me voir, il n'a pas prononcé un mot, s'est dirigé vers le lavabo et rincé le visage.

Il s'est tourné en s'essuyant avec un torchon, un long couteau dans un étui pendait à sa ceinture en cuir. La largeur de ses épaules et ses pectoraux semblaient former une montagne infranchissable. Un physique exceptionnel qui m'a fait penser à celui de l'Indien dans *Vol au-dessus d'un nid de coucou*, auquel s'ajoutait la capacité de folie d'un Klaus Kinski, inscrite dans le regard.

– T'es arrivé, tant mieux. Lin va retrouver le sourire.

La main sur le manche en corne du couteau, il l'a embrassée dans le cou, en me défiant. J'ai soutenu son regard, conscient que mon impossibilité à réagir face à ce qu'il dégageait de violence me faisait perdre la première manche. Linoa m'observait, soulagée, et en même temps elle enregistrait l'évidence de ce qui venait de se jouer entre lui et moi. Il a souri à sa propre victoire et ordonné à Linoa.

– Va dire aux autres d'allumer le feu, on dînera tôt.

Elle lui a répondu enjouée :

– D'accord ! À tout de suite, Papa, on boira le café plus tard. Je suis si heureuse que tu sois là !

Ces simples mots qui contrebalançaient un peu ma défaite m'ont vrillé le cœur. Dès qu'elle a été sortie, l'homme a plissé les paupières.

– Pas trop fatigué par la route ? C'est loin, hein, et il fait froid.

Je continuais à soutenir son regard perçant.

– J'ai passé la majeure partie du temps endormi…

Il a souri.

– Simple précaution. Nous voulons tous préserver notre tranquillité.

– Tous ?

– Ceux qui vivent ici.

Il a éteint la cafetière et j'ai tenté ma chance.

– Écoutez, un jour ou l'autre la police vous trouvera. Est-ce qu'il ne vaudrait pas mieux vous rendre ? Les juges en tiendront certainement compte…

Son visage est resté hermétique, il a pointé son index sur moi.

– Dans quelques jours, on ira chasser, toi et moi. Ça te pose un problème de tuer du gibier ?

J'ai répondu d'un ton froid.

– Je tuerai, si c'est nécessaire.

La menace a semblé l'amuser.

– Tant mieux. Ça n'en sera que plus intéressant.

La façon dont il m'observait ne présageait rien de bon, j'ai eu la certitude qu'il allait m'embarquer dans une lutte à mort et que ce moment de vérité le rendait impatient.

– En attendant, on va te donner un endroit pour dormir, il vaudrait mieux que tu passes des nuits pleines, tu en auras besoin. Viens, je vais te montrer.

Sa voix grave vibrait dans mes oreilles. Il se déplaçait avec une souplesse étonnante pour son gabarit. Il a ouvert une porte sur une pièce faiblement éclairée par une petite lucarne au plafond. J'y ai entrevu un lit en planches dont le matelas était roulé, une couverture et un oreiller, sale.

– Tu vas dormir là, pour l'instant.

Son « pour l'instant » signifiait que je pourrais bientôt ne plus avoir besoin de chambre. L'odeur de bois prenait à la gorge, une caméra de chasseur était installée dans un coin.

– Je n'ai pas l'intention de vous encombrer longtemps.

Il s'est amusé des non-dits entre nous.

– Lee a certainement prévu des affaires pour toi. Allons retrouver les autres.

Il a enfilé ses bottes, j'ai remarqué un orteil à l'ongle noir sous sa chaussette trouée. Dehors, la lumière du soleil déclinant donnait au lac une teinte bleutée. Un feu crépitait dans un bidon scié en deux, calé sur des parpaings. Trois chiens de traîneau qui m'ont semblé être des mélanges de huskies et de chiens inuits du Canada étaient allongés près des jeunes, affairés à vider le produit de leur pêche. La température avait chuté, Lee tapait ses pieds contre le sol, elle s'est adressée à l'homme dont j'ignorais toujours le nom.

– J'ai tout rassemblé dans le chalet. J'ai acheté les piles et les cartouches…

Il a hoché la tête.

– Parfait, c'est très bien.

Je me suis approché de Linoa. Ma présence gênait Malo, Camille et Zoé, qui me jetaient de rapides coups d'œil. J'ai caressé un des chiens dont les oreilles se sont dressées.

– Comment il s'appelle ? ai-je demandé à Linoa pour rompre le silence.

– Je ne sais pas.

– *Anim*, a dit Malo, ça veut dire « le vent ».

Aussitôt, il a regardé le géant pour vérifier qu'il n'avait pas commis d'impair. L'homme a saisi un tisonnier, remué le bois pour étaler une braise uniforme. Des étincelles s'éparpillaient avant de s'évanouir. Il a décrété.

– Allez-y, c'est bon maintenant.

Les gamins lui ont obéi, plaçant les poissons sur les grilles. Des questions sur les intentions de cet Indien se bousculaient en moi. La graisse des poissons crépitait sur la braise, des volutes de fumée s'élevaient vers le ciel rougeoyant. L'homme m'a observé, j'ai eu l'impression qu'il lisait mes interrogations. Il a paru s'en amuser.

– Lorsque j'ai eu 10 ans, a-t-il dit pour l'auditoire, mon père m'a emmené sur ce lac pour la première fois. Nous avons atterri en hydravion, nous avons déchargé le matériel, puis l'avion est reparti. Il n'y avait rien, seulement le lac, la forêt et ces saloperies de mouches. Nous avons passé un été à construire le premier chalet. Je n'étais pas un enfant de la ville, mais j'avais toujours vécu près des miens dans la réserve. Mon père m'a appris à chasser à l'arc, à fabriquer et installer des pièges, à creuser la glace pour pêcher… Quand les premiers grands froids sont arrivés, il est reparti sans me prévenir.

Les gamins buvaient ses paroles. Il a exhibé ses énormes paumes.

– J'ai survécu grâce à ces mains. Plus j'avance en âge, plus je sais que mon père m'a offert la leçon la plus importante de ma vie : nous appartenons à la nature et devons faire corps avec elle. Tout le modernisme de l'homme blanc nous en éloigne.

Je sentais qu'il attendait que je le contredise, mais j'ai continué à l'étudier sans réagir à ses provocations. Un lourd silence s'est installé, Lee a été la première à le rompre.

– Je crois qu'ils sont cuits…

– Tu as raison, retirez les poissons.

Nous sommes rentrés et assis autour de la table, Camille, Zoé et Linoa d'un côté, moi assigné près de Malo, du même côté que Lee. L'homme trônait face à la chaise vide.

L'atmosphère était tendue. J'ai observé Camille et Zoé en train de manger, le nez dans leur assiette. Camille était effectivement très jolie, son père l'avait affirmé fièrement, mais il y avait en elle quelque chose de fané par rapport à ce que dégageaient les photos que j'avais vues. Zoé, elle, était fragile et maigre, un corps qui n'était pas encore sorti de l'enfance. Le géant a bu un verre d'eau, il a rassemblé les arêtes et les têtes de truites pour les mettre dans un seau, puis s'est raclé la gorge.

– Lequel d'entre vous va nourrir les chiens ?

Le visage de Linoa était grave, sa mastication mécanique et ses pupilles humides. J'ai eu envie de la serrer dans mes bras et de lui dire *Viens, ma fille, on s'en va !* mais le géant m'en empêchait, tel un cerbère en attente du moindre prétexte pour me tuer. Il s'est tourné vers elle et a couvert sa petite main de la sienne.

– Tu veux le faire ?

Sa poitrine a palpité, ses tresses noires étaient à moitié défaites, elle a chuchoté.

– Toute seule…

Il a hoché la tête.

– Il faut qu'ils apprennent à te respecter.

Elle a mis quelques secondes avant de répondre, un trémolo dans la voix.

– Si ça te fait plaisir, j'irai…

Il a affiché un sourire satisfait. Je me suis levé du banc.

– Je l'accompagne.

Totalement inféodés, les jeunes ont tourné leur regard vers l'homme. Ils m'ont fait penser à des enfants brisés, dépossédés de leur avenir. L'Indien a interrompu le mouvement de sa main en train de porter un morceau de poisson à sa bouche. Le feu de ses yeux bleus s'est posé sur moi. Il m'a paru que toute la folie du monde s'y reflétait. J'ai ressenti de la peur.

– Elle n'a pas besoin de toi, c'est une femme désormais.

– Peut-être, mais je préfère y aller avec elle.

Linoa attendait, pétrifiée. Le coup de paume qu'il a frappé sur la table nous a tous fait sursauter.

– Très bien, sortez ensemble, dans ces ténèbres. Père et fille.

L'air glacé m'a revigoré, cela faisait du bien de respirer hors de la pression mise dans la cabane par ce géant indien. J'ai remonté la capuche de Linoa.

– Couvre-toi, on frôle les -10 degrés.

Elle était en colère.

– Tu l'as rendu furieux. Maintenant il va me punir.

– Arrête d'avoir peur de lui, je suis là, je ne le laisserai pas te faire du mal.

Elle m'a étudié, les lèvres serrées, puis a secoué la tête.

– Tu ne comprends pas, tu ne peux rien contre lui, il devine ce que tu penses avant même que tu en aies l'idée. C'est un chaman, il communique avec les esprits…

J'ai ignoré cette idée crédule.

– Dis-moi où il cache la clé du cadenas des carabines.

– Il la garde pendue à une chaîne autour du cou qu'il n'enlève jamais.

Elle a détourné les yeux, j'ai refoulé l'évidence de la façon dont elle le savait.

Ma fille était à la merci de ce monstre qui me tuerait si je tentais de m'opposer à lui !

Linoa m'a devancé dans les marches.

– Dépêchons-nous, sinon il sera encore plus remonté.

– Laisse-moi un peu de temps pour organiser notre évasion.

Elle n'a pas fait semblant d'y croire. Nous nous sommes dirigés vers les chiens qui se sont mis à gronder. Ils sentaient la nourriture, tiraient sur les cordes auxquelles ils étaient attachés, prêts à se battre entre eux pour être le premier servi. Le seau rempli de restes de poissons en main, je me suis approché du plus agressif. Ses crocs blancs et effilés sont apparus.

J'ai fait un pas et hurlé :

– Arrête ou t'auras rien à bouffer !

Il a baissé la tête, les oreilles ramassées. Je me suis agenouillé, paume ouverte. Il m'a reniflé puis léché les doigts. J'ai caressé ses poils épais dans son cou.

– Viens, ai-je dit à Linoa.

Elle m'a rejoint, j'ai posé sa main sur la tête du chien.

– Caresse-le, là, comme moi.

L'animal n'a pas bronché. Linoa a souri.

– C'est doux. Tu crois que je pourrai venir toute seule, la prochaine fois ?

– Sûrement… Nourris-le pour qu'il se souvienne de toi…

Le chien s'est jeté sur une tête de poisson. Linoa a ri avec son rire léger.

– On dirait qu'il n'a pas mangé depuis des jours.

Les autres gémissaient et sautaient sur place.

– Il vaut mieux les calmer avant qu'ils s'attaquent entre eux.

Nous leur avons lancé la pitance odorante qu'ils se sont mis à dévorer. Linoa était fascinée. J'en ai profité pour lui demander.

– Pourquoi t'es-tu enfuie ?

Elle m'a regardé.

– Il a menacé de te tuer…

– C'est Lee qui te l'a présenté ?

– Non, c'est Malo. Il m'avait dit qu'il connaissait un sorcier indien.

– Il est venu à la maison la nuit avec Malo.

– Oui, ils ont cogné à ma fenêtre. Après, ils revenaient ensemble. À l'école, on a décidé de ne plus se parler pour ne pas éveiller les soupçons.

– C'est donc lui qui était là, lorsque j'ai été attaqué, ai-je conclu, sceptique.

– Il était avec Lee. C'est elle qui t'a assommé.

Je commençais à reconstituer le scénario.

– Malo a connu Lee au kempo, ensuite elle lui a présenté ce salopard ?

– Ne l'appelle pas comme ça. Il faut dire le Maître.

Cette façon de s'exprimer montrait à quel point elle était sous l'emprise de l'Indien. J'ai pris quelques secondes pour réfléchir.

– Ce dimanche avec tes copines, le long du fleuve, c'est Lee qui vous accompagnait. Elle vous a fait fumer de la drogue pour vous appâter, toi et tes amies. Zoé était là… Camille aussi. Le soir d'Halloween, vous avez inventé cette querelle pour justifier la fugue de Zoé.

Elle a confirmé.

– Zoé voulait rejoindre Malo et Gillian.

– Qu'est-il arrivé à Gillian ?

Elle a hésité.

– Je ne sais pas exactement. Je crois qu'il se disputait avec les autres. Avec Zoé surtout. Le Maître avait prévu qu'ils soient ensemble, mais ça n'a pas fonctionné entre eux. Gillian s'est évadé la nuit… Le Maître l'a rattrapé…

– Il a abusé de Gillian. Tu le savais et tu n'as rien dit.

Elle a baissé les yeux, le regard dans le vide. Je lui ai pris le visage à deux mains.

– Il a abusé de lui comme il abuse de toi !

Elle s'est reculée et a vigoureusement secoué la tête.

– Non, tu te trompes ! C'était de sa faute ! Gillian n'aurait pas dû partir.

– Même s'il s'est échappé, rien ne justifie de lui faire subir ça !

Ses paroles sont sorties dans un souffle plein de larmes prêtes à couler.

– Tu ne comprends décidément rien !

Je suis resté tétanisé. Elle s'est éloignée en criant :

– Je suis désolée, Papa ! Je suis tellement désolée !

J'ai accusé le coup, déboussolé par sa façon de réagir.

– Pourquoi suis-je là ? Il a forcément un plan pour moi…

Elle atteignait les marches et s'est à peine retournée.

– Il a dit qu'il fallait que tu viennes pour que je coupe le lien, une fois pour toutes.

2

Les jours suivants, le géant indien était toujours parti avant mon réveil. Le soleil n'était présent que quelques heures, il demeurait bas à l'horizon, diffusait peu de chaleur et une lumière douce. Pourtant, lorsque les bourrasques chassaient la neige de la surface du lac, le reflet des rayons était éblouissant au point qu'elle rendait des lunettes indispensables. Levé tard en raison d'un sommeil agité, je prenais mon petit déjeuner et rejoignais les ados dehors.

Parfaitement équipés pour des températures extrêmes, ils s'organisaient pour la pêche sous la glace, le déblaiement autour des chalets, quelques réparations et l'entretien mécanique des motoneiges, dont Lee conservait les clés. Elle ne quittait jamais son Glock 17 et gardait un œil sur moi. J'étais néanmoins libre de circuler à ma guise, de parler à Linoa et aux jeunes. À midi, nous vidions et faisions griller des brochets, des dorés jaunes, des truites arc-en-ciel, grises ou mouchetées, à la chair fine, ramenés parfois de lacs environnants. Le surplus était conservé dans un trou d'un mètre de profondeur, creusé à même la terre gelée, et recouvert d'une tôle ondulée.

Très vite, j'ai suspecté que Malo et Camille formaient un couple, même s'ils ne manifestaient jamais de signes amoureux. De son côté, Lee était attentionné avec Zoé, sans que j'y décèle autre chose que de la bienveillance pour son évident mal-être. Il régnait entre ces jeunes une ambiance de non-dits, des regards anxieux qui me donnait la sensation qu'ils vivaient dans l'angoisse d'une épreuve qu'ils redoutaient, dont il leur était interdit de parler.

J'aurais voulu m'en expliquer avec Linoa, mais elle gardait ses distances devant les autres. J'étais en train de couper du bois de chauffage avec une courte hache lorsqu'elle s'est approchée, presque timidement.

– Ça va, Papa ?

D'un coup sec, j'ai figé la lame dans la souche.

– Ça ira dès que je serai parvenu à trouver un plan pour nous enfuir.

Elle a secoué vigoureusement la tête, les mains sur le ventre.

– C'est trop risqué. Il n'y a aucun moyen de quitter le lac avant la fonte des neiges.

Pour la première fois, elle semblait d'accord pour partir.

– Il faudrait que je puisse avertir Lapointe, mais je n'ai pas vu d'antenne, comment font-ils pour communiquer avec l'extérieur ?

Elle a réprimé une grimace de dégoût.

– C'est Lee qui s'en chargeait lorsqu'elle rentrait à Québec…

Pas entièrement convaincu, j'ai maugréé.

– Ta mère doit être folle d'inquiétude.

Elle a secoué la tête et articulé, la gorge nouée.

– Je ne crois pas, non.

– Tu la juges trop durement. Ta maman ne veut que ton bien…

Son visage s'est verrouillé, elle a enfoncé ses poings au fond de ses poches. Je me suis tu, conscient qu'un mot de plus risquait de la bloquer. Lee s'était approchée en silence, elle a houspillé Linoa.

– Tu devrais être à faire la lessive avec les autres. Le Maître ne va pas tarder à rentrer.

Linoa a reculé devant l'intensité de son regard. J'ai aussitôt réagi.

– Arrête de lui donner des ordres ! Sinon tu auras affaire à moi.

Elle a saisi le Glock, s'est approchée à me toucher, le canon planté dans mon ventre.

– S'il ne m'avait pas fait promettre de t'épargner, je t'abattrais ici, comme un chien !

J'ai écarté les mains à hauteur de ma tête.

– Qu'est-ce que tu attends ? Tu as peur de sa réaction, tu m'en ficheras d'une karatéka…

Elle a ri.

– Je préfère t'abandonner au sort qu'il te réserve.

Elle a relevé le col de sa veste et attrapé le bras de Linoa.

– Viens, on va laisser ton gentil papa finir ce qu'il a commencé. Pour une fois qu'il se rend utile.

De rage, j'ai arraché le manche de la hache, et je me suis activé pour me réchauffer du froid qui me glaçait le dos. Vers 16 heures, le géant est rentré avec des lièvres et un renard blanc. Nous étions regroupés autour de la table, dans une ambiance lourde. Les jeunes, Lee mise à part, semblaient craindre une échéance. L'Indien n'a pas prononcé un mot, il a jeté le fruit de sa chasse sur la table et s'est installé sur sa chaise.

– Quel jour on est ? a demandé Zoé, d'une voix faible et désemparée.

J'ai senti la nervosité s'amplifier chez Malo, qui a posé sa paume sur l'avant-bras de Camille. Le géant est resté interdit, a regardé Linoa. Elle a enfoncé le menton dans son cou. Il lui a adressé un sourire, puis il a levé la main, prêt à asséner une gifle à Zoé. Elle a aussitôt baissé la tête. La voix du géant a tonné.

– Je t'ai dit de ne pas t'inquiéter !

Les jeunes ont sursauté. Il les a dévisagés tour à tour.

– Tous ! Vous êtes sous ma protection.

Ses pupilles bleues se sont posées sur moi. Mon sang s'est accéléré. Il a gardé le silence pour ménager son effet.

– Demain matin, nous irons faire cette chasse…

J'ai revu son attitude quand il avait parlé de ce qui s'apparentait à une confrontation à mort. Instinctivement, j'ai jeté un coup d'œil vers la chaise vide. Mes poings se sont serrés sous la table, prêt à me battre contre un ennemi invisible.

Après dîner, il m'a enfermé dans la chambre. Je ne pouvais rien faire pour l'empêcher d'emmener Linoa dans la sienne. Même si elle paraissait l'accepter, la torture de la savoir dans le même lit que cet homme m'a coupé le sommeil. Je suis resté éveillé à observer le ciel à travers la lucarne. Le silence de la nuit donnait une profondeur abyssale à mon impuissance. J'ignorais si la caméra fonctionnait, je me suis retenu d'aller l'arracher au plafond. J'ai fini par m'assoupir.

J'ai senti une présence au bord du lit et ouvert les paupières. Le géant posait sur moi un regard froid, en souriant.

– Réveille-toi, c'est l'heure.

Je n'avais quasiment pas réussi à fermer l'œil. Une vague d'hostilité s'est propagée en moi. Agacé par mon absence de réaction, il a aboyé :

– Tu as du café et du pain sur la table. Je vais voir les chiens, j'attendrai dix minutes !

Il n'a pas précisé ce qui se passerait si je n'obéissais pas. Je me suis habillé, j'ai avalé le petit déjeuner, endossé un blouson et des gants polaires. Une brume nuageuse se dessinait sur les montagnes dans la lueur de la lune. J'ai rejoint le géant sur la berge. Il portait un arc, en travers de la poitrine, le couteau pendait à la ceinture sur sa veste en cuir tanné. Une tuque en fourrure ne révélait que ses yeux. Il a détaillé mes vêtements et estimé que j'étais suffisamment équipé. Il m'a jeté un sac à dos.

– Il y a des provisions et de l'eau. Gère ta consommation. Si tu te perds, tu auras de quoi tenir quelques heures. Si ça arrive, reste sur place et prie ton Dieu pour que je te retrouve avant que tu gèles. Maintenant, suis-moi…

Il s'est élancé sur la piste que nous avions empruntée avec les motoneiges. J'ai récupéré le sac et lui ai emboîté le trot, le long du lac. Deux paires de raquettes étaient accrochées sur son dos, un carcan contenait une série de flèches. Il se déplaçait avec une légèreté stupéfiante.

Une dizaine de mètres nous séparaient ; le regard dans ses traces, j'essayais de maintenir la distance, mais à chaque fois que je relevais la tête, je réalisais que je perdais du terrain et j'étais contraint de forcer pour le rattraper. Nous avons atteint l'extrémité du lac, au bout d'une demi-heure. Il s'est arrêté, à peine essoufflé. Je me suis tenu à un arbre, le dos couvert d'une plaque de sueur glacée.

– Pas trop dur ? a-t-il dit en riant.

Je flageolais sur mes jambes.

– Je ne sais pas…

Il a rigolé plus fort.

– Dans une heure, ça ira mieux. On va grimper, je dois relever des pièges.

– Que chassons-nous ?

Ses yeux impitoyables se sont plantés dans les miens.

– Nos malédictions…

– Sortilèges, malédictions. Ne perdez pas votre temps avec moi, je ne suis plus un enfant.

– Tu es surtout trop imprégné de ta culture scientifique. Les jeunes, eux, savent encore ce que leur dicte leur corps, ils écoutent la Mère Nature.

Il a fait un large mouvement vers l'immensité des montagnes qui nous entouraient.

– Regarde autour de toi, crois-tu que le loup attende pour s'accoupler avec une louve lorsqu'elle est prête à se reproduire…

La provocation était délibérée. Imaginer ma fille dans ses bras m'a révulsé. Mais je savais que je devais ravaler ma rage le temps d'extraire Linoa de son influence. L'école de police m'avait formé au syndrome de Stockholm, ces otages qui développaient une empathie pour leurs geôliers, un phénomène psychologique d'une ampleur telle que certaines victimes se ralliaient à des causes indéfendables au point de combattre les forces de l'ordre venues les libérer. De nos échanges, j'avais compris que c'était le cas de Linoa. Je devais l'arracher à ce monstre, sinon sa vie ne reprendrait jamais son cours normal.

Le géant attendait ma réaction. Je me suis demandé s'il n'était pas déjà trop tard pour ma fille. Une poussée de violence m'a submergé :

– Nous ne sommes ni des loups ni des animaux !

Son regard bleu a pétillé.

– *L'homme est un loup pour l'homme*… Dans la nature, le plus fort domine la meute…

J'étais surpris qu'il puisse citer Hobbes.

– L'homme s'émancipe par la culture, seuls les crétins restent dans cet état primitif…

J'ai perçu qu'il ne supportait pas d'être contredit. Il s'est approché, m'a attrapé l'épaule et a exercé une pression qui m'a arraché un cri de douleur. Il aurait facilement pu me broyer la clavicule, mais il s'est contenté de m'obliger à tomber à genoux.

– Ici, le plus puissant commande. Tu comprends, sale Français, tu es soumis à ma loi !

Ses pupilles exprimaient de la violence pure. J'étais face à un être qui poursuivait une vengeance inexplicable. J'ai refusé de le supplier, persuadé que si je cédais, il n'accorderait plus aucune valeur à ma vie. Notre joute était son seul motif à m'avoir fait venir. Pour finir d'asseoir sa domination sur Linoa, il voulait lui montrer ma capitulation !

Il m'a basculé avec le pied.

– Toi, tu n'es pas un loup, tout juste un petit oiseau perdu trop au nord…

Il a posé sa semelle sur ma tête à la manière d'un chasseur sur un trophée. Ivre de colère, j'ai craché la neige brûlante entre mes lèvres.

– J'ai déjà connu des tarés dans votre genre, des types qui manipulent des esprits faibles. En général, il y a dans leur enfance une humiliation qu'ils cherchent à compenser.

J'ai cru que son coup de pied me brisait la mâchoire, la douleur fulgurante s'est propagée dans mon corps. Il m'a redressé à deux mains et collé contre un tronc d'arbre, la mine mauvaise.

– La chasse n'est pas finie, on reparlera de ça dans quelques heures.

Il m'a poussé devant lui, j'ai trébuché et réussi *in extremis* à éviter de tomber. Autour de moi, aucune piste ne se dessinait. Il m'a dépassé en me donnant une forte tape sur l'épaule.

– Suis-moi… C'est maintenant qu'on va savoir quel animal tu es vraiment !

Il a commencé à gravir la pente à larges foulées. J'ai jeté un œil en arrière, le soleil se levait à l'horizon, déployant une couleur rouge à travers la masse nuageuse. Les chalets paraissaient encore endormis, j'ai eu le pressentiment que je ne reverrais jamais Linoa. J'ai serré les poings et me suis élancé à la suite du géant. L'accumulation de neige dans laquelle nous nous enfoncions dépassait les trente centimètres, il ne semblait pourtant pas décidé à s'équiper de raquettes. Sans doute espérait-il me faire plier l'échine plus vite. Je ne quittais pas son dos du regard, déterminé à lui donner du fil à retordre, mais chaque pas nécessitait un effort harassant. Au bout d'un temps qui m'est apparu interminable, il s'est arrêté devant un arbre massif.

J'ai rempli mes poumons de grandes goulées d'air. Il paraissait aussi en forme qu'à notre départ. Il s'est accroupi sur un piège dont la trappe s'était déclenchée.

– Cette fois, c'est toi qui as gagné, a-t-il déclaré sans colère, s'adressant à l'animal.

– C'était quoi ?

Il m'a regardé, semblant se souvenir de ma présence.

– Un loup, un renard… Peut-être un lynx… Les marques ont été effacées par le vent.

J'ai posé une autre question pour continuer à reprendre mon souffle.

– Il y a des ours dans la région ?

Il a ri de mon inculture.

– Beaucoup. Et plus gros que toi. Ils seront bientôt en hibernation.

– Vous en avez déjà tué ?

– Selon toi ?

– J'imagine que oui…

– J'ai tué le premier, tu n'étais pas né.

Il a remplacé les appâts odorants et remis le piège en place.

– On repart dans cinq minutes, profites-en pour manger et boire un peu.

– Vous ne mangez pas…

– J'ai mangé en route.

Je sentais la sueur sur mes tempes. J'ai ôté le sac à dos et sorti la viande d'orignal salée conservée dans un morceau de cuir. J'ai mastiqué doucement, puis j'ai bu à la gourde. Le sac contenait une courte scie à bois, une petite pelle, un briquet et une bougie. L'idée de me servir de la scie contre le géant m'a traversé, j'ai relevé la tête, il m'observait de ses yeux bleus où l'amusement se mélangeait à la cruauté. J'étais certain qu'il l'avait délibérément laissée pour me tenter. J'ai refermé la lanière du sac et l'ai replacé sur mes épaules.

– Sage est celui qui sait reculer… a-t-il dit, ironique.

J'avais envie de me jeter sur lui, mais je n'avais pas la moindre chance dans un corps à corps. *Reculer pour mieux sauter*, lui et moi savions que notre affrontement était inévitable. Il a reniflé et s'est remis en route.

– La nuit tombe vite, je ne veux pas rentrer bredouille.

Deux heures plus tard, une neige fine volait autour de nous. Les autres pièges s'étaient révélés vides, l'humeur du géant s'assombrissait. Nous sommes arrivés sur une esplanade culminant la montagne, il m'était impossible de discerner les chalets, mais j'imaginais que par temps dégagé, la vue sur le lac devait être splendide. Il s'est approché d'un bloc de sel accroché à un arbre. Il a relevé la mémoire d'une minicaméra fixée sur un tronc.

– Il est revenu…

– Qui est revenu ?

– Mon orignal. Un mâle énorme. Dans quelques jours je l'attendrai ici.

Ses épaules s'étaient un peu affaissées, il semblait enfin atteint par la marche, alors que de mon côté, mon corps avait repris le dessus sur la fatigue.

– Vous ne le pourchassez pas ?

Il a secoué la tête.

– Quand il aura l'habitude de venir sans se méfier, je le tuerai d'une seule flèche.

Ses yeux ont fixé un point invisible dans la forêt. Son pouce a frotté la crosse de son couteau. Son regard est revenu vers moi, il a eu un geste de défi du menton.

– Ensuite j'offrirai sa ramure à ma petite Lin…

Mes mains se sont mises à trembler d'une rage qui surpassait ma peur.

– Les ordures dans votre genre abusent d'enfants parce qu'elles sont incapables de séduire une femme ! Elles cachent leur lâcheté dans leur perversité ! Vous vous faites appeler le Maître, mais vous n'êtes qu'un maniaque qui vit terré loin du monde.

Sans répondre, il s'est défait de son arc et l'a posé au sol. Il a sorti son couteau de l'étui et passé le doigt le long du fil de la lame.

– Quand j'ai tué mon premier ours, je lui ai retiré ses griffes pour en faire un collier. Sa fourrure orne le plancher de ma chambre. Mon père m'a mené au sorcier du clan. Sa magie m'a permis d'entrer en contact avec l'esprit de l'ours pour qu'il me donne sa force. Nous avons bu et dansé toute une nuit. Depuis, j'ai appris cette magie ancestrale, c'est elle qui me rend invincible.

J'étais maintenant trop en colère pour me laisser impressionner.

– Vos fables de sorcellerie vous servent à mettre en place les plans sordides que vous avez en tête. J'ignore comment vous avez réussi à convaincre Lee de vous suivre dans votre folie, sans doute était-elle déjà torturée avant de vous rencontrer… Vos cerveaux malades se sont bien trouvés ! Vous devriez vous coller ensemble et nous laisser repartir !

Il a craché à ses pieds.

– Finalement, je sais quel animal tu es : un coq, un petit coq arrogant !

Ce géant m'est soudain apparu prévisible. L'énigme de la chaise vide me trottait dans la tête et m'avertissait que j'étais passé à côté de quelque chose qui m'a sauté à l'esprit : cet homme n'était pas doté d'une intelligence suffisante pour avoir pris le dessus sur le mental des ados qui vivaient ici.

Cette fois, c'est moi qui ai rigolé.

– Ce n'est pas d'une grande originalité. Vous savez ce qu'on dit de cet animal, qu'il est le seul qui chante les pieds dans la merde ! Mais une petite question, avec votre sorcellerie et votre force soi-disant surhumaine, vous avez quand même besoin d'un couteau pour affronter un minable coq ?

Il a planté la lame dans la neige entre lui et moi.

– Je vais te révéler un secret, tu vas mourir maintenant, mais avec un peu de chance, il se peut que tu renaisses meilleur que tu auras été.

Il m'a fixé droit dans les yeux, les pupilles brûlantes d'une soif de meurtre. La certitude de lui être inférieur m'ordonnait de décamper, mais mes jambes refusaient de suivre cet ordre. Le géant s'est approché, courbé en avant, les bras embrassant l'air si largement que j'avais l'impression qu'il m'encerclait. Il a ignoré le couteau, décidant que nous nous battrions à mains nues.

J'ai fait un pas en arrière et senti ma cheville vriller. Je suis tombé dans la neige. Il a pris une impulsion. Un grognement a retenti derrière les arbres.

Un ours est apparu et s'est dirigé vers le bloc de sel. Son pelage noir épais contrastait avec une tache blanche sur sa poitrine. L'Indien s'est précipité pour récupérer son couteau. Son mouvement a alerté l'animal, qui s'est dressé sur ses pattes arrière, les dents et les griffes menaçantes. Ses petits yeux fixaient le géant, son groin le humait, ses oreilles arrondies semblaient capter le moindre bruit. Il a grogné en direction de l'Indien, qui l'a invectivé et s'est avancé.

– Enfin, je t'attends depuis tant d'années ! Viens !

Le colosse paraissait minuscule face à l'animal qui devait peser plus de deux cent cinquante kilos. Le plantigrade a balayé l'air de sa patte. Le géant a reculé, avant de revenir à la charge. Il a lancé son couteau d'une main à l'autre et s'est avancé, les genoux fléchis. J'ai profité de cette chance providentielle, je me suis remis debout, et j'ai couru, abandonnant l'Indien à son combat contre l'ours noir. Le souffle court, j'ai dévalé la pente sans me retourner, zigzaguant entre des arbres et des troncs couchés. Mes pieds glissaient sur des morceaux de glace, s'enfonçaient dans la poudreuse, les flocons m'aveuglaient et me brûlaient les yeux. Derrière moi, les cris de l'Indien se sont mêlés aux rugissements de l'ours.

Il avait cessé de neiger lorsque je suis arrivé près du lac, la nuit sans étoiles était sombre, seul un croissant lunaire éclairait les chalets. Les chiens ont mollement aboyé, relevant à peine la tête. Chaque pas me demandait un effort surhumain, j'ai gravi les marches, exténué. Les jeunes étaient autour du poêle. Lee a été la première à réagir.

– Où est le Maître ? a-t-elle voulu savoir, incrédule de me voir sans lui.

J'ai menti pour la déstabiliser.

– Nous nous sommes battus. Je l'ai tué. Tout est fini.

J'ai laissé passer quelques secondes pour qu'elle encaisse, puis j'ai tendu la main.

– Donne-moi les clés des motoneiges et du truck.

Elle a secoué la tête avec un air méprisant.

– Jamais tu n'as pu le vaincre à la loyale !

Je me suis avancé :

– Donne-moi ces clés, il faut partir tout de suite.

Elle a jeté un coup d'œil à son manteau accroché dans l'entrée. Dans les poches, j'ai récupéré les clés et le Glock. Elle a attrapé un couteau à viande.

– Lâche ça ! C'est à moi, lâche ça !

Malo, Camille et Zoé me regardaient, tétanisés, mais paraissaient en attente, sous le joug d'une contrainte que je ne voyais pas. Linoa s'est approchée en se tenant le ventre.

– Papa. Tu ne l'as pas tué, dis-moi que tu n'as pas fait ça ?

Une boule s'est formée dans ma gorge, je n'ai pas réussi à lui cacher la vérité.

– Il a été attaqué par un ours, il n'avait aucune chance. Viens, allons-nous-en de cet enfer. Ta maman et moi sommes ta famille, il faut que tu rentres avec moi.

Lee avait le bras tendu, la lame menaçante.

– Elle ne bougera pas d'ici ! C'est nous, sa famille, désormais.

J'ai tenté de me montrer convaincant, le Glock pointé sur elle.

– Je vais revenir avec la police. Pose ce couteau et retournons à Québec. Tu n'es pas responsable, cet Indien vous a manipulés…

Je me suis adressé aux autres jeunes.

– Malo, ton père est en train de devenir fou d'inquiétude… Ton père aussi, Camille. Quant à toi Zoé, si tu ne rentres pas, ta maman ne s'en remettra jamais.

L'émotion se lisait dans leurs pupilles. Pourtant aucun ne bougeait. Ils se sont observés, échangeant des regards impuissants. Quelque chose clochait, mais je ne parvenais pas à comprendre quoi. Le Glock était l'unique raison pour laquelle Lee ne m'attaquait pas.

Elle a éructé.

– La ferme ! C'est toi qui vas poser ce pistolet ! Tout de suite !

Son assurance était inexplicable. Ses boules brillaient à la place de son sourcil. Les yeux écarquillés, elle avait l'air d'une fêlée qu'il fallait interner. Il y a eu du bruit depuis la pièce que j'avais occupée. Les regards se sont tournés vers la porte. J'ai avancé et ouvert.

Wyome était là, en tenue de policière. J'ai balbutié ma surprise.

– Qu'est-ce que… qu'est-ce que vous faites ici ?

Nous nous sommes dévisagés. Elle a souri.

– Roman, je suis si heureuse de vous voir…

Tout s'est soudain mis en place, j'ai réalisé à qui la chaise vide était destinée !

Le choc sur mon crâne a été d'une violence inouïe. J'ai aperçu le visage de Lee, puis celui de Linoa, horrifiée. J'ai tenté de me retenir à la poignée de la porte. Mais Lee m'a de nouveau frappé avec une poêle en fonte.

Tout s'est opacifié. Et je me suis effondré sur le sol.

3

J'étais allongé sur le lit, la nuque raide et le corps engourdi. Le géant me dominait, une profonde estafilade de griffes lui barrait la joue.

– Il est réveillé, a-t-il dit à quelqu'un que je ne pouvais pas voir.

Une vapeur brûlante me donnait la sensation de flotter sur un nuage. Je me suis demandé si je n'étais pas en train de rêver.

– T'es sûre que tu ne préfères pas qu'on le supprime maintenant ? a suggéré le géant.

Son ton rageur démontrait qu'il était bien là, sorti vainqueur du combat contre l'ours.

– Laisse-le-moi, a dit Wyome.

– Très bien, a-t-il cédé, mais tu réponds de lui. S'il ne se rallie pas à nous, tu devras le tuer de tes propres mains.

– Je le ferai, a-t-elle promis. Laisse-nous, maintenant, la drogue est en train de faire effet.

Un souffle froid m'a averti que le géant quittait la chambre. La courte sensation de fraîcheur sur mon épiderme m'a confirmé que mes vêtements m'avaient été retirés. Les mouvements de Wyome semblaient issus d'un ailleurs lointain.

Mes pensées désordonnées se sont mises à remonter le temps d'image en image. J'ai revu la policière lors de notre rencontre à la Sûreté du Québec, puis sur notre terrasse, la façon dont elle m'avait gratté la paume sur le seuil de notre maison. Puis dans sa voiture de police sur le lieu du suicide de Gillian, puis avec la mère de l'ado. C'était donc elle qui occupait la chaise face au géant indien. Elle qui lui avait offert ces jeunes, à commencer par Lee ! Mais pourquoi et comment avait-elle procédé ? Il y avait là quelque chose d'insensé.

Elle est apparue nue au bout du lit, dans la vapeur blanche. Ses cheveux lui tombaient sur les épaules, ses seins et son ventre étaient couverts d'un aigle aux ailes déployées, les pattes longeaient son nombril pour finir sur des serres acérées autour de sa toison pubienne. Elle est restée silencieuse à me regarder, les lèvres entrouvertes.

La drogue produisait un fourmillement étrange, une espèce d'apesanteur et l'impression que je pénétrais en moi si profondément que je m'échappais de toute perception physique, mon corps semblait se détacher du matelas pour flotter librement. Un sourire s'est affiché sur son visage. J'avais la sensation de naviguer dans un fantasme, mais la sudation qui ruisselait sur sa peau montrait que la scène était bien réelle. J'ai tenté de lui parler, ma langue ne m'obéissait plus. La torpeur s'est intensifiée au fur et à mesure que la chaleur de la vapeur d'eau augmentait.

J'ai revécu ma rencontre avec Daphné, notre mariage, le suicide de l'ado au 36, puis Daphné dans notre lit avec le gamin. Des détails dont je n'avais aucun souvenir défilaient sans que je les choisisse et mon esprit les recevait, débarrassé d'affect. Cette errance mentale semblait destinée à éclaircir des hasards que je n'avais pas su interpréter. Rien dans ces événements ne semblait lié, et, en même temps, chacun d'eux paraissait correspondre à une certaine logique.

Wyome m'observait, elle a caressé le plumage sur sa poitrine. L'attirance que j'éprouvais depuis des mois est revenue. Je voyais ses seins suivre le flux de sa respiration. Sa main s'est posée sur le dessus de mon pied, elle est doucement remontée le long de ma cuisse.

J'ai eu l'impression d'entrer en communion avec l'aigle, toutes les parcelles de mon corps le suppliaient de me dévorer. L'instant d'après, Wyome est venue sur le lit. Des visions du passé m'ont submergé, de plus en plus anciennes, enfant, bébé, puis j'ai eu la sensation d'être dans le ventre de ma mère et plus loin encore. Sans que je puisse arrêter mes pensées, je suis devenu un caribou, un orignal, un renard, un ours noir et un loup.

Les griffes de l'aigle se sont plantées dans mon torse, le corps de Wyome me surplombait, aussi brûlant que des flammes. On aurait dit que son sang bouillait dans mes veines. Les pointes de ses seins ont caressé mon visage. Elle m'a embrassé avec voracité. Sa salive avait un goût de sève sucrée. Elle a mordu ma lèvre supérieure. Mes mains ont pétri sa lourde poitrine. Nos gestes sont devenus brusques, ses pupilles exprimaient une avidité de jouissance charnelle. Nous nous sommes engagés dans une lutte. En cédant à ma pulsion dévorante de la posséder, je me suis senti renaître, les entrailles de la Terre se sont écartées pour me propulser dans un tourbillon de vie. L'aigle est réapparu à la place de Wyome, je voyais son œil vif et j'entendais ses cris perçants, sa forme ondulait au-dessus de moi. Je me suis abandonné à sa rapacité.

Je reprenais progressivement conscience, les images s'assemblaient dans mon cerveau sous forme de flashs décousus. À califourchon sur mes hanches, Wyome me caressait le torse.

– Cette force animale, c'était magnifique…

Mon corps irradiait de douleurs éparses. Nous avions fait l'amour, je m'étais donné à elle dans une transe liée à la drogue, dans une extrême chaleur humide. Il me restait des visions de griffures et de possessions bestiales. Dans un état second, j'avais cru être un loup en train de s'accoupler. Désorienté par mon abandon à des pulsions primitives, par la similitude entre le rêve le soir du feu d'artifice et ce que je venais de vivre, sans que je puisse comprendre un phénomène presque surnaturel, j'ai perdu mon regard dans le ciel bleu à travers le soupirail.

Wyome a souri et m'a ramené à elle.

– J'aime la tendresse aussi, tu sais. Mais pour notre première fois, il fallait que ce soit violent. C'était nécessaire pour t'obliger à t'extirper de tes préjugés. Pour que tu lâches la bête que tu bridais… Tu as été formidable, au-delà de toutes mes espérances.

La bouche pâteuse, je me suis demandé quelle drogue elle avait utilisée. Elle m'a embrassé. Mon corps s'est tendu sur une rebuffade instinctive qu'elle a aussitôt perçue.

– Pourquoi es-tu aussi contracté ? Détends-toi… Depuis que je te connais, tu es toujours crispé. Je croyais qu'après cette nuit, tu n'aurais plus besoin de te retenir.

– Je ne désire pas de bagarres entre nous, Wyome, mais je veux que tu me laisses repartir avec ma fille.

– Ta fille ? Mais Linoa est libre. Elle est avec le Maître de sa propre volonté.

– Celui que tu appelles le Maître est un monstre qui abuse de sa crédulité et de celle des autres jeunes. Comment as-tu pu les embrigader pour son compte ? Toi qui as été violée par la même nature d'hommes, pourquoi t'être liée à ce dément ?

Elle a saisi mon cou et appuyé sur ma trachée pour m'empêcher de poursuivre.

– Je t'interdis de parler de lui de cette façon ! Tu ne sais pas qui il est, ce qu'il a traversé et la chance extraordinaire qu'a ta fille d'avoir été choisie par lui, après…

Elle n'a pas fini sa phrase, submergée d'émotion. Son cri du cœur semblait presque enfantin. Elle a desserré les mains autour de ma gorge, j'ai toussé et repris mon souffle. Je pensais être en mesure de me défaire d'elle, mais je voulais découvrir d'où lui venait la haine qu'elle avait inoculée aux jeunes et à Linoa.

– Lee déteste les Français en raison de l'abandon du Québec aux Anglais. Il s'est ensuivi une période de grandes souffrances. Certains membres de sa famille ont été déportés vers la Louisiane, je peux comprendre sa rancœur, même si elle ne justifie pas ce qu'elle a fait. Mais toi, Wyome, les colons français n'ont pas été les plus violents envers les nations autochtones, certainement moins que les Anglais, pour quelle raison nous en vouloir en particulier ? Tu es une policière pleine d'avenir, tu vas gâcher ta vie pour une vengeance qui ne te concerne pas.

Elle a secoué la tête, grimaçante.

– Tu ne connais rien à l'histoire du peuple invisible. Avant l'arrivée des colons, les Mohawks disposaient d'assez de place pour chasser. Les migrants nous ont peu à peu repoussés. Nous avons été dépossédés de nos terres, on nous a parqués dans une réserve en attendant de nous assimiler… Pour que ça aille plus vite, ma mère, ses frères et beaucoup d'autres enfants ont été envoyés dans des pensionnats tenus par des prêtres venus évangéliser le Canada. Obligation d'oublier notre culture, interdiction de parler notre langue… Ces « généreux missionnaires » avaient tous les droits sur nous.

Elle a laissé passer un temps.

– Viol des filles et des garçons… Les droits des immigrants ne s'appliquaient pas aux Indiens, les missionnaires catholiques ont profité de leur pouvoir pour agresser des enfants autochtones pendant des décennies, ces crimes étaient camouflés par les congrégations religieuses. Certains prêtres ont même trouvé refuge dans des monastères d'Europe. Le Maître faisait partie de ces enfants, la première fois qu'il s'est plaint, personne n'a voulu l'écouter. Il avait 6 ans, ses parents n'ont pas cru sa parole contre celle d'un soi-disant homme de Dieu.

– Mais qu'est-ce que tu as à voir là-dedans ?

– Le Maître est mon oncle. L'abuseur a aussi violé les autres frères de ma mère. Deux ont fini par se pendre. Comble de l'horreur, c'est ce prêtre qui a célébré leurs funérailles dans une fosse commune. Il était responsable de leur mort et il les a enterrés devant les yeux du Maître et de ma mère qui ne pouvaient rien dire ! Il a fallu attendre dix années de plus pour que ce salaud rentre en France !

J'étais abasourdi par ses révélations.

– Il n'a jamais été rattrapé par la justice ?

– Il a été condamné en 2005... À quinze mois de prison ! Quinze minables mois de prison, voilà la peine pour avoir abusé d'enfants autochtones pendant trente ans !

Ses yeux brillaient d'une douleur intérieure. Je me suis douté de quelque chose, espérant me tromper.

– Je vois que tu as deviné, a-t-elle dit d'une voix voilée. Lorsque j'avais 8 ans, le curé venu le remplacer m'a menée dans le sous-sol d'une église. Il m'a demandé de me mettre nue et de me prosterner pour prier. Il a pris mes parties intimes en photo, puis il y a introduit son doigt. Il disait à ma mère que je devais me confesser souvent parce que j'étais une grande pécheresse. Ma mère me sermonnait. Il m'emmenait dans le sous-sol, certaines fois je devais le masturber pour obtenir l'absolution de mes péchés de tentatrice ! J'avais 14 ans quand il m'a violée alors même qu'il portait sa soutane. Il disait que si je le racontais, j'irais brûler en enfer.

– Après ce qu'elle avait subi, comment ta mère a-t-elle pu le laisser faire ? Pourquoi a-t-elle refusé de te croire ?

Elle a ri d'un rire amer.

– Ma mère avait déjà trois enfants à l'âge de 20 ans. Mon prétendu père était deux fois plus âgé qu'elle, il passait son temps à boire et à la frapper... Lui aussi avait été abusé par le prêtre rentré en France. Pour accepter mes accusations, il aurait fallu que ma mère reconnaisse ce qu'elle avait subi. Il aurait fallu qu'elle avoue à son mari l'identité de mon véritable géniteur : le prêtre qui les avait violés tous les deux !

Le sordide de la situation m'est apparu d'un coup.

– Mais tu m'avais dit que ton père était…

Elle m'a coupé.

– Je t'ai raconté ce que je raconte pour expliquer mon métissage. La vérité, c'est que ma mère n'a jamais quitté la réserve. Mon oncle était le chef de notre communauté. Lorsqu'il a réalisé ce qui se passait, il a tué mon abuseur. Il a écopé de dix ans à purger dans une prison de Montréal. J'ai dû fuir le village après sa condamnation. Ma mère et mes frères me détestaient en raison du scandale dont j'étais l'origine. Nous vivions à l'époque à huit dans une cabane moisie où nous avions à peine de quoi manger. Je me suis installée à Montréal, et je suis allée visiter le Maître en prison. Puis j'ai rencontré ce Hells Angels… La suite, tu la connais…

– Tu n'es jamais retournée voir ta famille ?

– Ma mère est morte deux ans après mon départ. Je ne suis même pas certaine que mes frères soient vivants. Il y a 75 % de chômage dans les nations autochtones. Alcool, cocaïne… la moitié des garçons font une tentative de suicide avant 18 ans.

Elle a marqué une pause qui m'a laissé entendre qu'elle ne me disait pas tout.

– Une fois libéré, le Maître a décidé de revenir près de la nature. Nous voulons constituer une tribu. Notre tribu, autonome, loin de la civilisation. Chaque membre choisira son partenaire. Moi, je t'ai choisi, toi ! Notre union de cette nuit nous a liés ! Tu es mon âme sœur, celle qui va m'accompagner jusqu'à ce que l'un d'entre nous rejoigne le monde des esprits…

Elle restait immobile et me regardait dans les yeux.

– Tu es mon âme sœur, Roman, toi et moi sommes liés jusqu'à la mort.

Elle a répété plusieurs fois, articulant ses mots avec un calme effrayant. J'étais triste et horrifié, conscient que son vécu l'avait fait basculer dans un schéma psychique démentiel. Elle avait singé une vie normale pour donner le change, mais en fait, l'adulation de son oncle ne lui avait jamais permis de reprendre pied. J'ai tenté de me montrer convaincant.

– Tout ça, c'est du passé, Wyome, il faut que tu voies un spécialiste qui t'aidera. Les choses ont bougé, la condition des peuples autochtones s'améliore d'année en année.

Elle a ri, à nouveau.

– Tu ne sais pas de quoi tu parles ! Il a fallu attendre 1960 pour qu'un Amérindien puisse voter. Le statut indien était incompatible avec la pleine citoyenneté canadienne ! Jusqu'en 1985 le droit des femmes à ce statut dépendait de leur mari. Entre 1980 et 2012, il y a eu plus de mille disparitions d'Amérindiennes au Canada. En proportion, c'est comme si cinquante-cinq mille Françaises s'étaient volatilisées sans que personne s'en émeuve. Les Amérindiennes représentent 24 % des victimes d'homicides alors qu'elles ne constituent que 4 % de la population ! En clair, elles ont seize fois plus de risques d'être assassinées que les femmes blanches ! Et tu oses me dire que les choses ont changé !

J'étais incapable d'argumenter sur un sujet dont je ne connaissais rien d'autre que les stéréotypes véhiculés par les brochures touristiques.

Je ne craignais pas Wyome, mais je ne pouvais envisager de me battre contre elle. La convaincre de se rendre, évoquant les circonstances atténuantes dont elle bénéficierait, m'a semblé mon unique option. En cas d'échec, je me dirigerais vers une mort inéluctable.

– À quoi tu réfléchis ? m'a-t-elle demandé.

– Que tu es très belle…

L'émotion lui est montée aux yeux. On aurait dit que son rêve se réalisait. Elle ne parvenait pas à dissimuler sa joie, mes mots semblaient lui permettre d'entrevoir l'avenir avec sérénité. J'ignorais pourquoi j'avais tant d'importance pour elle. Peut-être qu'une partie inconsciente d'elle souhaitait trouver la paix en s'attachant à un homme venu du pays de son bourreau. Un Français qui s'était montré différent par sa faculté à la respecter. Elle s'est glissée sur le côté, libérant mes hanches. Elle a posé sa joue sur mon torse. Son ton réveillait la connivence de l'époque où je nous croyais associés dans l'enquête.

– Lee m'a dit qu'elle t'avait emmené à Manic-5 ?

La question m'a paru saugrenue.

– Oui…

– Qu'en as-tu pensé ?

– C'est l'œuvre humaine la plus gigantesque qu'il m'ait été donné de voir.

– Les Québécois en sont fiers. Lors de sa tournée de 2012 au Québec, Leonard Cohen a repris la chanson *La Manic*, en l'honneur des travailleurs exilés sur le chantier…

Elle a fredonné l'air :

– *Si tu savais comme on s'ennuie, à la Manic…*

Je sentais que cette conversation anodine m'emmenait vers une destination dont le péril latent ne m'était pas encore déchiffrable. Le soupçon de danger n'a fait que s'accentuer avec ce qu'elle a dit ensuite.

– C'est beau, hein ! On croirait un hymne national. Mais derrière ça, les Indiens innus n'ont reçu que 50 000 dollars pour la construction sur leur territoire. Treize autres barrages alimentent aujourd'hui le Québec en électricité, les cimetières innus ont été inondés sans même déplacer les sépultures. Et pas un emploi n'a été offert aux autochtones !

Ses griefs contre les injustices subies perçaient de nouveau dans sa voix. Elle s'est tue, envahie par un calme aussi soudain qu'étrange. Puis, l'air déterminée et triste, elle m'a dit :

– Il est temps que tu connaisses notre plan...

La drogue devait encore être présente dans mes veines, je me suis levé sous un regain d'adrénaline et j'ai titubé vers la porte, en criant.

– Vous êtes fous ! Vous êtes complètement fous !

Elle s'est ouverte sur le géant indien. Il portait un sac à dos et un talkie-walkie accroché à sa veste. J'ai tenté de passer en force, il m'a bloqué et s'est adressé à Wyome.

– Je t'avais avertie qu'il ne comprendrait pas ! Maintenant, tu sais ce qu'il te reste à faire. On ne peut pas se permettre de l'abandonner derrière nous.

Assise sur le lit, elle n'a pas cherché à couvrir sa nudité et a objecté.

– Roman a réagi sur un coup de tête... Laisse-moi finir de lui expliquer, je t'en supplie...

Le géant me tenait fermement. Je n'étais pas en état de lutter. Il a réfléchi, puis m'a repoussé à l'intérieur si violemment que j'ai chuté. Il a dégainé son couteau et lui a lancé.

– Tu as un quart d'heure ! Pas une minute de plus.

Il a claqué la porte.

Wyome regardait le couteau, dans sa main.

– Tu n'as aucune idée de la souffrance que les colons nous ont fait endurer. Il faut que le monde connaisse la situation des autochtones, des femmes en particulier.

– Et tu espères une seconde que détruire ce barrage vous y aidera ? Avez-vous au moins évalué le nombre de victimes ?

– Selon le Maître, les habitants de Pointe-Lebel et la Baie-Comeau auront plus de trois heures pour évacuer. C'est amplement suffisant. Il dit que certaines fissures du pilier gauche de l'arche centrale fragilisent assez l'ouvrage pour qu'il cède sous la pression de l'eau. Il n'est pas certain à cent pour cent que ça marchera, mais dans tous les cas l'impact médiatique attirera l'attention sur nous. Est-ce que tu sais que plus de cent mille enfants autochtones ont été enfermés dans des pensionnats à partir de la fin du XIXe siècle ? Jusqu'en 1996, des milliers y sont morts de malnutrition, de maltraitance et de maladies. Il faut contraindre les autorités d'Ottawa à effectuer des recherches pour mettre à jour les fosses où ils ont été enterrés. Plus personne ne pourra ignorer ce génocide ! Nous devons frapper fort pour que l'opinion internationale s'empare du sujet !

J'ai secoué la main au niveau de ma tête.

– C'est une folie pure ! Un véritable suicide collectif !

Elle a soupiré d'impatience.

– Le Maître et moi agirons seuls. Les autres ne seront pas impliqués, ta fille n'est même pas au courant. Si nous échouons, promets-moi de la laisser élever son enfant avec le clan. Lee saura les guider si nous ne revenons pas, elle connaît désormais la chasse et la pêche.

Je me suis approché d'elle.

– Quand bien même vous réussiriez, il y aura des recherches, la police finira par vous trouver.

Elle avait l'air pénétré et convaincu.

– Nous remonterons plus loin au nord. Le Maître a construit des chalets sur un lac où personne n'est allé depuis des dizaines d'années. Si je meurs, tu pourras rentrer à Québec.

– Comment veux-tu que j'explique ma disparition à Lapointe ?

Elle a marqué un temps de réflexion.

– Tu n'es pas obligé de repartir…

Je lui ai pris le visage à deux mains.

– Wyome… renonce, je t'en prie, renonce à cette folie !

Elle a secoué la tête.

– Il est trop tard. Le Maître ne reculera pas. Il a sacrifié dix ans de sa vie pour moi, je ne peux pas le laisser y aller seul. Tout ce que je te demande, c'est de me jurer que tu m'attendras et que Linoa décidera de son avenir, quoi qu'il arrive.

Mon cerveau s'agitait à grande vitesse, j'étais prêt à lui mentir pour sauver Linoa. Mais quand bien même je parviendrais à lui donner le change, le géant ne se ferait pas duper.

Son regard alternait entre la lame et moi. Une larme a coulé sur sa joue.

– Après le viol des Hells, beaucoup d'autres ordures se sont servies de moi…

Elle a laissé sa phrase en suspens, au bord d'évoquer un sujet interdit. Puis, d'une petite voix, elle a soufflé :

– Pour moi aussi, cette nuit était une renaissance. Nous serions si heureux ensemble.

Des images de notre accouplement ont ressurgi. J'ai levé les yeux vers la lucarne, le soleil avait disparu. De gros flocons tourbillonnaient sous un vent qui présageait une tempête. La couche de neige s'épaississait rapidement. Wyome me fixait de ses pupilles humides, le manche serré entre ses doigts. J'ai guidé la pointe à l'interstice de ma cage thoracique, au niveau du cœur.

– Tu as deux solutions, soit tu me tues… soit tu m'enfermes. De cette façon, je n'ai rien à te promettre, l'avenir sera entre les mains du destin…

Elle a paru convaincue, m'a embrassé et s'est levée, presque enjouée.

– Je vais dire à Lee de t'apporter à boire et à manger pendant que nous serons absents.

Elle s'est habillée et m'a de nouveau serré contre elle. Puis elle est sortie sans verrouiller la porte. J'ai perçu une discussion houleuse. La voix de Lee était celle qui portait le plus. J'ai enfilé mon jean et mon pull en pensant à Daphné, certainement morte d'inquiétude chez nous. Je devais mettre fin à ce projet dément, libérer Linoa et les autres ados. Mais je n'avais aucune idée de la façon de stopper le géant indien.

4

Il m'a balancé mon blouson, un surpantalon et mes bottes.

– Équipe-toi ! Tu viens avec nous.

Derrière lui, Wyome me regardait, suppliante. Face à la férocité de l'Indien, je savais que je n'avais aucune chance, je me suis habillé, sans le quitter des yeux.

– Vous ne vous en sortirez pas. Laissez tomber, ou vous retournerez croupir en prison.

Son visage s'est fermé d'un coup.

– Tais-toi !

J'ai franchi le seuil de la chambre. Inquiets, les jeunes suivaient la scène, Malo et Camille serrés l'un contre l'autre, Zoé abritée dans un coin de la cuisine. J'ignorais s'ils étaient au courant de l'objectif insensé de faire sauter le barrage Manic-5. Le visage blême, Linoa m'a supplié.

– Papa, obéis et il ne t'arrivera rien.

Fusil en main, Lee ne semblait pas convaincue. Bizarrement, elle ne paraissait plus nourrir d'animosité contre moi. Le géant m'a laissé avaler un morceau de pain et boire un café, puis nous sommes sortis dans un silence de mort. Dehors, les flocons m'ont cinglé au visage. La folie du géant ne l'empêchait pas de rester lucide, sa décision d'agir au milieu d'une tempête en était la preuve, un atout majeur pour déjouer les caméras de surveillance dont le barrage devait être doté. Avec sa connaissance des environs, il devait avoir tout organisé avec soin.

Nous avons progressé contre les bourrasques sur les cinquante mètres qui nous séparaient des motoneiges. Deux fusils étaient enfilés dans des housses en peau, sur le flanc du Ski-Doo que le géant s'était réservé. En raison du sifflement du vent, il a été contraint de hurler.

– Monte avec Wyome, vous passerez devant.

Elle s'est glissée devant moi. Alors qu'elle démarrait, j'ai senti la crosse de son arme de poing à l'arrière de son blouson. J'ignorais si c'était une étourderie ou si elle l'avait volontairement laissée à ma portée, en gage de confiance ou pour m'inciter à m'en servir. Son corps dégageait une douceur inouïe. Il m'est venu la conviction qu'elle ne pourrait jamais me faire de mal. Nous nous sommes mis en route en longeant la berge du lac, j'ai placé ma tête de biais dans son dos pour me protéger du vent glacé chargé de lourds flocons. Il nous était impossible de nous parler, j'essayais de lui transmettre les sentiments que je ressentais, une affection augmentée du lien physique que nous avions partagé sous drogue. Tout mon être voulait qu'elle prenne conscience de la nécessité de faire avorter un plan qui ne servirait qu'à ajouter des malheurs à ceux que les autochtones avaient endurés.

J'ai jeté un coup d'œil derrière. À une dizaine de mètres, l'Indien sur sa motoneige était à peine visible, hors de visée de l'arme de Wyome. Elle a bifurqué pour remonter la pente entre les arbres vers l'endroit où Lee avait laissé le Dodge, à notre arrivée. La morsure du froid sur mon visage était de plus en plus vive, je l'ai enfoui dans la chevelure épaisse qui dépassait de la tuque de Wyome. Elle s'est reculée pour se coller encore plus à moi. J'ai eu l'impression que pendant que j'essayais de communiquer avec elle, son cerveau était focalisé à deviner mes intentions. J'ai redoublé d'efforts pour lui transmettre ma conviction que nous devions stopper cette folie. Je me suis retourné, la silhouette fantomatique de l'Indien nous suivait toujours à une dizaine de mètres. Il a accéléré et s'est rapproché. Entre les fentes de ses paupières, ses yeux vifs étaient rivés sur moi. Prêt à m'abattre s'il me prenait l'idée de sauter.

Le géant nous a balancé deux pelles, le visage hostile et la voix pleine de colère.

– Dégagez-moi le Dodge, vite fait !

Je sentais la tension monter, il ne servait à rien de discuter. J'ai attrapé le manche d'une des pelles, jetant un coup d'œil à Wyome, qui a fait de même. Sans un mot, nous avons commencé à déblayer la neige. Les flocons continuaient de tourbillonner en rafale. L'Indien a manœuvré la souffleuse à chenilles pour dégager la voie vers la route.

J'essayais de capter le regard de Wyome, mais elle me fuyait délibérément. Lorsque nous avons eu fini, elle m'a souri, pleine de l'espoir d'obtenir mon approbation. Je lui ai fait non de la tête, articulant : *Il ne faut pas, je t'en supplie.* Ses pupilles ont révélé sa détresse et son impuissance. La partie lucide d'elle était consciente que j'avais raison, tandis que l'autre, celle de la gamine sauvée d'un monstre religieux par l'Indien, restait déterminée au pire.

Le géant m'a ordonné de monter à l'arrière du véhicule, sous la surveillance de Wyome. Il s'est installé au volant et n'est parvenu à démarrer qu'à la cinquième tentative. Le moteur a eu l'air de peiner dans la pente. Le Dodge était lourd, obligeant le géant à jouer des rapports. Notre vitesse n'excédait pas les dix kilomètres-heure. Malgré la lueur bleutée du jour au milieu des flocons, les phares peinaient à éclairer à plus de deux mètres. Calée contre la portière, Wyome pointait le Glock 17 vers moi, son autre main à plat, sur la banquette. Je l'ai couverte de la mienne, l'ai retournée et j'ai gratté l'intérieur, imitant le geste qu'elle avait eu, sans réellement savoir ce qu'il signifiait. Elle a paru émue aux larmes. J'ai jeté un œil au géant, accaparé par sa conduite périlleuse. Je me suis penché sur elle.

– Wyome, il faut arrêter cette folie. Aide-moi, je t'en prie.

Elle a secoué la tête.

– Je ne peux pas. Pardonne-moi. Plus tard, nous aurons tout le temps de nous aimer.

Le géant s'est retourné et m'a pointé du doigt.

– Colle-toi dans le coin et ne bouge plus !

Il s'est adressé à Wyome.

– Tiens-le à distance, sinon je le largue ici !

Elle a obtempéré, serrant le Glock contre sa hanche. Son regard me suppliait de comprendre. Un terrible silence s'est installé, uniquement troublé par les rugissements du moteur.

Nous avons roulé des heures sans croiser âme qui vive. L'absence de visibilité empêchait d'apercevoir le barrage, mais je savais que nous approchions du majestueux édifice auprès duquel Lee s'était arrêtée. Après avoir hésité, le géant a engagé le Dodge sur une route sinueuse. Sur ma gauche, le dénivelé tombait à pic, les roues frôlaient le bord dans les virages. J'ai eu l'idée de me jeter sur l'Indien pour nous précipiter dans une mort qui aurait évité un désastre. Mais j'ai pensé à Linoa, enceinte, à Daphné, et j'ai renoncé à ce suicide.

Le géant a stoppé dans un endroit désert au pied du barrage. Malgré la tempête, le béton se devinait à perte de vue. J'ai relevé la tête, Manic-5 se déployait entre ciel et terre, uniformément grisâtre. Il semblait indestructible, sauf au cerveau dérangé de l'être ivre de haine qui a ouvert sa portière, sauté du véhicule et est venu de mon côté, fusil en main.

– Tout le monde descend !

J'ai remonté ma capuche et la fermeture, ne laissant paraître que mon visage. Avec le bout du canon, le géant m'a poussé vers l'arrière du Dodge. Wyome nous a rejoints. Le coffre a dévoilé des caisses dont les inscriptions attestaient du caractère dangereux d'explosifs utilisés pour fragmenter la roche. J'ai fait un pas en arrière.

– Où avez-vous trouvé ça ?

– J'ai travaillé dans une mine à ciel ouvert. Un bon Indien corvéable à merci, personne ne se méfiait de moi. Les gars de la sécurité sont tellement sûrs de l'efficacité de leurs systèmes d'alarme que certains entrepôts ne sont surveillés que par des caméras de nuit. Avec le froid, les pannes sont fréquentes… Leur voler était un jeu d'enfant.

Je fixais Wyome dans les yeux. Elle ne parvenait plus à cacher son indécision. Percevant ce flottement, l'Indien lui a arraché le Glock des mains.

– Je te le rendrai quand tout sera fini. D'ici là, aide-le à décharger les caisses.

Il a désigné une faille au pied d'une arche de béton.

– Transportez ça là-bas.

Il a calé la crosse du fusil contre sa jambe, prêt à faire feu. Wyome m'a saisi le bras.

– Viens, il faut faire ce qu'il demande.

Chacune des caisses pesait une trentaine de kilos, j'ai évalué qu'au moins une heure serait nécessaire pour tout décharger. J'espérais que l'attention du géant se relâcherait, m'offrant une chance de le désarmer, mais il restait vigilant, mastiquant de la viande d'orignal.

Mon estomac m'a lancé des signes de fringale, l'activité par ce froid brûlait les calories, une fatigue douloureuse se distillait dans mes muscles. Apparemment insensible à la température, Wyome m'a encouragé. L'Indien souriait de me voir faiblir. Sa façon de me fixer montrait qu'il hésitait sur le sort qu'il me réservait. Une grosse rafale m'a fouetté le visage, la morsure de la neige rongeait mes paupières. Malgré la douleur, le sentiment d'urgence augmentait à mesure que les explosifs s'accumulaient au pied du barrage.

Lorsque nous avons eu fini, la sueur me coulait sur le front et se vitrifiait sur ma peau, j'ai observé les caisses qui formaient un énorme bloc compact. Les poings sur mes hanches, reprenant mon souffle, j'ai imaginé la secousse sismique que produirait la déflagration. Wyome a semblé percutée par la même anticipation du cataclysme, elle a fait un imperceptible non de la tête, premier signe qu'elle se décidait enfin à refuser d'être complice.

Nous n'avons pas entendu l'Indien approcher. Il m'a surpris par-derrière, soulevé et étranglé dans le pli de son coude si fortement qu'il me broyait la trachée. Les pieds dans le vide, j'essayais de glisser mes mains pour réduire la pression qui m'empêchait de respirer, mais plus je me débattais, plus il serrait son emprise. Wyome a tenté de l'arrêter, il l'a repoussée de son bras libre. Elle a chuté sur le manteau de neige.

Elle s'est lancée contre les jambes du géant qu'elle a percuté de l'épaule. Nous avons roulé sur le sol moelleux. Plus prompt à se rétablir, l'Indien a dégagé la sangle du fusil et l'a pointé sur nous, hurlant à Wyome :

– Pourquoi tu le défends ? Il te trahira à la première occasion.

À quatre pattes, je toussais et reprenais mon souffle. Il a relevé le cran de sûreté et placé son doigt sur la détente. Wyome s'est interposée entre lui et moi.

– Laisse-le vivre et je ferai tout ce que tu voudras !

Encore sous le choc, je me suis remis debout en m'aidant des mains. Le géant et Wyome se défiaient, les yeux dans les yeux. Leur passé semblait suspendu entre eux, tel un poids de violences subies et de sacrifices. Et dans ce pile ou face de vengeance ou de pardon envers un Français, chacun était peut-être en train de faire un choix différent.

– Très bien, a capitulé l'Indien, t'es responsable de lui. En attendant, on doit finir avant la fin de la tempête. Les gardiens feront un tour pour vérifier que rien n'a été endommagé. Tu sais ce qui se passera s'ils préviennent la Sûreté !

Le visage de Wyome a affiché une crainte puissante. D'une poche intérieure de sa veste, l'Indien a extrait un assemblage de six bâtons de dynamite relié à un système de minuteur.

– Enferme le Français dans le coffre.

Wyome a cherché une échappatoire autour d'elle, mais à part la pente enneigée et la retenue d'eau glacée du barrage, aucune issue ne permettait de fuir. Un rayon de soleil a filtré entre les flocons, le géant a aussitôt perçu ce changement annonciateur d'une éclaircie.

– Dépêche-toi, on ne doit plus traîner !

Je me sentais d'une faiblesse extrême. Elle m'a saisi la main, guidé tel un enfant vers le Dodge dont elle a ouvert le coffre.

– Monte et fais-moi confiance.

Avant qu'elle ne referme, j'ai vu l'Indien régler le détonateur.

Wyome était désormais la seule à pouvoir empêcher la catastrophe. Le Dodge a démarré, je n'entendais pas les échanges entre l'Indien et la jeune policière, mais tous mes espoirs reposaient sur elle. Les amortisseurs encaissaient les soubresauts du chemin cahoteux. Une secousse a ouvert le hayon, j'ai eu le réflexe de le retenir, certain que Wyome l'avait délibérément mal fermé. La route défilait sous mes yeux à grande vitesse.

Sauter était un risque énorme, mais il fallait éloigner les bâtons de dynamite des caisses d'explosifs. En pensée, je visualisais l'aiguille du détonateur s'acheminer vers l'instant fatidique, chaque tic-tac menaçait d'être l'ultime d'un inexorable compte à rebours. Je me suis accroupi, en appui sur mes mains, prêt à prendre une impulsion. J'ai attendu, les muscles tendus, le regard figé sur le défilement du sol. Le Dodge a légèrement ralenti. Je me suis jeté dehors. La neige a amorti mon atterrissage. J'ai roulé en boule, je me suis relevé d'un bond et me suis mis à sprinter. Un coup de frein a résonné dans mon dos, aussitôt suivi du bruit de portière et des jurons de l'Indien. J'ai entendu une déflagration, la balle a sifflé sur ma droite. Les hurlements de Wyome ont retenti, j'ai zigzagué entre les obstacles de pierre qui émergeaient de la pente enneigée. L'air glacé me brûlait les poumons, les flocons clairsemés me permettaient une meilleure visibilité. J'ai sauté par-dessus un tronc couché.

Je suis arrivé sur le terre-plein, un bruit de moteur m'a alerté. Des phares ont troué le rideau opaque et m'ont ébloui. Le Dodge s'est arrêté brutalement entre moi et les explosifs.

Le géant est sorti, il a épaulé le fusil et m'a visé le torse.

– Tu vas mourir, sale Français !

Un frisson m'a traversé le corps. Il était à dix mètres et ne pouvait pas me louper. Près du véhicule, Wyome me fixait. Je ne parvenais pas à bouger, tétanisé. Un sourire de satisfaction s'est ébauché sur les lèvres de l'Indien. J'étais certain qu'il allait tirer. Un cri est sorti de la bouche de Wyome.

– Non !

Elle s'est jetée devant lui. Le coup de feu est parti. Elle a reçu la balle dans l'épaule et s'est écroulée. Il lui a adressé un regard furieux.

– Mais qu'est-ce que tu as fait, pauvre idiote ?

Il s'est accroupi. J'ai couru pour porter secours à Wyome. Il m'a menacé du fusil et a jeté un œil à sa montre.

– Grimpe-la dans le truck, tout va sauter dans moins de sept minutes.

Il avait donc menti sur le temps qu'il laisserait à la population pour évacuer !

Son but était de faire le maximum de victimes. J'ai crié de toutes mes forces.

– Vous devez arrêter ça, trop de gens vont périr !

Wyome ne semblait pas en mesure de parler. Elle l'a imploré du regard, le visage crispé de douleur. Son blouson déchiré par l'impact suintait le sang. La voix sèche du géant a répété.

– Grimpe-la dans le pick-up, je te dis ! On dégage !

J'ai soulevé Wyome dans mes bras. Elle souffrait et perdait du sang. Je l'ai installée sur la banquette.

– Monte avec elle, m'a ordonné l'Indien.

J'ai refusé de bouger. Il a relevé le fusil.

Un puissant faisceau de lumière nous a soudain éclairés.

En haut du barrage, le projecteur d'une voiture de sécurité venait d'être figé dans notre direction. Un homme en uniforme a crié dans un mégaphone.

– Vous en bas, ne restez pas là, c'est interdit au public !

Avant que j'aie le temps de faire le moindre signe au garde, le géant m'a asséné un coup de crosse au ventre qui m'a plié en deux. Il m'a poussé à l'intérieur, s'est retourné et a hurlé, le fusil le long du corps.

– Excusez-nous, on s'est perdus dans la tempête !

Le type n'a pas dû entendre, il a répété.

– Veuillez obtempérer et sortir du secteur !

L'Indien s'est installé au volant, il a engagé la marche arrière à pleine vitesse. Wyome respirait bruyamment, les yeux grands ouverts, les dents serrées de douleur. J'ai tenté d'ouvrir la portière, mais elle était verrouillée. Le géant s'est tourné en faisant demi-tour. Pied au plancher, il a engagé le

Dodge sur le chemin qui remontait. J'ai vu l'homme de la sécurité grimper dans son véhicule. J'ai posé la tête de Wyome sur mes genoux et écarté les pans de son blouson. Le sang imbibait son pull, la chair était broyée à l'impact de la balle qui devait être ressortie après avoir brisé l'omoplate. Elle grelottait. J'ai pris sa main, caressé sa chevelure et ordonné au géant.

– Montez le chauffage, il faut l'emmener d'urgence à l'hôpital.

Il a rigolé, accroché au volant.

– Si on n'arrive pas à mettre assez de distance entre nous et le barrage, la question de l'hôpital ne se posera pour personne !

À tout instant, je m'attendais à entendre l'explosion qui nous propulserait vers la mort. Le géant conduisait avec la frénésie d'un désespéré poursuivi par le diable. La main de Wyome s'est crispée sur la mienne. Les pupilles brillantes, elle me fixait, le corps tremblant. Des larmes ont ruisselé de ses yeux. L'Indien a vociféré dans sa langue autochtone. Il maîtrisait difficilement le véhicule à vide, qui rebondissait sur la piste. Les secondes se sont mises à défiler avec un poids d'éternité.

Nous sommes arrivés en haut de la côte, où la voiture de sécurité nous bloquait. L'homme se tenait devant, les bras croisés, inconscient du danger. Il a levé une main résolue pour faire signe au géant de s'arrêter, certain que l'autorité que lui procurait son uniforme suffirait. C'était ignorer la détermination de l'Indien, qui l'a injurié en accélérant.

Le Dodge l'a percuté de plein fouet, son corps s'est plié contre la calandre. Au même instant, un fracas épouvantable a soufflé les vitres.

J'ai eu la sensation que de longues aiguilles déchiraient mes tympans. J'ai tourné les yeux vers le barrage. Le sol s'est dérobé sous les roues. Le géant a lâché le volant, cherché une impossible issue du regard. Le terrain s'écroulait de toutes parts et nous emportait, nous dégringolions au milieu de la neige et des pierres. J'ai serré Wyome dans mes bras, certain que nous allions être ensevelis sous une pluie de béton et de glace. Le fusil a voltigé dans l'habitacle et m'a heurté au front. Ma vision s'est troublée quelques secondes. Lorsque j'ai de nouveau réussi à voir, une énorme roche roulait vers nous à une vitesse vertigineuse. Elle a atterri sur l'avant du Dodge, enfoncé la tôle et le tableau de bord. Le géant a écarté ses larges mains avec le dérisoire espoir de parvenir à la bloquer. La pierre l'a emporté avec son siège. Son buste a explosé sous le choc, nous éclaboussant de cartilages et de sang. La bouche ouverte, cherchant de l'air, j'ai senti le goût âpre jusque dans ma gorge.

Le ciel a disparu sous la coulée qui nous enveloppait. Le plafond s'est lentement abaissé sous le poids, dans un crissement plaintif de tôle. Au fur et à mesure, je me suis tassé afin d'éviter d'être écrasé, penché en avant pour servir de rempart à Wyome. Une tige de l'armature de la fenêtre s'est enfoncée dans mon bras. J'ai crié sous la douleur qui s'est répandue dans mon corps, pendant que l'obscurité s'épaississait, pour devenir aussi totale que dans une tombe.

5

Ma première surprise a été l'infini silence. La douleur n'est venue qu'après, une douleur dans tout le corps. Si diffuse que j'étais incapable d'identifier sa provenance et la gravité de mes blessures. Ma tête était bloquée entre le plafond et la mousse de la banquette. Impossible de savoir depuis combien de temps j'étais inconscient.

J'ai ouvert les paupières. Le noir était si intense que je ne pouvais rien distinguer. Sur mes genoux, j'ai perçu le poids de la tête de Wyome. J'ai tenté de bouger mon bras gauche. Une douleur fulgurante m'en a empêché, la tige métallique avait traversé mon biceps pour se figer sous mon pectoral. Le moindre mouvement risquait de me tuer. J'ai remué la main droite, qui disposait d'un peu d'espace. Je l'ai dirigée vers Wyome. Mes doigts ont palpé son visage, j'ai introduit mon pouce entre ses lèvres. Sa salive était tiède, un infime souffle m'a confirmé qu'elle vivait. L'émotion m'a donné envie de pleurer, j'ai serré les dents, déplacé ma main sous son sein, la paume contre les ailes de l'aigle. Le léger battement du cœur a libéré mes larmes. Mais aussitôt l'angoisse à l'idée que personne ne nous trouverait m'a pétrifié. Nous allions périr dans ce sarcophage de tôle, avec le cadavre du géant dont l'odeur de chair s'insinue dans mes narines.

Les minutes semblaient durer des heures, je planais dans une léthargie où l'instant et l'éternité se noyaient dans un silence assourdissant. Je conservais la main sur le cœur chaud de Wyome, chaque pulsation matérialisait la vie qui s'accrochait.

Confusément, la similitude avec ce qu'avait vécu Linoa sous les décombres avec sa mère et le bébé s'est imposée. Je me suis mis à divaguer, je voyais Linoa prisonnière des débris de sa maison après le tremblement de terre d'Haïti, l'adolescent mort sur le pavé du quai des Orfèvres, le corps de Gillian flottant sous les chutes de Montmorency, Daphné sur notre lit avec le gamin venu vendre ses calendriers, Wyome me faisant l'amour avec violence, les images défilaient en boucle, des événements de ma vie qui obéissaient à une logique que je ne parvenais pas à saisir, mais que je pouvais presque toucher du doigt. La faim et la soif me vrillaient l'estomac, le froid m'engourdissait lentement. Les battements du cœur de Wyome faiblissaient. J'ai prié pour elle, puis j'ai prié pour que nous partions ensemble, au milieu de la nuit qui nous entourait. Mais la mort voulait prendre son temps. Combien nous en restait-il, réduit dans l'obscurité de cette tombe, où l'air se raréfiait ? Pour la première fois, Wyome a toussé. Son corps a été secoué d'un léger soubresaut. J'ai murmuré son prénom. Ma voix a percé le bourdonnement sourd dans mes oreilles. Wyome a inspiré et soufflé *Roman*, incapable d'en dire plus.

Nous sommes restés sur cet échange que nous avons laissé flotter entre nous. Le silence n'était plus meublé que par notre seule présence.

L'air glacé me pénétrait, je ne sentais plus mes pieds, j'avais des crampes dans les cuisses, mais je refusais de les bouger par crainte de faire souffrir Wyome. Sa toux est devenue régulière, mêlée de gémissements. Impuissant, je percevais ses contractions sous mes doigts. Chacun de ses râles était une griffure qui me suppliciait. J'étais lentement gagné d'une somnolence dont je ne me réveillais que le temps de vérifier le battement de son cœur. Puis je perdais toute sensation, des secondes, des minutes, des heures, je glissais dans le rêve de l'amour que nous avions partagé, bestial et vital, persuadé qu'elle m'y rejoignait. Elle était l'aigle et j'étais un loup, nous nous nourrissions l'un de l'autre pour survivre… avant de mourir ensemble.

J'ai ouvert les yeux.

Il m'a semblé qu'au-dessus de nous la terre était fouillée. Impossible d'identifier s'il s'agissait d'un animal ou de secouristes, mais dans un regain d'énergie, j'ai secoué Wyome.

– Ils arrivent, accroche-toi, ils seront bientôt là.

La peau sous ma main était glacée. Espérant qu'elle s'était endormie, je l'ai remuée, d'abord doucement puis avec force. Après quelques secondes, j'ai su que son cœur avait cessé de battre. L'aigle s'était envolé. J'étais si épuisé et si triste que j'aurais voulu partir aussi. La rejoindre et vivre la vie qu'elle m'avait proposée jusqu'à la nuit des temps.

Les coups se sont rapprochés, pour m'avertir que ce n'était pas mon heure. La douleur est revenue. J'ai pensé à Linoa, que je devais arracher à l'emprise de Lee. Il y a eu les premiers appels. Des voix anxieuses et impatientes. Je n'avais ni l'envie ni la force d'y répondre. Une poignée de terre est tombée sur mon visage. La première lumière m'a ébloui, j'ai cillé, inspiré une bouffée d'air semblable à un lait nourricier. Un cri de victoire m'a vrillé les tympans. Le message *Il y a un survi-*

vant ! s'est répandu de bouche-à-oreille, presque incrédule. J'ai observé autour de moi, le corps du géant était désarticulé, la pierre enfoncée au milieu de sa cage thoracique avait la forme d'un ventre proéminent.

J'ai baissé les yeux sur Wyome. Son regard vide me fixait toujours. Je me suis mis à sangloter sur le sort de la policière autochtone qui m'avait sauvé la vie. J'ai caressé sa joue et replacé une mèche de ses cheveux. Mes pensées s'emmêlaient sur un nombre grandissant d'incertitudes. J'ai ressenti un vertige. Ma soif, ma faim et ma souffrance se confondaient avec une immense tristesse. Un secouriste m'a fait une piqûre. Il répétait des mots que je ne réussissais pas à mettre dans l'ordre. La substance s'est répandue dans mon corps, annihilant toute sensation physique. Un homme a extrait mon bras de la tige métallique, un autre s'est servi d'un chalumeau et d'un écarteur pour me dégager un passage. L'opération a semblé durer plusieurs heures, j'avais l'impression que les efforts des sauveteurs ne me concernaient pas.

Pendant tout ce temps, j'ai conservé la main sur le cœur de Wyome. Finalement j'ai été désincarcéré. On m'a allongé sur un brancard, j'ai regardé autour de moi. La colline entière s'était effondrée, mais Manic-5 n'avait pas bronché, sa peau de béton à peine entamée par l'explosion.

J'ai reconnu le lieutenant Lapointe, son visage était marqué par l'angoisse de l'attente et un sentiment de culpabilité. Au prix d'un énorme effort, je lui ai fait signe d'approcher. Il s'est avancé, hésitant. Ma voix n'était qu'un mince filet étranglé.

– Linoa… Les jeunes… il faut les sauver…

6

Le soleil pâlissait à l'horizon et allongeait les ombres bleutées des quatre jeunes en train de patiner sur le lac. Une dizaine d'hommes en uniforme lourdement armés s'étaient approchés entre les arbres. Dès qu'elle les avait aperçus, le visage de Lee s'était figé. Elle avait hurlé le nom de ma fille et s'était élancée à grande vitesse. Elle avait continué sa course sur la neige avec les patins, parmi les chiens qui aboyaient, les poils hérissés. Camille et Zoé s'étaient abritées derrière Malo.

Lee avait ignoré les ordres du lieutenant Lapointe dans le mégaphone, gravi les marches et s'était enfermée dans le chalet. Une minute plus tard, elle faisait exploser le verre de la fenêtre pour faire feu en direction des policiers. Conscient que Linoa était à l'intérieur, Lapointe avait demandé à ses hommes de ne pas répliquer.

Sur la glace, les ados avaient opéré un arc de cercle pour se mettre hors de portée des tirs. Ils avaient rejoint des officiers qui les avaient aussitôt pris en charge pour les évacuer, afin de les conduire à l'hôpital de Baie-Comeau, où j'avais moi aussi été admis en urgence.

Les policiers avaient essuyé d'autres salves. Lapointe avait essayé de persuader Lee de se rendre. À l'approche de la nuit, elle avait prévenu que s'il lançait un assaut, elle tuerait Linoa et se donnerait la mort. Pendant des heures, le lieutenant avait continué à lui parler, il alternait entre l'évidence qu'elle ne tiendrait pas sans dormir et la promesse qu'elle ne risquait qu'une courte peine si elle déposait son fusil. Mais Lee avait refusé d'entendre raison, répliquant par des tirs assortis d'injures. Dès qu'un homme tentait d'approcher, les chiens aboyaient, Lee lâchait une salve à l'aveugle, obligeant le policier à se remettre à couvert.

Toute la nuit, les flics s'étaient relayés. Seul le lieutenant Lapointe était resté en poste. Les épaules sous des couvertures, il était revenu à la charge, interpellant Lee dans le mégaphone, persuadé qu'il devait conserver un contact pour ne pas la laisser dormir.

À l'aube, la situation était dans l'impasse. Lee continuait à résister, le stock de munitions dont elle disposait semblait inépuisable…

Assis au bord de mon lit, à l'hôpital, Lapointe m'a demandé.

– Vous êtes complètement sorti d'affaire ?

– L'opération s'est bien passée, il me faudra quand même des mois pour récupérer l'influx musculaire du bras.

Il a compati, puis il a repris son exposé.

– Au moment où je désespérais de la convaincre, cette folle n'a pas répondu par un tir. Je l'ai relancée plusieurs fois, mais elle restait sans réaction. J'ai appelé votre fille, sans succès. Pendant de longues minutes, rien n'a filtré du chalet… Puis il y a eu une déflagration. Les chiens se sont mis à gémir, l'un d'eux a hurlé à la mort, le museau vers le ciel.

Il m'a dévisagé, l'air désolé. L'image d'un désastre s'est imposée. Il a délibérément laissé son récit en suspens pour en différer l'épilogue.

– Je me suis précipité et j'ai fait feu dans la serrure.

Il a fouillé ses souvenirs pour me décrire la suite avec le maximum de précision.

– Lorsque je suis entré, votre fille se tenait accroupie, un fusil dans une main, l'autre sous son ventre arrondi, près du cadavre de cette Lee, dont la moitié du visage avait été emportée. Votre fille n'a pas dit un mot. Elle m'a tendu l'arme, le regard éteint. Jamais je n'aurais cru que quelqu'un de cet âge puisse demeurer aussi stoïque devant ce spectacle…

Je suis resté sans voix. Linoa était saine et sauve, mais j'ai été contraint d'enfouir une mauvaise suspicion. Lapointe a attendu, les pupilles vives fixées sur moi. J'ai détourné les yeux. Il a soupiré, puis il m'a expliqué que Linoa s'était réfugiée dans un mutisme absolu.

– Au dire du psychiatre, le choc a entraîné un état d'hébétude. Les facteurs préexistants chez votre fille ont favorisé la réapparition de ce mécanisme de défense qu'il faudrait traiter par une prise en charge psychothérapique…

Lapointe récitait son texte à la manière d'un communiqué de presse. Mais au-delà de ça, je savais qu'une question restait en suspens : Lee s'était-elle suicidée ? Ou avait-elle été réduite au silence par Linoa ?

III

MAUDITS FRANÇAIS !

On a probablement tort de penser qu'il peut y avoir une limite à l'horreur que peut éprouver l'esprit humain. Au contraire, il semble qu'à mesure que l'on pénètre plus profondément dans les ténèbres de l'épouvante, une espèce d'effet exponentiel entre en jeu.

Stephen King – Simetierre

1

Après un retentissement considérable, le gouvernement canadien a promis de lancer une étude sur la sécurité des barrages. Aucune mansuétude n'était accordée à celui que les commentateurs qualifiaient de terroriste. Malgré ce que je savais de sa vie, je ne parvenais pas à m'apitoyer sur le sort du géant indien. Pendant les premières semaines, Daphné et moi avons fait front pour protéger une Linoa mutique face à la cohorte de journalistes dont les véhicules campaient devant la maison. Certains n'hésitaient pas à sonner chez nous, tels des charognards avides de scandales. Je me chargeais de les envoyer promener, sans me départir de mon calme.

Bien évidemment, Linoa, Malo, Camille et Zoé ont été traités en victimes, eu égard aux violences psychologiques exercées à leur encontre. Relayées sur les réseaux sociaux, les photos de l'arrestation de l'Indien après le meurtre d'un prêtre ont contribué à parachever l'image du monstre que le public s'était forgée. Le rôle de Wyome, policière autochtone à la Sûreté du Québec, a été réduit à sa plus simple expression.

J'avais participé à cette disculpation par un témoignage en sa faveur, c'était l'unique moment où Daphné avait manifesté un désaccord sur la ligne de défense que nous nous étions fixée dans l'intérêt de Linoa. Selon Daphné, plus la justice posséderait de coupables, moins elle chercherait d'autres responsabilités. Bien que fondé sur une logique irréfutable, je soupçonnais des relents de jalousie, et j'ai maintenu ma position : *Elle m'a sauvé la vie, il est de mon devoir de préserver l'image qu'elle laissera.*

Wyome morte, Daphné n'en a pas fait un *casus belli*. Les choses sont rentrées dans l'ordre, nous avons conservé le *statu quo* établi depuis notre départ de France. Le ventre de Linoa a continué à grossir, je lui donnais ses cours à la maison, elle progressait sans jamais prononcer un mot, et nous avons traversé l'hiver de cette façon. Je gardais l'espoir que la naissance du bébé lui permettrait de retrouver une vie normale.

Puis il y a eu l'accouchement.

Un mois avant le terme, Linoa m'a réveillé en pleine nuit.

– J'ai mal, Papa, je crois qu'il arrive…

C'était la première fois qu'elle reparlait.

Après la surprise, j'ai réalisé qu'elle venait de perdre les eaux. Daphné a ouvert les yeux. Nous avons agi avec sang-froid, j'ai porté Linoa dans mes bras jusqu'au Saturn, je me suis assis à côté d'elle pendant que Daphné s'installait au volant. À l'hôpital, allongée sur un brancard, les traits crispés par les contractions, Linoa a décrété qu'elle voulait que j'assiste à l'accouchement, sans Daphné.

Outrée par cette exclusion, Daphné a réagi avec virulence. Le médecin a mis fin à la dispute, imposant le respect de la décision de la future maman.

Nous avons abandonné Daphné, bouillante de colère. J'ai accompagné Linoa, une main dans la sienne. Les sages-femmes l'ont installée sur le lit incliné. Les jambes écartées, elle me fixait dans les yeux. Le médecin s'est campé face à elle, l'encourageant à aider le bébé. J'étais ému et en même temps mal à l'aise, peu à ma place dans cette position dévolue au père.

L'heure suivante s'est déroulée dans l'alternance entre contractions et pauses récupératrices. Les cris de Linoa durant les efforts me pénétraient au plus profond, je la regardais inspirer et souffler, le visage déformé, et je lui prodiguais des paroles réconfortantes. En sueur, elle me retournait des sourires de gratitude, mais je sentais qu'elle s'épuisait.

La tension est montée. Le médecin a constaté que le placenta s'était décollé de l'utérus, entraînant d'importants saignements, le bébé risquait de manquer d'oxygène et de s'asphyxier. Il s'est adressé à moi, le visage grave.

– Je dois procéder à une césarienne. Le mieux serait que vous quittiez la chambre. Nous vous appellerons quand le bébé sera là.

– J'attendrai avec mon épouse.

La réaction de Linoa a été aussi immédiate que violente.

– Non ! Ne me laisse pas ou je vais mourir !

Son état d'agitation a contraint le médecin à céder, il me l'a confirmé d'un signe et j'ai repris la main de ma fille.

– Ne t'inquiète pas, je reste. Je ne bouge plus.

Mon angoisse est montée crescendo jusqu'à ce que le bébé pousse son premier cri dans les mains de l'obstétricien, dont le soulagement m'a fait supposer que nous étions passés près d'un drame. Il a ausculté l'enfant et l'a posé sur le ventre de Linoa.

Les yeux cernés, elle a regardé le nouveau-né avec un détachement troublant. Inquiet, j'ai accepté la proposition du médecin de couper le cordon ombilical. Le bébé s'agitait avec vigueur. Au fond de moi, le nœud d'angoisse s'est un peu relâché, j'ai senti l'émotion d'une joie quasi paternelle que j'avais cru ne jamais connaître en raison de l'infertilité de Daphné. Les images de ma relation avec Wyome m'ont traversé l'esprit, je me suis demandé pourquoi elles réapparaissaient. Mal à l'aise, le médecin m'a retiré le ciseau chirurgical. Il a souri à Linoa.

– Il va pouvoir vivre sa vie… Comment avez-vous décidé de l'appeler ?

Toute l'attention s'est tournée vers ma fille, le bébé contre son sein. Après une minute, elle m'a regardé avec une expression indéchiffrable :

– Si on l'appelait Roman, comme toi ?

Le médecin a marqué un recul, visiblement troublé.

– Nous allons vous laisser, nous devons faire des examens à l'enfant.

Il est sorti avec les sages-femmes en emportant le nouveau-né. Linoa guettait mon accord et a répété.

– Roman, ce serait un beau prénom. Il deviendra aussi fort que toi…

Dans son état de fatigue, je n'ai pas voulu la prendre de front et me suis assis près d'elle.

– Tu es épuisée, tu vas avoir tout le temps de te reposer.

Elle s'est abandonnée contre mon épaule.

– C'est le prénom que nous devons lui donner.

J'ai caressé ses cheveux.

– Ce n'est pas possible, les gens ne comprendraient pas. On peut mettre Roman en deuxième, si tu y tiens. Mais ne t'inquiète pas, je m'en occuperai comme je me suis occupé de toi.

Elle a eu l'air d'accepter et m'a serré dans ses bras.

– J'ai hâte qu'on rentre avec notre bébé.

Une nouvelle fois, j'ai mis cette phrase sur le compte de sa confusion, sans prendre la mesure de ce comportement. Espérant lui faire plaisir, j'ai proposé les prénoms populaires en Haïti que j'avais sélectionnés. Elle s'est finalement portée sur Ace.

Elle a répété :

– Ace Roman Kermarec…

Lorsque je suis arrivé le lendemain, une sage-femme m'a averti que Linoa ne souhaitait pas allaiter Ace.

– C'est une réaction habituelle pour une mère de cet âge. Plus étonnant, elle ne demande jamais son bébé, son unique préoccupation est de savoir quand vous arrivez…

Elle a laissé sa phrase en suspens, je voyais qu'elle n'osait pas formuler les questions qu'elle se posait. Je l'ai remerciée, puis je suis entré dans la chambre. La porte de la salle d'eau était ouverte. Nue et les cheveux mouillés, Linoa s'observait dans un miroir. Elle a eu l'air prise en faute. Il lui a fallu deux secondes pour se ressaisir.

– Tu trouves que j'ai trop grossi ?

Je lui ai tendu son peignoir.

– Pas du tout. Si tu fais un peu de sport, tu retrouveras vite ton poids.

Elle a relevé ses seins.

– Ils vont rester aussi gonflés ?

– Franchement, je ne suis pas spécialiste. Mais selon moi, ils reprendront leur forme d'avant. Il vaut mieux que tu demandes au médecin. Rhabille-toi, s'il te plaît.

– Dommage, je les adore…

J'étais gêné de parler de ça avec elle. Son expression s'est chargée d'une espièglerie sous laquelle j'ai senti de l'inquiétude.

– Je suis encore jolie, alors ?

– Oui, tu es très belle.

Elle a ri trop fort. Le médecin est entré dans la chambre avec Ace.

– Je vois que l'ambiance est bonne ce matin.

Linoa a ignoré le bébé et s'est adressée au médecin.

– Quand est-ce que je vais pouvoir rentrer ?

Il m'a regardé en formulant sa réponse.

– Eh bien, d'ici deux ou trois jours, en fonction de votre état et de celui du bébé.

– Encore deux jours ! s'est plainte Linoa, avant de me sourire. On va devoir être patients. Après, je ne veux plus jamais qu'on soit séparés !

Je me suis efforcé de paraître serein, mais je commençais à me dire qu'il était impossible que Linoa ignore l'ambiguïté de sa façon de se comporter. Le médecin a fouillé mon regard, il était évident qu'il s'interrogeait sur la relation que j'entretenais avec elle.

– Votre femme n'est pas revenue à l'hôpital ?

La question était délibérée, j'ai soutenu ce regard inquisiteur sans défaillir.

– Elle travaille beaucoup, mais elle attend sa fille et Ace avec impatience.

– Je suis heureux de l'entendre, a-t-il dit sans paraître complètement rassuré.

Ace s'est manifesté par de légers pleurs. Le médecin me l'a tendu.

– C'est l'heure du biberon, vous voulez le lui donner ?

L'émotion m'est montée aux yeux.

– Oui, bien sûr, oui…

Ace s'est calé dans mes bras et a arrêté de pleurer. Il a tété avec une avidité qui semblait insatiable. Les paupières fermées, son petit nez suivait le mouvement de ses lèvres. J'ai réalisé qu'une part de moi avait espéré ce moment pendant des mois, et même des années. Malgré moi, je me suis mis à chercher dans ses traits des similitudes avec l'Indien. Linoa nous observait, elle paraissait aussi démunie que devant un obstacle insurmontable.

Le regard du médecin passait de moi à Ace. Son expression était difficile à déchiffrer, mais il m'a semblé qu'il était également en quête d'une ressemblance. Avec une différence cruciale, il voulait déterminer si j'étais le père d'Ace.

Je suis venu chercher Linoa et Ace le dimanche, soulagé de les sortir de cet environnement de plus en plus suspicieux. Ma fille m'attendait avec sa valise et Ace emmitouflé dans un couffin en osier. Son bout de museau dépassait des couvertures. Elle m'a sauté au cou, ses bras serrés autour de moi révélaient une peur que je ne vienne pas.

– Je suis si heureuse ! Allons-nous-en !

Nous avons quitté l'hôpital aussi vite que des voleurs. Sous une pluie glacée, nous avons enjambé plusieurs mares de neige boueuse pour rejoindre le Saturn. Sur la route, un véritable rideau de trombes d'eau tombait sur le parebrise. Le terre-plein devant la maison était couvert d'un tas de neige sale, percé de cratères creusés par la pluie. J'ai jeté un coup d'œil à la voisine, fidèle à son poste d'observation. Pendant la présence des journalistes, elle s'était laissé interviewer jusqu'à ce qu'ils réalisent qu'elle n'avait rien à raconter, à part des mauvais ragots.

Daphné et Linoa ne s'étaient pas revues depuis l'accouchement, je redoutais cette confrontation d'autant plus que ma fille n'avait jamais demandé de nouvelles de sa mère. De fait, lorsque Linoa l'a aperçue, elle a rentré la tête dans les épaules. Sa présence était visiblement une désagréable surprise, elle m'a foudroyé du regard, avec ce message : *Qu'est-ce qu'elle fait là, celle-là, tu ne t'en es pas débarrassé ?*

Bien que préparé, j'ai été ébranlé par cette virulence que Daphné a remarquée.

– Eh bien, t'en fais une tête, on croirait que t'es pas contente de me voir.

Linoa est descendue et s'est enfermée dans sa chambre avec Ace. J'ai doucement fermé la porte. La fissure dans le regard de Daphné m'a démontré qu'elle me rendait responsable de la situation. J'ai essayé de rattraper l'incident.

– Écoute, je crois que Linoa traverse un moment difficile. Il faut lui laisser un peu de temps pour qu'elle comprenne la place de chacun. Nous devons avant tout la rassurer.

Sa réponse cinglante m'a terrifié.

– C'est toi qui l'encourages dans cette posture. Et le pire, c'est que tu ne t'en rends même pas compte ! Mais je te préviens, il est hors de question que je me laisse évincer…

2

Le lieutenant Lapointe a débarqué le lundi matin, après le départ de Daphné. Je ne l'avais pas revu depuis la clôture de l'enquête. Jovial, il m'a tapé sur l'épaule en entrant.

– Je passais dans le coin, je me suis dit que vous ne me refuseriez pas un café.

Il ne m'a pas laissé le choix, balayant le salon et la terrasse du regard. Il restait du café, Lapointe m'a assuré que ça lui irait très bien à condition d'y ajouter un nuage de lait. Je me suis également servi et nous nous sommes installés face à face dans la cuisine. J'ai coupé court à tout bavardage inutile.

– Vous devez être content que ce soit terminé.

– Tout le monde est satisfait que cette sale histoire s'achève...

Je me suis autorisé un peu d'ironie :

– Vous avez redoré votre blason ?

Il n'a pas éludé l'allusion.

– Je crois que j'ai sauvé ma tête, si c'était l'objet de votre question. Le principal coupable sous des décombres, sa complice qui se suicide, c'était du pain bénit pour évacuer un dossier particulièrement négatif pour l'image du Québec.

J'ai eu envie qu'il précise.

– Négatif ? Dans quelle mesure ?

– Maltraitance des autochtones, manque de sécurisation des barrages, racisme anti-Français... Sous bien des aspects, cette enquête nous renvoyait à nos démons et à nos insuffisances. Je ne suis pas navré qu'on en sorte… Mais de vous à moi, il reste des zones d'ombre…

– C'est-à-dire…

Il s'est éclairci la gorge.

– Le légiste qui a autopsié la jeune Lee a confirmé que le coup de feu qui l'a tuée a été tiré de face, à une distance qui rend presque impossible qu'elle ait appuyé sur la détente elle-même.

Je voyais où il m'emmenait, j'ai donc immédiatement objecté.

– Presque impossible, ça ne veut pas dire impossible. Elle peut avoir tiré à bout de bras.

– Bien sûr, mais en général, les suicides avec un fusil se font l'arme le long du corps, canon sous le menton. C'est plus facile pour actionner la détente.

– Ce que vous dites est vrai pour une personne qui prend le temps de caler l'arme au sol. Dans le cas de Lee, on parle de quelqu'un qui ne réfléchissait plus. C'est l'acte impulsif d'une forcenée à bout de nerfs qui n'avait pas dormi depuis des heures. Peut-être a-t-elle agi par provocation face à ma fille, elle a retourné le fusil au dernier moment en le tenant à bout de bras de cette façon.

J'ai mimé le geste. Il a souri, sans être convaincu.

– Vous plaidez bien…

Nous avons bu quelques gorgées en nous dévisageant. J'avais la certitude qu'il n'était pas venu qu'avec cette seule cartouche contre Linoa. J'ai posé ma tasse et repris l'initiative, enclin à effacer le sourire factice qu'il continuait d'afficher.

– Cet Indien avait tué un prêtre. Pouvait-on l'en blâmer, ce n'est pas à nous de le déterminer. Mais à sa sortie de prison, il aurait dû trouver un travail et passer à autre chose. Au lieu de quoi il a perdu les pédales. Viols, séquestrations, homicide volontaire d'un policier, sans parler que s'il avait réussi son coup, des centaines d'innocents auraient péri sous la rupture du barrage. Vous avez votre coupable, pourquoi chercher à impliquer Linoa ? Parce qu'elle est noire, c'est ça !

L'argument a eu l'air de le percuter de plein fouet.

– Elle était seule avec cette Lee quand cette dernière s'est prétendument donné la mort. Le témoignage de la jeune Zoé est édifiant ! Elle affirme que votre fille manipulait ce Maître dont le cerveau avait été atteint pendant sa détention. Selon elle, on avait plutôt affaire à un pauvre bougre en mal de grands espaces et d'un retour aux sources. Il était amoureux de votre fille au point de faire tout ce qu'elle lui dictait. C'est exactement la manière dont le père de Malo caractérisait sa façon d'agir avec son fils, Malo.

Même ébranlé par le comportement de Linoa des derniers jours, j'ai refusé d'entendre les accusations colportées par cette gamine.

– Et Wyome Beausoleil, c'est aussi ma fille qui aurait pris l'ascendant sur elle ! Vous connaissiez son tempérament, comment pouvez-vous accepter l'idée qu'une ado de 15 ans ait réussi à la manipuler ! Ce que vous dites ne tient pas une seconde ! Concrètement, vous n'avez rien à reprocher à Linoa… Rien ! Et vous le savez.

Il était flagrant qu'il était ennuyé. J'ai laissé passer un blanc pour calmer le jeu. Il a repris.

– Comment se comporte-t-elle avec l'enfant ?

Cette question m'a contrarié.

– Linoa se comporte avec son bébé comme toutes les mamans avec leur enfant.

– Je voulais juste savoir si cette naissance ne l'avait pas traumatisée. Mettre au monde le fils de son violeur, il y a de quoi haïr le bébé. Ce n'est pas choquant, ça peut même sembler inévitable.

– Ne me donnez pas un cours de psycho à deux balles. Ma femme et moi allons faire le nécessaire pour que Linoa et Ace puissent s'épanouir entourés d'amour.

Il a hoché la tête.

– Je ne suis pas votre ennemi, Roman. Sachez-le. Je cherche seulement la vérité…

Il y avait dans son ton l'avertissement que nous n'en avions pas fini. Mais peut-être faisais-je fausse route, je lui ai laissé le bénéfice du doute. Il a vidé sa tasse et s'est levé.

– Où est votre fille ?

– Dans sa chambre avec Ace.

– J'aimerais les voir…

Mon pouls s'est mis à battre plus vite. La loi me donnait le droit de refuser, mais je savais de quelle façon Lapointe interpréterait cette dérobade. Ce serait alimenter les suspicions que je venais de tenter de dissiper. Malgré moi, une forme d'instinct protecteur me dictait que Linoa n'était pas prête pour cette confrontation, qu'elle allait commettre un impair irréparable.

Lapointe a semblé comprendre mon dilemme.

– Ne vous tracassez pas, je ne vais pas lui faire subir d'interrogatoire. Je veux simplement être certain qu'ils vont bien.

C'est préférable à une expertise par un pédopsychiatre, vous ne croyez pas ?

Sa manière de parler n'était pas menaçante, mais il m'a paru suffisamment impérieux pour ne pas jouer avec le feu. Je suis descendu chercher Linoa, allongée sur son lit, pendant qu'Ace dormait dans son couffin.

– Le lieutenant Lapointe souhaite te voir avec Ace, il en aura pour dix secondes, ne t'inquiète pas. Viens, dépêche-toi.

Elle a obtempéré à mon injonction, sans dire un mot, et nous sommes remontés. Lapointe a posé les yeux sur Linoa, puis sur Ace. Une fois de plus, son regard scrutateur sur le visage du bébé suggérait que ses traits pourraient orienter l'enquête dans une nouvelle direction. Il a souri à Linoa.

– Eh bien, jeune fille, il est ravissant ce nourrisson… Comment s'appelle-t-il ?

Elle a fusillé Lapointe de ses yeux noirs.

– Ace Roman Kermarec.

Il a hoché la tête, toujours souriant.

– C'est ça, c'est bien ce qui m'a été rapporté, tu as choisi le prénom de ton papa.

Le souffle coupé, j'ai tenu à le recadrer en me forçant à rester léger.

– C'est la tradition dans beaucoup de familles, Linoa a donné le prénom du grand-père en deuxième prénom. Mais le bébé s'appelle Ace.

Comme s'il s'était reconnu, Ace a tiré sur sa tétine dans son demi-sommeil. Linoa oscillait d'un pied sur l'autre.

– Oui, mon bébé s'appelle Ace.

Lapointe est revenu à la charge.

– C'est gentil de lui donner le nom de ton papa. C'est une idée à toi ? Tu voulais qu'il soit fier, c'est ça ?

Une furtive lueur de haine est passée dans les yeux de Linoa. Elle a tendu les bras de façon si soudaine qu'Ace s'est mis à hurler. Sans se soucier des cris, elle l'a exhibé sous le nez du policier, un regard plein de défi.

– C'est mon fils, il m'appartient ! Papa ne laissera personne lui faire du mal !

Elle est redescendue en courant dans sa chambre. Pris au dépourvu par cette brutalité, le lieutenant s'est tourné vers moi. J'ai vu à son expression que les choses n'avaient pas suivi le cours qu'il avait anticipé.

Les jours suivants se sont écoulés sans nouvelles de Lapointe, une accalmie que je pressentais temporaire. J'ignorais ce qui le poussait à vouloir impliquer ma fille dans la mort de Lee, mais en raison de son comportement avec sa mère, mon sentiment que Linoa reconstruisait une histoire grandissait. Le dimanche, elle est arrivée au salon alors que Daphné avait entrepris de donner le biberon à Ace. Sa réaction a été immédiate, elle le lui a arraché des bras et s'est enfuie.

– Je ne veux pas que tu t'occupes de lui !

Daphné s'est mordu la joue.

– Il va falloir que tu admettes que nous avons un problème… Ça ne peut pas durer, j'espère que tu en es conscient !

Je lui ai promis de parler à Linoa. Mais j'étais trop désemparé pour imaginer comment je réussirais à la faire changer d'attitude. Il paraissait de plus en plus certain qu'elle avait entrepris de faire de moi le père de son fils. Dans un mimétisme de sa survie sous les décombres, elle semblait croire que pour que je m'occupe d'eux, il fallait éloigner tout autre captateur d'amour, de la même façon qu'elle avait écarté sa sœur du sein de sa mère.

L'imprévisible est arrivé deux jours plus tard.

La nuit était tombée depuis longtemps quand Daphné a téléphoné pour prévenir qu'elle dînerait avec des collègues. Assise dans la cuisine, Linoa faisait des maths. Je l'ai informée que nous serions seuls, elle a à peine relevé la tête, esquissé une moue indifférente, puis elle s'est remise à taper sur sa calculatrice. J'ai donné le biberon à Ace, je lui ai fait faire son rot et je suis allé le coucher. J'ai attendu qu'il s'endorme avant de remonter.

Linoa n'était plus à l'étage. J'ai présumé qu'elle s'était rendue aux toilettes. Sans m'en inquiéter, je me suis servi du vin et j'ai commencé à préparer des cuisses de poulet aux champignons. Pendant la demi-heure suivante, j'ai cuisiné sans me soucier de rien.

Lorsque tout a été prêt, je suis allé appeler Linoa, un peu étourdi par trois autres verres. J'ai répété doucement son nom pour ne pas risquer de réveiller Ace. Troublé par le silence, j'ai descendu l'escalier. Il dormait sur le dos, la tétine entre les lèvres, les bras en éventail. La salle de douche était vide. J'ai vérifié la chambre d'amis. Mon stress est allé crescendo, j'ai songé que Linoa pouvait être dans le jardin. J'ai guetté à travers la fenêtre, la pluie était en train de réduire les derniers amas de neige. Linoa n'avait aucune raison de sortir. Une part de moi s'est souvenue de ce qui s'était passé dans la forêt. *Pourquoi Linoa serait-elle retournée dans ce lieu damné où tout avait commencé ?* Ça n'aurait eu aucun sens. Je me suis arrêté dans le couloir, à l'affût du moindre bruit. Le silence n'était troublé que par la pluie contre les carreaux et le vent dans les bardeaux de la toiture. En désespoir de cause, j'ai décidé d'aller voir devant la maison. Alors que je posais le pied sur la première marche, un pressentiment m'a orienté vers notre chambre. J'ai poussé la porte entrouverte. Linoa était allongée sur le lit, nue, à la place de Daphné, dans la lueur d'une lampe de chevet. Sa chevelure éparpillée sur ses épaules tombait sur sa poitrine encore lourde, elle avait monté le chauffage au point qu'il régnait une chaleur étouffante.

J'ai marqué un temps de surprise. Elle m'a souri avec l'expression d'une invitation, s'est décalée pour me laisser une place que son index a tracée sur le drap. La flamme qui brillait dans ses yeux était d'une intensité que je n'avais jamais vue, une étincelle si puissante qu'elle m'a frappé avec la force d'un coup de poing. Elle s'est humecté les lèvres.

– Puisqu'elle s'amuse de son côté, inutile de continuer à nous retenir…

J'ai secoué la tête, incrédule. Elle a froncé les sourcils.

– Nous en avons le droit, tu n'es pas mon père…

J'ai eu un étourdissement.

– Mais Linoa, qu'est-ce que tu imagines ? Bien sûr que je suis ton papa. Il ne peut pas être question d'autre chose entre nous. Et quand bien même ta maman et moi déciderions de nous séparer, tu ne prendras jamais sa place. Tu seras toujours ma fille, ma petite fille que j'aime. Tu comprends ?

Elle s'est assise, en colère. Ses doigts se sont mis à torturer une pointe de ses cheveux.

– C'est toi, son père ! Il va bien falloir que tu le reconnaisses.

– Mais qu'est-ce que tu racontes ? Tu sais très bien qui est le père de cet enfant…

Elle m'a fixé dans les yeux.

– Alors, tu ne te souviens de rien de ce qui s'est passé dans ce lit ?

Elle a désigné ma place.

– Ici ! Ne me dis pas que tu as oublié !

Soudain, je me suis souvenu de mon rêve érotique avec Wyome, le soir où Linoa m'avait réveillé, une tache de sang sur sa chemise de nuit. Ce soir-là, Daphné avait pris un somnifère et j'avais trop bu. Était-il possible que Linoa soit venue commettre l'irréparable sans même que je m'en rende compte ? Je me suis mis à douter : privé de relations avec Daphné depuis des mois, avais-je été capable d'avoir cette relation pendant mon sommeil ? J'ai repoussé cette idée révoltante, cherchant à percer le regard de Linoa pour savoir jusqu'où allait sa duplicité. Je me suis contraint à durcir le ton.

– Zoé prétend que tu es une manipulatrice, elle utilise les mêmes termes que le père de Malo. Deux personnes qui ne se connaissent pas…

Elle s'est mise en colère.

– Zoé m'a toujours détestée ! Elle était jalouse de ma relation avec le Maître, jalouse de Camille et Malo, folle de rage parce que Gillian n'a pas voulu d'elle !

– Et le père de Malo ? Lui aussi, tu vas l'accuser de jalousie ?

Elle a baissé la tête, sans répondre. J'ai tenté de m'engouffrer dans cette brèche.

– Aujourd'hui tu prétends que je suis le père, hier tu laissais ce géant indien penser que c'était lui…

– Je lui ai fait croire ça pour te protéger, je sais ce que tu risques si ça venait à se savoir.

J'ai balayé le début de menace sous-jacente.

– Allons, Linoa, il faut que tu arrêtes de mentir. Il le faut, pour ton bien et celui d'Ace. Tu n'as pas d'inquiétude à avoir, je serai là pour vous deux. Mais il faut que tu arrêtes de te comporter de cette façon avec Daphné. Ce n'est pas en agissant ainsi que tu me garderas près de toi. Au contraire, ton attitude finira par poser un grave problème…

Son regard a eu quelque chose d'acculé, elle ressemblait à une enfant qui viendrait de commettre une bêtise irréparable. Soudain, elle s'est jetée en avant et accrochée à ma taille.

– Je veux que nous soyons heureux avec notre fils !

J'ai reculé. Elle s'est laissée traîner, criant, presque démente, les larmes aux yeux.

– Je t'en supplie, Papa, ne me rejette pas ! Quand Ace grandira, tu réaliseras que je ne t'ai pas menti ! Tu verras, il te ressemblera tant que plus personne ne pourra nier l'évidence !

Ses pupilles me fixaient avec une force de persuasion capable de faire basculer un jury d'assises. Elle paraissait si sûre d'elle qu'elle aurait réussi à convaincre n'importe qui. Depuis la mort de l'Indien, ce fantasme avait pris corps au point que c'était devenu sa vérité. Elle s'est frotté les joues pleines de larmes. Puis elle m'a jeté un regard impitoyable, montrant que mon rejet se transformait en rancœur.

– Si tu ne veux pas de nous, je dirai à la police que tu m'as violée !

J'ai immédiatement mesuré les conséquences d'une accusation qu'elle avait certainement envisagée de longue date : le juge demanderait une analyse ADN destinée à faire la lumière.

J'étais convaincu que je n'étais pas le père d'Ace. Mais je savais l'effet dévastateur que cette procédure aurait sur la psyché de Linoa. Elle me regardait, haletante. Je me suis agenouillé à son niveau. J'ai pris son visage dans mes mains, fixé ses yeux brillants de larmes, n'y détectant que le désespoir d'un être en perdition. Elle paraissait complètement égarée, la peau frigorifiée alors qu'il devait faire 30 degrés. Je l'ai lentement relevée.

– Il faut que tu dormes, nous reparlerons de tout ça demain.

Je l'ai conduite à sa chambre et aidée à enfiler sa chemise de nuit. Elle n'a pas prononcé un mot quand je l'ai recouverte d'un plaid en laine avec le maximum de prévenance. La tête sur l'oreiller, elle a fermé les paupières, sa peluche d'ours serrée dans ses bras. J'ai embrassé Ace, endormi un sourire aux lèvres. Malgré mes efforts, je ne lui ai trouvé aucune similitude avec le géant indien. Un peu inquiet de le laisser seul avec Linoa, j'ai poussé le chauffage, maintenu la porte entrouverte et la lumière du couloir allumée.

Je me suis assis à mon bureau, l'esprit en feu. Je n'avais pas travaillé sur le roman depuis mon enlèvement. Bien qu'ayant modifié les noms des protagonistes, j'avais raconté l'enquête et les conséquences des disparitions sur nos vies. Le choix d'un narrateur qui me ressemblait amplifiait ma certitude que le manuscrit ne serait jamais publiable.

J'ai ouvert le fichier *Roman Canada*, cherchant un autre titre, sans succès. Après une relecture des dernières pages, j'ai travaillé avec acharnement. Les mots se frayaient un chemin de mon cerveau à mes doigts plus vite que ma pensée, on aurait dit que l'histoire sortait d'elle-même, qu'elle avait mûri en moi au point que je ne pouvais plus la retenir, qu'il fallait que je déverse le trop-plein d'émotions, vécu depuis des mois.

J'ai rédigé le passage sur la mort de Wyome, les larmes aux yeux. Soudain, j'ai dû m'arrêter pour reprendre mon souffle, coincé dans un brouillard sur la façon de décrire le rôle de Linoa. J'ai raconté l'accouchement et son retour chez nous. Irrémédiablement, je suis arrivé à l'épisode que je venais de vivre, me demandant de nouveau si j'avais pu effacer jusqu'au moindre souvenir d'une relation incestueuse.

Je me suis trouvé démuni devant l'écran, désemparé face au mur de la fin de l'histoire. Il était presque 1 heure du matin et Daphné n'était pas rentrée. Je l'ai imaginée dans les bras d'un autre, je revoyais le gamin recroquevillé pendant que je le frappais, Daphné me hurlant d'arrêter. Nous n'avions jamais fait l'amour depuis. Si elle décidait un jour de continuer son chemin sans moi, j'estimais que je n'aurais aucun reproche à lui faire. Une pointe aiguë de tristesse m'a transpercé, celle d'un gâchis dont je serai le seul coupable. Face à mon reflet dans l'écran où ce roman s'ouvrait sur tous les possibles, je ne m'étais jamais senti aussi démuni. L'unique chose que je pressentais, c'est qu'un événement viendrait bientôt tout clarifier.

Mes yeux ont surfé sur le Net sans rien appréhender de concret. Ma boîte mail a soudain affiché un message. Persuadé qu'il s'agirait d'une publicité, j'ai découvert avec surprise ce message de Jérôme : *Eh bien, mon vieux, sale histoire, heureux de savoir que tu t'en es sorti.*

Un peu en colère contre lui, j'ai écrit sans réfléchir : *Tu aurais pu nous envoyer les renseignements qu'on t'avait demandés !*

En raison du décalage horaire, il devait être dans son bureau, au Bastion. Sa réponse est tombée par retour : *De quoi tu parles, quelles infos ?*

Sa mauvaise foi m'a encore plus agacé : *Je te parle des infos sur la famille du jeune suicidé que t'avait demandées ton grand ami Lapointe !*

Il s'est passé une minute avant que je reçoive : *Donne-moi ton numéro de tél.*

J'ai obtempéré, curieux de ce qu'il trouverait à sa décharge.

J'ai attendu en retenant mon souffle. La journée damnée au « 36 » a défilé en l'espace de quelques secondes, avant que le téléphone sonne. Son rire avait l'intonation d'un type qui a bamboché toute la nuit.

– Alors, Roman, tu cherches encore un bouc émissaire à ta vie ?

Ma stupéfaction a fait place à la colère.

– Espèces de connard ! Je fais l'effort d'aider ton pote. Et quand il te demande des infos, tu ne te donnes même pas la peine de te renseigner. Je ne dis pas que ça aurait changé quoi que ce soit, mais au moins, ça aurait prouvé que tu n'en avais pas rien à foutre !

Il a marqué un temps.

– Écoute, Roman, je ne vois vraiment pas de quoi tu parles. J'ai lu ton histoire dans la presse… Mais à part ça, je n'ai pas eu de nouvelles de Fernand depuis des mois. Je ne savais même pas que tu avais finalement accepté de t'impliquer dans son enquête.

Le silence qui a suivi était porteur d'une réflexion intense. La recherche d'explications a flotté entre nous. Jérôme a temporisé.

– Ça ne veut sans doute rien dire, Fernand n'était pas l'étudiant le plus courageux. Il est possible qu'il n'ait pas relayé ta demande parce qu'il ne croyait pas à son importance.

Malgré ses propos rassurants, je ne parvenais pas à assécher le sillon de suspicions que suivaient mes idées : l'accueil de Lapointe dans son bureau, la façon dont il m'avait présenté Wyome, son attitude lors du suicide de Gillian, sa présence sur les lieux, seul, sans qu'on puisse découvrir qui avait prévenu la Sûreté.

Et soudain, il m'est revenu le comportement de Linoa face à lui, exhibant Ace en le provoquant, une peur viscérale ancrée dans le ventre. J'ai lancé la question qui me venait.

– Quand tu as connu Lapointe, il était en couple ?

– Non… c'était même plutôt un dragueur…

– Avec du succès ?

– Il se donnait beaucoup de mal, mais les filles n'étaient pas très sensibles à son charme québécois. Beaucoup se foutaient carrément de sa gueule.

– Il a quand même eu des copines ?

Il s'est raclé la gorge de fumeur.

– Tu poses de drôles de questions... Bien sûr qu'il s'est tapé des gonzesses, qu'est-ce que tu crois ? À l'époque, on était tous branchés nanas...

– Il les aimait comment ?

Il a marqué un temps de silence, j'ai senti qu'il commençait à percevoir la gravité de mes soupçons. Il a semblé sur la défensive.

– L'enquête est close, non ? Où tu veux en venir ?

– J'en sais rien... Des trucs qui me trottent dans la tête... Une équation dont il me manque des éléments. Alors, c'était quoi son type de femme ?

Il a réfléchi.

– À te parler franchement, il sautait un peu sur tout ce qui bougeait... Pendant un moment, on a même été plusieurs à penser qu'il aimait aussi les mecs... Et puis il y a eu cette fille...

– Cette fille ?

– Il fricotait avec une étudiante rencontrée dans un tonus. [31] Jolie à l'extérieur, mais une peste qui s'est bien foutue de sa gueule.

– Comment ça s'est fini ?

– Elle l'a plaqué... C'est peut-être à cause d'elle qu'il a décidé de rentrer au Québec.

– Rien d'autre sur lui.

– Non... Ah si, mais je ne crois pas que ça te sera utile.

– Balance toujours...

---

[31] *Soirée étudiante.*

– Eh bien, les derniers mois, il en avait marre des moqueries dont il était victime. Il était parvenu à gommer son accent québécois… Malgré ça, certains abrutis continuaient à le chambrer. Le plus souvent, Fernand le prenait à la rigolade, mais si tu veux mon opinion avec le recul, il s'était mis à les détester, il les appelait les *Maudits Français*…

Une certitude m'est apparue en même temps que le titre de mon roman.

– *Maudits Français !* Mon Dieu, il déteste les Français…

Il m'a semblé entendre du bruit dans la maison. J'ai mis fin à la conversation avant que Jérôme ne demande des éclaircissements.

Quand je suis entré dans le salon, Lapointe se tenait à côté de Daphné, assise dans un fauteuil, un verre de vin à la main. Elle s'est adressée à lui.

– C'est quand même incroyable que Roman soit parvenu aussi près du but justement cette nuit, tu ne trouves pas, Fernand ?

Il a hoché la tête et sortit son Glock 17.

– En effet, le fait même que nous soyons arrivés au moment où il avait cette discussion à mon propos avec Jérôme montre que la Providence est de notre côté.

Elle lui a répondu à la manière d'un échange mondain.

– Tu as raison, cette concomitance confirme que nous avons pris la bonne décision !

La succession des événements m'est revenue depuis ma convocation par Lapointe. À son poste à la Sûreté, lui seul avait eu le pouvoir de tout maîtriser. Les pièces s'emboîtaient à la perfection. Prostré et muet, j'ai jeté un regard douloureux à Daphné, qui me dévisageait d'un air cynique que je ne lui avais jamais vu. Leur connivence méprisable était évidente, mais j'ignorais comment ils avaient pu se rencontrer.

– Depuis quand ?

Le sourire qu'ils ont échangé trahissait une complicité de longue date.

– Tu lui expliques ou c'est moi ? lui a demandé Daphné.

– Je pense qu'il vaut mieux que ce soit toi…

– Tu as raison, a-t-elle acquiescé. Fernand et moi nous sommes connus étudiants, nous avons entretenu une courte liaison dont tu n'as jamais rien su… J'étais jeune et écervelée, je n'ai pas été sympa avec lui…

Elle a quêté son approbation.

– Tu peux même dire que tu m'as jeté…

Elle a ri.

– Que veux-tu… J'étais en couple avec Roman.

Elle a repris à mon intention.

– Nos chemins se sont séparés, mais nous sommes restés en contact. D'abord pour les anniversaires, puis de plus en plus fréquemment. Pendant des années, nous avons échangé des messages réguliers. De fil en aiguille, Fernand est devenu mon confident et moi le sien. Il m'envoyait les photos de ses conquêtes. Il a éveillé les désirs qui sommeillaient en moi, nous partagions le même goût pour la jeunesse… C'est lui qui m'a initiée à la façon de satisfaire mes envies sur le site *Childs Lover's*, du dark web. J'ai mis du temps à comprendre que Fernand était à l'origine de certaines vidéos…

Il s'est cru en devoir de prendre le relais.

– Le site est abrité en Corée du Sud, mais nous diffusons dans plus de trente pays. Les clients payent en cryptomonnaies intraçables.

Je sentais monter en moi une sorte de répugnance.

– Comment avez-vous fait pour impliquer le géant indien ? Un gamin qui avait subi des viols de prêtres.

Il m'a accordé le regard qu'on destine à un faible d'esprit.

– Les abusés sont les plus faciles à faire basculer, n'est-ce pas Daphné ?

Elle m'a fixé droit dans les yeux.

– Tous les hommes ne sont pas comme toi, Roman… C'est pour ça que je t'ai choisi. Jeune déjà, tu étais gentil… Gentil et amoureux. Pas le genre à poser des questions…

Un doute m'a enserré la gorge. Une explication possible à son comportement quand je l'avais rencontrée, la raison pour laquelle elle m'avait emmené voir le film *Contes de la folie ordinaire*, son appétence pour l'histoire d'une prostituée qui se mutile. Une nouvelle fois, l'image de l'ado dans notre lit est apparue, j'ai à peine entendu Lapointe.

– J'ai connu Wyome lorsqu'elle est venue déposer plainte pour viol. Je me suis occupé de ces salopards de Hells Angels. À genoux et deux balles dans la tête, on ne retrouvera jamais leur corps. Wyome m'en a été très reconnaissante. Je l'ai ensuite prise sous mon aile, c'est moi qui l'ai poussée vers des études et embauchée à la Sûreté. C'était une fille superbe, très photogénique, vous ne trouvez pas ?

Je n'ai pas répondu, écœuré. Il a souri d'une manière entendue.

– Wyome m'a présenté celui qu'elle nommait Maître. J'ai obtenu une libération conditionnelle en échange de sa participation à nos activités. Il s'est tout de suite montré coopératif. Il avait une parfaite connaissance des drogues chamaniques, des mélanges de plantes et de lianes du Pérou autorisées au Canada pour les religions autochtones. Les adolescents en raffolent, une fois qu'ils y ont goûté, vous pouvez tout leur demander. Ils sont comme des chiots, ils viennent vous manger dans la main.

Il a mimé un jappement suppliant.

– Mais vous savez de quoi je parle, vous en avez testé les bienfaits avec Wyome. Sur le conseil de Daphné, je vous ai présenté à elle avec l'ordre de vous garder à l'œil… Elle devait gagner votre confiance et nous informer si vous aviez le moindre soupçon sur nos agissements. J'ai très vite compris qu'elle était attirée par votre charme très… français. Il me reste des vidéos de ses performances quand elle était jeune, mais celle de vous deux constitue une de mes plus belles prises… Vous savez, je pense qu'elle vous aimait vraiment.

Daphné a vidé son verre sans faire semblant de découvrir ma relation avec Wyome. Je l'ai apostrophé :

– Comment as-tu pu participer à ça ?

Ses yeux étaient rougis par l'alcool et l'exaltation.

– Depuis que nous sommes ici, il m'arrive une aventure incroyable… Fernand m'a permis de réaliser tous mes fantasmes… Je suis certaine que le destin voulait que je le rejoigne dans ce pays. Tu ne peux même pas imaginer jusqu'où nous sommes allés…

Sur un ton de provocation, elle m'a raconté ses rencontres avec Malo, Gillian et d'autres jeunes dont j'ignorais tout. Lee avait participé à ces parties fines sous drogues, qui se déroulaient le plus souvent chez elle ou dans des hôtels de Montréal. Le nombre de partenaires dont Daphné se vantait m'a donné le tournis. Elle prenait un plaisir malsain à me torturer avec l'énumération de ses expériences. Pendant ce temps, Lapointe me menaçait de son Glock, lui aussi semblait apprécier la situation. J'étais persuadé qu'il savourait sa revanche sur un *Maudit Français !* contre lequel il avait dressé les ados, dont Linoa. Penser à ma fille m'a amené à envisager le pire. J'ai détourné mon regard pour ne pas lire la vérité sur le visage de Daphné. Dehors, la pluie avait cessé, laissant place à une nuit sans étoiles.

Une envie de pleurer est montée en moi.

– Linoa…

Daphné s'est tue un instant, puis elle s'est lancée.

– Dès qu'il l'a vue, Fernand a su qu'elle serait parfaite pour des vidéos. Il m'a expliqué qu'il était temps pour moi de briser les derniers tabous. De rendre ce qui m'avait été offert… Tu comprends que je n'avais pas le choix. Mais même avec l'aide de Lee et Malo, Linoa refusait de participer. Tu la connais, il n'y a pas plus têtu qu'elle. Alors je lui ai dit que c'était toi qui le demandais, que tu n'osais pas lui avouer ton envie d'avoir cette première relation avec elle. J'ai mis du temps à la convaincre… Ce soir-là, je t'ai fait boire un mélange d'herbes concocté par l'Indien. J'ai fait semblant de dormir, j'ai vu que tu me désirais, mais ta satanée morale t'en empêchait. J'ai attendu que la drogue fasse effet pour aller chercher Linoa. Elle avait peur… Heureusement que Lee était là. Nous lui avons aussi donné un peu de drogue, puis je l'ai guidée jusqu'à toi…

Ses pupilles ont brillé d'une lueur d'orgueil extatique.

– Être aux premières loges. Te voir la déflorer aura été une des expériences les plus excitantes de ma vie !

Horrifié, j'ai porté une main tremblante à ma bouche, luttant contre la nausée. Je suis tombé à genoux, j'ai fixé l'étrangère qui se tenait devant moi. Une haine féroce contre moi-même m'a submergé, j'aurais préféré qu'elle me tue plutôt que de me révéler l'impensable, ce que j'avais fait à ma propre fille. Tous mes efforts pour lui inculquer des valeurs, pour inverser le cours tragique de son destin, Daphné les avait piétinés. Mes larmes se sont taries, laissant place à une rage implacable.

– Vous êtes des monstres !

La répulsion m'a secoué, je me suis effondré, à quatre pattes. Sous une vague de dégoût pour mes actes commis sous l'emprise de la drogue, j'ai vomi une bile de désespoir. Une peur glaciale m'a traversé. Levant les yeux vers Lapointe, j'ai cherché dans son regard une réponse à ma crainte la plus sombre. D'un signe de tête, il a confirmé l'existence d'une vidéo.

– Ta fille est très photogénique. Une fois ce passage franchi avec toi, elle s'est montrée coopérative. Nous lui disions que c'était toi qui l'exigeais. De toute façon, la drogue la rendait quasi amnésique. Jusqu'à l'autre jour, je pensais qu'elle ne m'avait jamais identifié. Mais sa réaction avec le bébé m'a confirmé le contraire.

Ils se sont regardés, les yeux dans les yeux. J'ai lu leur décision qu'il était temps de passer à la raison de leur présence. Daphné a soupiré.

– Nous avions convenu de te mettre sous surveillance par Wyome… Mais quand Fernand m'a averti qu'elle espérait te convaincre de te joindre à nous, je l'ai prévenu que c'était voué à l'échec… Il s'est chargé de lui expliquer, mais elle n'a rien voulu entendre. Tout s'est ensuite enchaîné très vite, l'Indien a tué le policier avec la complicité de Lee et ils t'ont kidnappé. Nous ignorions leur projet de faire sauter le barrage et de fuir vers le nord. Lorsque Fernand m'a annoncé le dénouement de cette entreprise, qu'il m'a dit que toi et Linoa alliez rentrer à la maison, nous savions que nous devrions prendre une décision. Tout dépendrait de l'attitude de Linoa… Tu as vu comment elle se comporte avec moi. Fernand lui-même s'en est rendu compte… Tant qu'elle croira que tu peux la protéger, elle sera un danger pour nous. Je suis désolée, Roman, tu es un authentique humaniste, mais les types dans ton genre sont trop faibles pour survivre dans le monde d'aujourd'hui.

Ses lèvres se sont scellées sur la détermination d'une sentence. Fernand a passé la crosse de l'arme dans sa main gauche, s'est essuyé la paume sur son jean, avant de la reprendre. Un instant, j'ai pensé qu'il allait tirer, puis j'ai compris qu'ils me prévoyaient une autre mort.

– Quel est le programme ?

Il a resserré sa prise.

– Tu vas m'accompagner jusqu'à la falaise.

– Si je refuse…

– Je tuerai ta fille et son fils.

– Personne ne croira à mon suicide.

Daphné s'est levée, déterminée.

– J'ai lu ton roman… En le retravaillant un peu, il sera facile de faire la preuve que tu as abusé de Linoa et décidé de te supprimer parce qu'elle allait parler…

Lapointe a renchéri.

– Nous nous occuperons de ta fille et d'Ace. Ce bébé suivra bientôt les traces de sa mère, il a un grand avenir cinématographique devant lui…

La fureur m'a fait élever la voix, je me suis relevé d'un bond et j'ai fait deux pas vers lui.

– Sale pourriture, tu n'oseras pas tirer !

Son doigt est passé du pontet à la détente.

– Si tu n'obéis pas, je vais t'abattre ! Daphné témoignera en ma faveur. Tu menaçais de tuer ta famille, tu t'es jeté sur moi et le coup est parti. Qui mettra en doute ma parole soutenue par ta propre femme !

Il y a eu du bruit derrière moi. Lapointe et Daphné ont écarquillé les yeux. Je me suis retourné, Linoa était debout en chemise de nuit, Ace dans les bras. Elle m'a imploré de démentir d'un regard désespéré. J'ai tenté de la réconforter.

– Tu n'es pas responsable. Ce sont eux les coupables.

– Tais-toi ! m'a ordonné Daphné.

J'ai senti le canon dans le creux de mes reins. Lapointe m'a glissé dans l'oreille.

– Si tu bouges, je t'abats comme un chien !

Daphné s'est approchée de Linoa.

– Ton père ne veut pas de toi. Mais ne t'inquiète pas, je vais m'occuper de vous deux.

Linoa a hurlé.

– Toi et ce policier, vous n'êtes que des menteurs ! Vous m'avez trompée, j'ai fait ce que vous disiez pour Papa. Mais tout était faux ! Je vous hais ! Jamais vous n'aurez Ace !

Daphné lui a arraché le bébé des mains et l'a giflée de toutes ses forces. Linoa est tombée sur le côté, j'ai vu la colère dans ses yeux noirs quand elle s'est relevée. Lapointe était prêt à tirer, j'ai pris Linoa dans mes bras.

– Arrête, nous devons leur obéir. Ne leur donne pas l'occasion de te tuer.

Lapointe a retrouvé un semblant de calme.

– Habillez-vous…

Ace s'était réveillé et pleurait dans les bras de Daphné. Elle lui a parlé avec douceur, mais peu habitué à elle, il continuait à brailler.

– Je reste ici, avec lui ! a-t-elle crié à Lapointe. Je t'attends.

Il y a eu entre eux l'évidence que, maintenant que Linoa savait, elle devait m'accompagner dans le dernier voyage qu'ils m'avaient réservé. En silence, Linoa et moi nous sommes équipés, pendant que Lapointe nous surveillait, arme au poing.

Au bord du jardin, Lapointe a éclairé la pente avec une torche.

– Descendez !

Au milieu des tas de neige noirâtre, nous nous sommes enfoncés dans la forêt. La nuit était si épaisse qu'on ne voyait quasiment rien. Lapointe fermait la marche, le Glock dirigé sur Linoa. J'essayais de trouver une issue, mais la moindre tentative mettrait sa vie en danger.

– Papa, a-t-elle murmuré, je vais faire semblant de tomber, profites-en pour t'échapper.

J'ai répondu entre mes dents.

– Il n'en est pas question, laisse-moi faire…

– Fermez-la ! a ordonné Lapointe.

Nous avons progressé sur une terre encore glacée, franchi plusieurs troncs couchés, et sommes arrivés sur le plat devant la falaise. Une bourrasque en provenance du fleuve m'a fouetté le visage. Lapointe s'est placé de trois quarts, à deux enjambées de Linoa, le Glock à bout de bras. Il s'est adressé à moi.

– Si tu sautes docilement, je lui laisserai une chance. Après tout, son bébé est peut-être de moi… Linoa est intelligente, elle comprendra que c'est sa seule possibilité de lui sauver la vie.

– Jamais ! a hurlé ma fille.

Surpris par sa virulence, il a tourné l'arme vers elle. Avec la fulgurance d'une panthère, elle a lancé une attaque d'un direct du pied. Le coup de feu est parti avant que le Glock échappe à Lapointe. Atteinte au ventre, Linoa s'est écroulée. J'ai bondi sur lui pendant qu'il se ruait sur le Glock. Nous nous sommes percutés. Accrochés l'un à l'autre, nous avons roulé sur un tapis neigeux mêlé de terre. Nous avons buté contre un tas compact en bordure de falaise. Lapointe a jeté un œil vers le vide où il voulait me précipiter.

Nous luttions de toutes nos forces : lui pour me tuer, moi pour l'immobiliser. Je lui ai enlacé les bras, il m'a envoyé un coup de tête. J'ai senti mon nez se briser. Le deuxième choc m'a contraint à lâcher l'étreinte, il en a profité pour se relever et me frapper d'un coup de pied. Je me suis recroquevillé, le visage dans les coudes. Il s'est mis à me rouer de coups pour me propulser dans le précipice. Chaque impact me rapprochait d'une chute mortelle.

Il a pris un élan sur sa jambe droite. J'ai roulé sur moi-même pour le percuter au niveau du tibia. Il a perdu l'équilibre, basculé vers l'avant en poussant un cri. Je me suis penché sur le bord. Cramponné à une racine, il tentait d'atteindre l'arête d'un rocher de l'autre main, ses pieds s'agitaient inutilement dans l'air. Ses yeux implorants brillaient dans la pénombre.

– Aide-moi, je t'en supplie !

Je lui ai tendu la main. Ses doigts se sont accrochés aux miens. Haletant un souffle de vapeur, j'ai calé les talons de mes chaussures dans l'amas de neige durcie, je me suis cambré, les muscles de mes bras et de mon dos bandés à l'extrême pour le tirer vers moi. Il gémissait des *mercis* apeurés, incrédule que je le sauve alors qu'il allait me tuer une minute plus tôt. Une seconde, j'ai songé à le lâcher, mais je me suis aussitôt ravisé, retenu par ce que Daphné qualifiait de faiblesse humaine, qui me mènerait un jour à ma perte.

Lapointe a réussi à se hisser. Ses coudes se sont plantés dans la neige, son visage a manifesté son soulagement. Il a porté un regard frémissant sur le Glock, déjà prêt à s'en emparer. Ses doigts se sont refermés sur la crosse, il a eu un léger sourire illustrant le mépris qu'il éprouvait pour ma stupidité et sa détermination intacte à me supprimer. Une lueur victorieuse a brillé dans ses pupilles. Il relevait l'arme, j'ai eu un mouvement de recul.

Linoa a surgi au-dessus de ma tête, brandissant une lourde branche tel un pilon improvisé. Lapointe a hurlé un « Non ! » d'effroi. Avant même que je puisse bouger, elle lui a asséné un coup sur le front. Il a basculé dans le vide de la falaise. Son cri s'est perdu dans l'obscurité. Interrompu par le bruit lointain de son corps s'écrasant au sol.

Linoa a lâché la branche et s'est effondrée. J'ai récupéré la torche pour éclairer sa blessure. La balle avait pénétré dans le pli de l'aine avant de ressortir. Le sang coulait par flots réguliers. Aucun organe vital ne semblait atteint, mais elle perdait beaucoup de sang.

J'ai posé ses paumes sur la plaie.

– Maintiens-les comprimées de cette façon, je remonte chercher du secours.

Elle me fixait de son regard enflammé de douleur.

– Papa. J'ai fait tout ce qu'ils me disaient pour toi… Seulement pour toi.

– Je sais. Ne t'inquiète pas, ce qui vient de se passer restera entre nous. Maintenant, accroche-toi. Ace a besoin de sa maman.

Une grimace lui a déformé le visage, elle inspirait et soufflait bruyamment. J'ai ramassé l'arme et tiré deux balles en l'air, destinées à alerter des voisins.

L'angoisse au ventre, j'ai remonté la pente, traversé le jardin en courant et gravi les escaliers. Je suis entré dans la maison par la cuisine. Daphné avait allongé Ace sur la table, retiré sa couche et était en train de nettoyer son sexe avec un coton imbibé de crème. Me voyant, elle a pris Ace dans ses bras.

– Je… Je… Où est Fernand ?

Je me suis planté devant elle.

– Il est mort… Linoa est gravement blessée.

Ses yeux avaient quelque chose d'une proie égarée, elle parut vouloir se justifier.

– Mon père… Je ne sais même pas à quel âge il a commencé… Tout ce dont je me souviens, c'est que quand Maman partait de la maison, il me disait de monter dans la chambre, il éteignait la lumière… Lorsque Maman rentrait, elle me traitait de traînée… À l'école, les profs me prenaient pour une élève studieuse, les garçons s'intéressaient à moi. Mais chez moi, je vivais terrorisée. Je suis tombée enceinte à 12 ans, Maman s'est occupée d'organiser l'avortement. J'ai menti aux médecins par peur de mon père. La deuxième fois je venais d'en avoir 15, Maman m'a expliqué que je ne pourrais plus avoir d'enfant… Elle a dit que Dieu me punissait… Je t'ai choisi parce que tu es l'exact opposé de mon père. Je croyais que tu pourrais accepter le mal dont je souffre.

Elle a baissé la tête.

– Voilà, tu sais tout, Roman, je n'ai jamais compris pourquoi tu n'as jamais posé de questions. Peut-être aurais-je pu m'en sortir grâce à toi…

Un nœud de tristesse m'a comprimé le cœur. J'ai réalisé à quel point je m'étais trompé sur elle. Toutes ces années j'avais vécu avec une étrangère. Quelques secondes, j'ai flotté entre la rage et l'apitoiement. Puis l'urgence de sauver Linoa est revenue. Sans brutalité, j'ai récupéré Ace, et je suis allé dans mon bureau contacter les secours.

Épilogue

Le démantèlement du réseau lié au site *Childs Lover's* créé par le lieutenant Lapointe a permis l'arrestation de plus de cent pédophiles au Canada. L'enquête pilotée par le Centre de coordination contre l'exploitation des enfants de la Gendarmerie Royale du Canada a démontré que ce site était le plus important du pays. Par un système de mise à disposition volontaire, deux cent mille vidéos avaient été téléchargées plus d'un million de fois. Les fichiers récupérés ont sauvé une cinquantaine de victimes mineures.

La condamnation à vingt années de prison du gestionnaire sud-coréen donnait à l'affaire une dimension internationale dont l'étendue reste encore difficile à évaluer. Pendant le procès à Montréal, la protection de la jeunesse a rapporté le chiffre de 43 agressions sexuelles pour 100 000 enfants au Canada. Dans 97 % des cas, les coupables étaient connus des victimes.

En raison du décès de Wyome et du géant indien, les abus des Amérindiens par des prêtres n'ont qu'à peine été évoqués. Seule Française à comparaître, Daphné a été punie de dix ans dans un établissement de détention, situé au nord de l'île de Montréal.

J'ai endossé le geste de Linoa contre le lieutenant Lapointe. Après délibération, j'ai été déclaré en état de légitime défense et autorisé à conserver sa garde à condition qu'elle soit suivie par une assistance sociale. Aucune recherche de paternité n'a été imposée.

Depuis un an, nous avons déménagé à Montréal, près du parc La Fontaine. De cette façon, je rends visite à Daphné, chaque semaine. Malgré mes réserves, je sens qu'elle progresse : sa prise de conscience de la gravité de ses actes se manifeste à travers ses larmes, les blessures d'enfance qu'elle partage lors des séances de thérapie et sa lucidité à affronter l'ignominie des pulsions mimétiques qu'elles ont engendrées.

Si elle continue à se soumettre à l'obligation de soins, elle peut envisager une sortie dans six ans. Pour l'heure, Linoa refuse de m'accompagner, mais je garde espoir qu'un jour, elle trouvera la force de lui pardonner. Je comprends que pour beaucoup, cette idée est inconcevable. Mais Daphné avait vu juste à mon propos, j'appartiens à cette sorte de type qui croit que l'humain peut changer, qu'il faut lui accorder sa chance et que tant que la vie perdure, le meilleur reste possible…

Dans le salon de notre petit appartement, je termine la relecture de ce manuscrit que j'ai renoncé à éditer. Les doigts sur le clavier, j'apporte une ultime retouche à l'épilogue, point final au récit de notre histoire. Ace vient d'avoir dix-huit mois. Linoa joue avec lui sur le tapis, devant le foyer au propane. Elle lui chatouille le ventre. Il rigole et se retourne, marche à quatre pattes, puis se redresse et avance à pas malhabiles vers moi. Il s'appuie sur ma jambe et me regarde. Sourire aux lèvres, il répète quelques babillements en me pointant du doigt. Je contemple sa bouille ronde et ses cheveux noirs bouclés. J'embrasse le bout de son petit nez plat. Il pousse un cri, les yeux pétillants de malice. Il rayonne d'une joyeuse insouciance. Ses babillements se transforment en *Roman* !

Linoa nous observe, des larmes sur les joues. Un regard ému plongé dans celui de ma fille, je soulève Ace et le serre contre moi. Avec l'espoir d'un avenir apaisé, je me dis que notre route promet d'être longue, tandis que j'effleure du pouce le minuscule trou, à l'arrière de son oreille.

Notes de l'auteur

Lorsqu'en 2009, Delphine et moi avons décidé de migrer vers le Québec, nous aspirions à découvrir le Canada et, plus largement, le continent américain, à offrir à nos fils l'expérience d'une nouvelle culture, et pour moi, à saisir l'opportunité d'être plus présent pour eux. Ces six années ont été particulièrement enrichissantes, marquées par des défis professionnels pour Delphine et des amitiés inaltérables pour Clark et Liam. De mon côté, le programme de Création littéraire de l'Université Laval, à Québec, a été jalonné de rencontres inoubliables. Je suis reconnaissant à Alain Beaulieu, à Neil Bissoondath, et aux autres enseignants de m'avoir aidé à explorer ma voix d'auteur dans *L'Arménien*, premier opus des *Nuits Nantaises*.

Avec *Maudits Français !* mon souhait était de rédiger un polar qui décrive les défis des expatriés s'intégrant à la culture québécoise. Après m'être intéressé à l'histoire du pays, depuis l'établissement de la colonie par Samuel de Champlain en 1608 jusqu'au Traité de Paris de 1763, lorsque la France cède ses territoires à la Grande-Bretagne, j'ai acquis la certitude que cet héritage influence toujours la jeunesse et son aspiration à l'indépendance.

J'ai imaginé un lieutenant de la Sûreté du Québec, une policière amérindienne et une ado acadienne. À leurs côtés, j'ai introduit un couple breton, avec leur fille haïtienne, pris dans la tourmente d'un mariage ébranlé par la trahison, cherchant à le sauver de l'implosion. J'ai ancré ces personnages dans notre quotidien : la maison face au Château Frontenac, l'école de nos enfants, la bibliothèque dans une église, sans oublier mon 4x4 Saturn. Ces lieux empruntés à notre univers tissent le décor dans lequel les personnages de Lee, Wyome, Linoa, Daphné et Roman ont pris forme, mûrissant jusqu'à ce que je sente Kermarec prêt à se raconter. Mon désir était de le confronter à ses propres démons, de le pousser vers ses pires cauchemars, de l'amener à affronter un enfer. Pour un homme tel que lui, il m'est apparu que l'enfer sur terre, c'était de vivre au jour le jour, avec sous les yeux les conséquences de son aveuglement et de ses erreurs.

Remerciements

Je tiens à exprimer ma profonde gratitude envers les Québécois pour leur chaleureuse hospitalité. Ce roman, bien qu'il cherche à présenter de manière équilibrée les réels défis d'intégration rencontrés par les migrants, est animé d'un esprit de respect et d'amitié.

Né à Nantes, d'origine arménienne et écossaise, j'ai embrassé une identité bretonne au long de mes années québécoises. Je me suis fréquemment présenté comme un melting-pot voyageur, d'où cette inclination à me revendiquer « citoyen du monde », respectueux des coutumes, même lorsqu'elles me sont insolites. Chaque fois, je suis reconnaissant envers les habitants d'un pays pour leur accueil, et même en fouillant au plus profond de ma mémoire, je n'ai pas souvenir d'avoir été mal reçu sur aucun territoire.

Merci à Marcel, mon ami, psychologue, écrivain à ses heures perdues, pour ses corrections de mes québécismes et sa lecture indulgente d'un Français osant tracer un portrait du Québec. Mes remerciements s'étendent à Steve, pour avoir veillé à ce que le récit respecte le cadre de la Sûreté du Québec. Merci à Martin et Claude de m'avoir permis d'atteindre les confins de la Côte-Nord, découvrir la splendeur du barrage Manic-5, les parties de pêche sur des lacs inexplorés, loin de toute terre habitée. Merci à Philippe pour ses lectures attentives, à Élisabeth pour son retour qui m'a amené à ajouter un passage sur le Nord Canadien.

Je tiens à renouveler ma gratitude envers les libraires, les blogueurs, les journalistes et les lecteurs. Une pensée particulière s'adresse à ceux que j'ai le plaisir de rencontrer lors des séances de dédicaces, pour ces moments précieux d'échange. Vos messages et votre soutien sont d'autant plus essentiels que je réside loin de la France plusieurs mois de l'année.

Merci à Jean-Charles Lajouanie d'avoir édité *Maudits Français !* et à Caroline Lainé pour cette couverture, nouvelle illustration de son incomparable talent.

Merci à Jean-Luc, mon ami corse, à qui je dédie ce roman. Ta disparition soudaine à ton retour au Québec, alors que nous venions de nous quitter en Thaïlande, laisse une blessure ouverte. Nos accolades chaleureuses et nos discussions me manquent.

À mes fils, votre choix d'étudier à Montréal, même s'il nous contraint à vivre éloignés, montre que la graine d'explorateur, héritée de ma mère, continue de s'épanouir en vous.

À toi, Delphine, ma première lectrice, merci de continuer à soutenir mes rêves.

Enfin, à vous qui parcourez ces lignes, merci d'être allés au bout de ce roman.

Carl

AUX ÉDITIONS LAJOUANIE

ROMAN POLICIER MAIS PAS QUE...

Du passé faisons table rase, de Malik Agagna / (Poche)
Les oubliés, de Malik Agagna
Crystal Meth, de Malik Agagna
7 milliards de jurés ? de Frédéric Bertin-Denis
Matador, de Frédéric Bertin-Denis
Wahala, de Thierry Bonneau
L'Expatrié, de Thierry Bonneau
À mort le chat ! de Jérémy Bouquin
Sois belle et t'es toi ! de Jérémy Bouquin
Chasseurs d'esprit, de Isabelle Bourdial
Coups de Folie, de Dominique Bourgeon
Des Missives bien sulfureuses, de Dominique Bourgeon / (Poche)
Lettres mortes, Cécile Calland
Ouvre les yeux ! de Éric Chavet
La Sirène du jardin Massey, de Jean-Luc Cochet
Replay, de Jean-Luc Cochet
Je serai le dernier homme... de David Coulon
La Rascasse avant la bouillabaisse, de Gilles Del Pappas
Poubelle's Girls, de Jeanne Desaubry
On n'enterre jamais le passé, de Nicolas Duplessier
Comme des mouches, de Frédéric Ernotte & Pierre Gaulon
Rafale, de Marc Falvo
Banlieue Est, de Jean-Baptiste Ferrero
Au nom du père, de Jean-Baptiste Ferrero / (Poche)
Vengeance, de Jean-Baptiste Ferrero / (Poche)
L'Ombre de L'Archange, de Jean-Baptiste Ferrero / (Poche)
Le Pacte, de Didier Fohr
Un temps de chien ! de Pascal Jahouel
Sous-pression, de Pascal Jahouel
Dur à cuire ! de Pascal Jahouel / (Poche)
Punk Friction, de Jess Kaan / (Poche)
En Chasse ! de Jess Kaan
Métastases, de Jess Kaan
La sorcière du marais, de Jess Kaan / (Poche)
Un charmant petit village, de Jean-Michel Lecocq / (Poche)
La caresse des orties, de Jean-Michel Lecocq / (Poche)
Disparitions, de Jean-Michel Lecocq / (Poche)
Trier les morts, de Jean-Michel Lecocq
Le roman oublié, de Jean-Michel Lecocq

J'irais bien refaire un tour… de Jean-Michel Lecocq
Les deux pieds dedans, de François Legay
Grands boulevards, de François Legay / (Poche)
C'est moi qu'il veut ! de Daniel Martinange
Les Malfaisants, de Daniel Martinange / (Poche)
Dernière escale, de Sandra Martineau / (Poche)
Au-dessus des horizons verticaux, de Olivier Maurel
Fallait pas… de Olivier Maurel
Trouble, de Stéphanie de Mecquenem
Radiations, de Paul Merault :
– (**Lauréat du Prix du Quai des Orfèvres 2019**)
Cavale hongroise, de Waldeck Moreau
Une clinique si accueillante, de Waldeck Moreau
Le rouge n'est pas qu'une couleur, de Chris Nerwiss
Lacrima Corsica, de Stéphane Oks : (**Prix de l'Évêché, 2021**) / (Poche)
L'hiver finit toujours par arriver, de Stéphane Oks
Mortelle canicule, de Jean-François Pasques :
–(**Lauréat du Prix du Quai des Orfèvres 2023**)
Le seul témoin, de Jean-François Pasques / (Poche)
Je m'appelle Requiem et je t'… de Stanislas Petrosky
Dieu pardonne, lui pas ! de Stanislas Petrosky
Le Diable s'habille en licorne, de Stanislas Petrosky
Plusdeprobleme.com, de Fabrice Pichon
Retours amers, de Fabrice Pichon
Protocoles Fatals, de Fabrice Pichon
Greg Brandt, *Nuits nantaises 70's,* de Carl Pineau
L'Arménien, *Nuits nantaises 80's,* de Carl Pineau :
– (**Prix du Cercle anonyme de la littérature, 2017**)
Le Sicilien, *Nuits nantaises 90's,* de Carl Pineau :
– (**Prix du polar découverte, Les petits mots des libraires, 2020**)
Le Nantais, *Nuits nantaises 2000,* de Carl Pineau
Pour quelques millions ! de Carl Pineau
Maudits Français ! de Carl Pineau
Les 9 jours du cafard, de Jean-François Pré / (Poche) :
– (**Prix du polar normand, 2020**)
Épisto, de Jean-François Pré
Mansour, de Jean-François Pré
Qu'un sang bien pur abreuve nos salons, de Jean-François Pré
L'Étrange mort de monsieur Stas, de Jean-François Pré / (Poche)
Tu joues, tu meurs ! de Yannick Provost / (Poche)
Il ne rentre pas ce soir… de Yannick Provost
Je ne me souviens plus très bien… de Yannick Provost / (Poche) :
– (**Prix du polar normand, 2024**)

Lynwood Miller, de Sandrine Roy
Lynwood Miller II, *Pas de printemps pour Éli,* de Sandrine Roy
Lynwood Miller III, *Rivalités,* de Sandrine Roy
Lynwood Miller IV, *Le mur d'Hadrien,* de Sandrine Roy
Mitragyna, de Alain Siméon & Sandrine Zorn
La Fresque, de Alain Siméon & Sandrine Zorn
La Poule borgne, de Claude Soloy
La Bête des Vosges, de Danielle Thiéry : (**Lauréate du Prix du Quai des Orfèvres 2013**) & Marc Welinski
20 manières de se débarrasser des limaces, de Jan Thirion
No problemo, de Emmanuel Varle
En cavale, de Emmanuel Varle / (Poche)
En main propre ! de Jérôme Zolma

ROMAN PAS POLICIER MAIS PRESQUE...

Mare nostrum, de Olivier Arnaud
Jackpot ! de Stéphane Boudy
Une nuit sans fin, de Éric Chavet
Ne sautez pas ! de Frédéric Ernotte
Le prodigieux détective, C.H. de Burgh : (**Prix Grandcamp-Maisy, 2022 ; Prix Lumière - Les Mines Noires, 2023**)
L'injustice des hommes, de André Fortin
Le squelette de Rimbaud, de Jean-Michel Lecocq
Le don d'Hélène, de Gérard Pussey
Turpitudes, de Gérard Pussey / (Poche)
La drolatique histoire de Gilbert Petit-Rivaud, de Frédéric Révérend
Travailler tue ! de Yvan Robin / (Poche)
L'appétit de la destruction, de Yvan Robin
La Fauve, de Yvan Robin

ROMAN JUDICIAIRE MAIS PAS QUE...

72 Heures, de Philippe Bilger / (Poche)

ROMAN EUPHORISANT MAIS PAS QUE...

Les passagers perdus, de Stéphane Bellat
Dehors la vieille ! de Géraldine Dubois

ROMAN QUI FAIT FRÉMIR MAIS PAS SEULEMENT

Les Lucioles, de Jan Thirion *(Junior, de 10 à 110 ans)*

NOUVELLES

22 v'là les flics, ouvrage collectif. Préface d'Olivier Marchal / (Poche)

LAJOUANIE POCHE

ROMAN POLICIER MAIS PAS QUE...

Du passé faisons table rase, de Malik Agagna
Des missives bien sulfureuses, de Dominique Bourgeon
Au nom du père, de Jean-Baptiste Ferrero
Vengeance, de Jean-Baptiste Ferrero
L'Ombre de L'Archange, de Jean-Baptiste Ferrero
Dur à cuire ! de Pascal Jahouel
Punk Friction, de Jess Kaan
La sorcière du marais, de Jess Kaan
Un charmant petit village, de Jean-Michel Lecocq
La caresse des orties, de Jean-Michel Lecocq
Disparitions, de Jean-Michel Lecocq
Grands boulevards, de François Legay
Les Malfaisants, de Daniel Martinange
Dernière escale, de Sandra Martineau
Lacrima Corsica, de Stéphane Oks – **(Prix de l'Évêché, 2021)**
Le seul témoin, de Jean-François Pasques :
–**(Lauréat du Prix du Quai des Orfèvres 2023)**
Les 9 jours du cafard, de Jean-François Pré :
– **(Prix du polar normand, 2020)**
L'Étrange mort de monsieur Stas, de Jean-François Pré
Tu joues, tu meurs ! de Yannick Provost
Je ne me souviens plus très bien... de Yannick Provost :
– **(Prix du polar normand, 2024)**
En cavale, de Emmanuel Varle

ROMAN PAS POLICIER MAIS PRESQUE...

Turpitudes, de Gérard Pussey
Travailler tue ! de Yvan Robin

ROMAN JUDICIAIRE MAIS PAS QUE...

72 Heures, de Philippe Bilger

NOUVELLES

22 v'là les flics, ouvrage collectif. Préface d'Olivier Marchal

Vous désirez recevoir, en avant-première,
les informations sur les Éditions Lajouanie
et être ainsi averti des sorties et des dernières parutions ?
Inscrivez-vous, sans aucun engagement de votre part,
sur notre site : www.editionslajouanie.com

Retrouvez-nous également sur Facebook :
www.facebook.com/editionslajouanie

À très bientôt.

Vous souhaitez discuter avec Carl Pineau ?
Retrouvez-le sur Facebook :
www.facebook.com/carlpineauauteur

Achevé d'imprimer en mai 2024

www.editionslajouanie.com